사랑할 때와 죽을 때

일 러 두 기

1. 본문의 중국 인명과 지명은 우리식 한자음으로 표기했다. 그러나 인용문인 경우, 원작을 훼손하지 않기 위해 현지음을 따른 부분을 그대로 인용했다.
2. 보충 설명을 요하는 부분이나 출처를 밝히는 부분은 주를 달아 독자들의 이해를 도왔다.
3. 단행본은 『 』, 논문·기사명은 「 」, 잡지·신문·곡명은 〈 〉로 표기했다.
4. 사진의 출처는 해당 사진 아래 표기했고, 특정 표기가 없는 사진은 저작권이 만료된 사진 들이다.

한·중 항일혁명가 부부
김찬·도개손 평전
사랑할 때와 죽을 때

초판 1쇄 발행 2015년 8월 15일

지은이 원희복
펴낸이 김현숙 김현정
펴낸곳 공명
출판등록 2011년 10월 4일 제25100-2012-000039호
주소 03925 서울시 마포구 월드컵북로 400 문화콘텐츠센터 5층 7호
전화 02-3153-1378 | **팩스** 02-3153-1377
이메일 gongmyoung@hanmail.net
블로그 http://blog.naver.com/gongmyoung1
ISBN 978-89-97870-10-3 03900

이 도서의 국립중앙도서관 출판시도서목록(CIP)은 서지정보유통지원시스템
홈페이지(http://seoji.nl.go.kr)와 국가자료공동목록시스템(http://www.nl.go.kr/kolisnet)에서
이용하실 수 있습니다.(CIP제어번호: CIP2015020495)

사랑할 때와 죽을 때

한·중 항일혁명가 부부 김찬·도개손 평전 ― 원희복 지음

광복 70주년에 우리 곁으로 돌아온 김찬·도개손의 삶

　나는 대학 시절부터 한국 공산주의 운동사에 관심이 많았다. 김준엽·김창순 선생이 편찬한 일종의 자료집인 『한국공산주의 운동사(전5권)』는 한국사의 이 공백 기간으로 나를 안내했다. 내가 석사 논문으로 「조선공산당과 코민테른과의 관계」를, 박사논문으로 「동북항일연군 연구」를 쓴 것은 이때의 문제의식이 나름대로 결실을 맺은 것이었다. 내가 이 시기를 연구하면서 지녔던 문제의식은 '왜 한국 공산주의 운동은 실패했을까?' 하는 점이었다. 외세 때문이라거나 극심한 탄압 때문이라면 '실패'가 아니라 '패배'였을 것이다. 그러나 한국 공산주의 운동사는 실패했다. 그 연장선에서 패배했다. 베트남도 한국 못지않게, 아니 한국보다 외세가 더 강했고, 외세에 기생하는 내부 세력 역시 강했지만 호지명(胡志明)은 승리했다. 그런데 호지명의 모스크바 공산대학 동창이었던 박헌영은 왜 실패했고 패배했는가? 패배한 정도가 아니라 지워졌다. 패배는 기록이라도 남지만 지워졌다는 것은 그야말로 태어나지도 않았던 것으로 여겨진다는 뜻이다. 제 발로 북한을 찾아갔던 박헌영은 미제의 간첩이라는 오명을 뒤집어쓰고 처형당했다. 그런데 이런 인생 궤적은 비단 박헌영 한 개인에 국한된 길이 아니었다. 일반적이라고까지 말할 수는 없겠지만 한국에 사회주의 사상이 들어온 이래 많은 한국 공산주의자들이 처해졌던 운명이기도 했다.

한때 님 웨일스(Nym Wales)의 『아리랑』이 큰 인기를 끌었던 것은 이렇게 역사에서 지워졌던 한 청년, 김산(장지락)의 일대기를 한 미국 여성 작가가 되살려 냈기 때문이었다. 『아리랑』 이후 김산의 삶이 궁금했던 것은 비단 나만은 아니었을 것이다. 님 웨일스와 헤어졌던 김산의 이후 삶은 어떻게 되었을까? 이 책에도 실려 있지만 결론만 말하면 김산은 사형 당했다. 그것도 제 발로 찾아간 중국공산당 중앙의 소재지였던 연안에서 일제의 간첩으로 몰려 허무하게 생을 마쳤다.

박헌영의 죽음과 맞물리면서 나는 김산이 상당수 한국 공산주의자들에게 예고되었던 비극의 길을 먼저 걸은 것이었는지도 모른다는 생각이 들었다. 그래서 나는 이런 현상이 반복해서 일어나는 문제의 본질을 생각해 보았다. 김산을 사형시켰던 중국공산당의 내부 구조가 궁금했다. 중국국민당에 군통(軍統)이라 불렸던 비밀정보국을 이끌던 대립(戴笠)이 있었다면 중국공산당에는 중앙사회부라고 불렸던 비밀정보부를 이끌던 강생(康生)이 있었다. 대립이 중국국민당측의 도살자라면 강생은 중국공산당측의 도살자였다.

　김산을 죽인 인물도 이 책의 주인공인 김찬(金燦)·도개손(陶凱孫) 부부를 죽인 인물도 강생이었다. 이처럼 수많은 혁명가들을 죽인 강생은 어떻게 되었을까? 강생이 천벌을 받았기를 바란다면 제 발로 연안을 찾아갔던 여러 한인 공산주의자들처럼 순진한 것이다. 도살자 강생은 일제와 싸우던 항전기는 물론 중국공산당이 집권한 이후에도 승승장구했다. 1975년 사망 당시 중공중앙 정치국위원이자 부주석으로 모택동(毛澤東), 주은래(周恩來), 왕홍문(王洪文)의 뒤를 이은 중국의 서열 4위였다.

　이 지점에서 나는 궁금해진다. 중국인 도개손을 제외하고라도 항일투쟁가로서 코민테른의 1국1당(一國一黨)주의에 따라 중국공산당을 선택했던 김산과 김찬, 이 두 혁명가에게 중국공산당은 무엇이었던가? 왜 제 발로 연안을 찾아가 강생같은 도살자의 수중에 목숨을 맡겨야 했을까? 강생이 사후 '임표(林彪)·강청(江青) 반혁명집단'의 주범으로 몰려 당적을 박탈당하지 않았다면 1982년엔들 이들이 복권되었겠는가? 왜 수많은 한인 공산주의자들이 중국공산당의 내부 싸움에 휘말려 희생되어야 했는가?

　호지명은 1930년 영국의 식민지 홍콩에서 월남공산당을 조직했다. 1940년 일제가 인도차이나 북부를 점령하자 월남독립동맹회 주석이 되어 프랑스와 일본의 통치를 반대하는 독립전쟁을 이끌었다. 베트남 공산주의자와 한인 공산주의자의 상황이 달랐다는 사실을 무시하자는 것은 아니다. 그러나 한인 공산주의자들이 걸었던 이 수많은 비극의 뿌리가 코민테른의 1국1당주의에 대한 무조건적 추종이었다는 점은 지적해야 할 것이다. 자기 눈으로 세상을 바라보지 않고 타인의 눈, 즉 코민테른의 눈으로 세상을 바라봤던 독자적 사상의 결핍이 이 모든 비극의 뿌리가 아니었을까?

그렇다고 해서 김찬과 도개손의 삶이 허무했다는 것은 아니다. 식민지 청년으로 노예의 삶을 거부하고 스스로 인생의 주인이 되어 국내는 물론 중국 각지를 전전하며 일제에 맞섰던 삶이 어찌 허무하겠는가? 인생이란 한 사람이 추구했던 가치, 그리고 그 가치에 충실했던 삶의 과정 그 자체에 의미가 있는 것이다. 그렇기에 북경대(北京大) 최초의 여성 이과대학생으로서 명가 후예였던 도개손이 수많은 중국 청년 대신 식민지의 청년 망명객을 인생의 반려자로 결정했던 것이 아니겠는가? 그리고 그 비극의 길을 끝까지 함께 걸어갔던 것이 아니겠는가?

김찬이 걸었던 여정은 그야말로 대하소설로도 부족할 정도로 파란만장하다. 그리고 열정적 삶을 살았던 혁명가들이 그랬던 것처럼 사랑도 있었다. 김찬·도개손의 삶이 다른 사회주의 혁명가 부부와 달랐던 점은 죽음까지도 함께 했다는 점이다. 그런 특이한 삶이었건만 지금까지 완벽하게 지워져 있었다. 어찌 김찬·도개손 뿐이겠는가? 그러나 김산이 연안에서 님 웨일스를 만났던 것이 행운의 신이 내밀었던 생전의 마지막 호의였다면 원희복 기자가 우연히 김찬·도개손 부부의 삶을 만날 수 있었던 것은 역사의 신이 베푼 사후의 호의가 아닐까? 이렇게 김찬 · 도개손 부부의 삶은 우리 곁에 돌아왔다. 대지를 사랑했으되 대지에 버림받고, 이념을 사랑했으되 그 이념에 버림받았던, 그런 일생을 후인들이 다시 기억하고 추모하는 것이야 말로 그 어느 것도 버리지 않는 역사의 선물이 아니겠는가? 나는 그렇게 생각하며 그 냉혹했던 시대를 온몸으로 맞서야 했던 김찬 · 도개손 부부의 삶에 위로를 보낸다.

광복 70주년을 맞이해 진정한 광복을 기다리며

천고(遷固) 이덕일 기(記)

작가의 말

망각 속에 묻혀 있던
김찬과 도개손의 짧은 삶을 꺼내며

나는 아들만 둘을 두었다. 아들이 16세가 되면 나는 님 웨일스가 쓴
『아리랑』을 선물한다. 그리고 "이 책의 주인공은 네 나이인 16세에 사전
하나만 들고 중국대륙으로 떠났다. 최선을 다해서, 열정적으로 살라"고
당부한다. 하지만 책을 읽은 두 아들의 반응은 "내용도 어렵고, 또 한참
옛날 얘기잖아요"라며 별로 감동을 느끼지 못했다. 하기야 편하게만 자
란 요즘 아이들이 그 참혹한 격정의 시대를 이해하기란 어려울 것이다.
살다가 나중에라도 아들이 아버지가 선물했던 책을 다시 꺼내 읽으며
무언가 교훈을 얻기를 기대한다.

　나는 아들에게 『아리랑』을 선물할 때마다 한편으로는 '참담한' 심정
을 느끼곤 했다. 그것은 "왜 『아리랑』과 같은 책을 미국인 님 웨일스가
썼을까" 하는 안타까움이다. 당시에도 조선에는 내로라하는 소설가, 작

가, 기자들이 즐비했는데 왜 이렇게 감동적인 우리 역사의 기록이 미국인 무명 아주머니의 손에서 탄생되어야 했던 것일까?

나는 오래전부터 막연하게나마 님 웨일스가 쓴『아리랑』보다 더 감동적인 이야기를 쓰고 싶다는 열망을 가져왔다. 그리고 마침내 그 생각을 실현할 기회가 왔다. 2005년, 〈경향신문〉은 창간 60주년을 맞아 독립운동가의 후손을 찾는 대형기획을 준비했다. 일제 강점기 수탈을 피해 흩어진 한민족을 찾아 나서는 기획이었다. 취재지는 유럽에서 남미까지 전 세계에 걸쳐 있었지만 나는 중국을 선택했다.

그때 취재차 떠난 북경(北京)에서 운 좋게 중국공산당중앙당교(中國共産黨中央黨校) 최용수 교수를 만났다. 그는 조선인으로 중국에서 활약한 많은 조선인 항일운동가를 발굴, 재평가하는 작업을 하고 있었다. 특히 그는 중국공산당중앙당교 교수로 중국공산당 내부 자료를 접할 수 있는 몇 안 되는 위치에 있었다.『아리랑』의 주인공 장지락(김산)에 관한 새로운 몇몇 자료도 그가 발굴했다.

최 교수는 그동안 한국에 알려지지 않은 인물인 김찬을 나에게 소개했다. 그는 김찬이『아리랑』의 주인공 장지락보다 훨씬 높게 평가되어야 마땅하다고 강조했다. 최 교수는 실제 중국에서도 장지락보다 김찬·도개손 부부가 더 높은 평가를 받는다고 설명했다.

나는 눈이 번쩍 뜨였다. 내가 찾던 바로 그 소재였기 때문이다. 수소문을 통해 북경의 한 허름한 아파트에서 김찬의 아들 김연상을 만났다. 그는 일흔이 넘은 나이에도 컴퓨터를 능숙하게 다루며 부모의 기록을 모아 놓았다. 이 책에서 김찬·도개손의 중국 활동 상당 부분은 그가 정리한 기록에 의존하고 있다. 하지만 부친 김찬이 조선에서 활동한 기록은 전혀 없었다. 그는 부친의 조선 행적을 찾는 작업을 나에게 부탁했다. 서울에 돌아와 김찬의 조선에서 행적을 찾아보니, 놀라지 않을 수 없었다. 김찬은 1930년대 혁명적 노동조합운동에서, 그리고 조선공산당 재건활동에서 주요인물로 연일 신문에 등장했기 때문이다. 하지만 활동무대가 중국으로 바뀌면서 그의 이름은 조선에서 사라졌고, 결국 연안(延安)에서 생을 마감한 것으로 드러났다.

나는 2005년에 김찬의 불꽃같은 짧은 삶을 신문지상에 활자화했다. 김찬이 죽은 이후 처음이었다. 그러면서 나중에 김찬의 삶을 다시 정리하겠다고 마음먹었다. 잘하면 님 웨일스의 『아리랑』을 능가하는 책을 쓸 수 있겠다는 개인적인 욕심도 있었다. 이 과정에서 김찬이 일제 경찰에 검거되어 무려 45일간 잔혹한 고문을 견뎠다는 당시 수사경찰의 수기를 발견했다. 북경에 있던 최 교수는 이 소식을 들으며 매우 기뻐했다. 하지만 최 교수는 갑작스런 병마를 이기지 못하고 세상을 떠났다. 이후 나의 김찬에 대한 기록 정리도 시들해졌다. 이런저런 이유로 시간만 흘렀다. 이것은 순전히 나의 게으름 탓이다.

몇 년 전, 중국에 있는 리광인 교수로부터 한 통의 메일을 받았다. 김찬에 대한 내 첫 기사를 읽고 연락한 것이다. 조선인인 리광인 교수 역시 중국에서 조선인 혁명가를 발굴하고 재평가하는 작업을 해왔다. 나와 리 교수 사이에 자료를 교환하자, 같이 김찬·도개손 평전을 써보자는 이야기가 오갔다. 그렇게 해서 나는 다시 김찬에 대한 기록 정리를 시작했다.

북경에 있는 김찬의 아들 김연상을 다시 찾았다. 자료를 더 확보하기 위해서였다. 하지만 김연상은 집을 이사하면서 자료 상자를 다른 곳에 둔 바람에 찾기 어렵고 몸도 불편하다고 했다. 김연상과는 몇 번 이메일이 오가다 그쳤고, 지금은 전화연락도 되지 않는다. 그의 생사를 알 수 없는 지금, 내가 조금만 더 부지런했으면 그는 부모의 삶을 정리한 평전을 받아 볼 수 있었을 것이라는 죄스런 생각이 든다.

어느덧 광복 70주년을 맞았다. 올해는 김찬에 대한 기록정리를 마무리하기로 했다. 김찬의 한국 측 자료는 내가, 중국 측 자료는 리광인 교수가 수집하고 서로 교환하기로 했다. 이 책에서 김찬이 상해(上海)에서 만들었던 〈소년진리보〉 등을 비롯한 중국 측 자료 상당수는 리광인 교수가 직접 수집한 것이다. 리광인 교수의 협조가 없었다면 조선과 중국을 넘나드는 공간을 그렇게 빠르고 효율적으로 메우지 못했을 것이다.

이 책은 삶을 치열하게 불사른 한 젊은 부부의 이야기다. 조선인 남자의 삶은 28년, 중국인 여자의 삶은 겨우 27년에 불과했다. 20여 년 전나는 『민족일보 사장 조용수 평전』을 썼다. 조용수는 진보적인 신문사를 창간한 언론인으로 불꽃같은 삶을 살다 서른한 살에 사라졌다.

50여 년 전 조용수는 대단히 유명한 인물이었지만, 잊혀진 인물로 오랜 시간이 지났다. 가해자들은 의도적으로 외면했고, 그의 주변 사람들조차 피해를 입을까 봐 언급하기 꺼렸기 때문이다. 장래가 유망했던 젊은이 조용수는 그렇게 우리 역사에서 사라졌다. 그런 면에서 『민족일보 사장 조용수 평전』을 쓴 것은 새로운 인물을 발굴한 것이 아니라 잊지 말아야 할 인물을 사람들의 망각에서 다시 끄집어낸 것이라 할 수 있다.

이번에는 조용수보다 더 짧은 생을 산 김찬이다. 그는 80년 전 혹독한 일제 강점기 조선 경성과 진남포, 중국 북경과 상해, 만주, 그리고 연안까지 중국대륙과 조선을 누비며 혁명적 노동운동을 통한 항일투쟁을 벌였다. 김찬도 신문지상에 김단야, 조봉암, 김형선, 김명시 등 당대의 내로라하는 항일투사들과 나란히 사진이 오를 정도로 유명했다. 조봉암과 함께 신의주 형무소의 혹독한 겨울을 나기도 했다.

김찬 역시 조용수처럼 억울하게 죽었고 곧 잊혀졌다. 일제강점기라는 이유가 가장 큰 원인이지만, 그와 함께 했던 사람들이 대부분 죽임을 당했기 때문이다. 무엇보다, 그가 시도했던 혁명적 노동운동은 의열단 활동이나 폭탄 투척과 달리 분명하고 뚜렷한 결과물이 나오지 않았기 때문이기도 했다. 게다가, 김찬이 이국땅 중국에서 쓸쓸히 죽었기 때문에 더욱 그랬을 것이다. 김찬·도개손 한·중 항일 부부 역시 숨어 있는 인물을 발굴한 것이 아니라, 조용수처럼 우리 역사의 집단 망각에서 끄집어 낸 것이다.

김찬이나 조용수 모두 너무도 짧았던 삶을 자신의 신념을 위해 불사르다 사라진 젊은이다. 나는 그렇게 한 시대, 한 상황에서 당당하면서도 열정적으로 사는 사람을 좋아한다. 또, 나는 최용수 교수의 평가대로 김찬과 도개손을 님 웨일스 『아리랑』의 주인공 장지락보다 훨씬 뛰어난 인물이라고 믿는다. 최용수 교수는 "『아리랑』의 주인공 장지락은 조선에서 활동했던 독립운동 사실이 거의 없다. 특히 장지락이 죽음에 이르는 과정과 처형장소 등에 대해서는 논란이 많다"고 말했다. 그런 면에서 김찬은 1930년대라는 시간대와 조선과 중국이라는 공간대에서, 특히 사회주의 노동운동에 있어서 가장 상징적인 인물이라고 평가하고 싶다.

나는 님 웨일스의『아리랑』보다 훨씬 감동적인 스토리로 엮겠다고 결심했지만 이 책이『아리랑』보다 훨씬 감동적이라고 말할 자신이 없다. 그것은 전적으로 나의 능력부족 때문이다. 김찬과 도개손 부부의 이야기는『아리랑』의 장지락보다 훨씬 뛰어난 소재이지만 독자들에게 감동을 주지 못한다면 그것은 순전히 나의 표현력과 구성력 부족 탓이다.

김찬의 이야기를 정리하며 나는 아버지 생각을 많이 했다. 나의 아버지는 1911년생으로 김찬과 동갑이다. 게다가 김찬이 태어나고 활동하던 북한 평안도 출신이다. 사실 아버지는 내가 네 살 때 세상을 떠나 분명한 기억조차 없다. 그래도 당시를 재연할 때마다 사진 속에서 봤던 아버지의 모습을 떠올렸다. 노트북을 열며 원고를 쓸 때마다 아버지를 만나는 심정으로 글을 썼다.

오래 전 내가『민족일보 사장 조용수 평전』을 쓸 때는 병아리 기자 시절이었다. 그때는 한 젊은이의 억울한 죽음에 대한 분노가 있었고 그를 재평가하고, 복권시켜야 한다는 집념으로 넘쳤다. 그러나 그보다 더 짧은 생을 살다간 김찬의 평전을 쓰는 지금 나는 어느덧 신문사 정년을 바라보는 나이가 되었다. 기자 초년병 시절의 열정이 지금은 많이 식었음을 솔직히 고백하지 않을 수 없다.

평전이나 역사와 관련된 글을 쓸 때면 나는 항상 '역사의 염장이'가 되는 심정이다. 나는 직접 염을 해보지 않았지만, 소중한 단편들을 모으고, 제 위치를 잡아주는 작업을 한다는 점에서 기자와 염장이는 비슷한 일을 한다고 생각하기 때문이다.

특히 억울한 죽음, 평가받지 못한 주검을 마주할 때는 더욱 그렇다. 김찬의 활동기록을 찾는 작업은 마치 팔은 중국에, 다리는 조선에 떨어져 있던 김찬의 시신을 하나로 맞추는 심정이었다. 이 기록으로 그동안 중국과 조선에서 각자 떠돌던 김찬의 영혼이 하나가 되는 계기가 되었으면 한다.

연안의 한쪽 계곡에서 함께 죽은 김찬과 도개손은 시신은커녕 무덤도 확인할 수 없다. 이 기록이 김찬 · 도개손 두 사람의 사랑과 영혼에 조금이나마 위로가 된다면 고마운 일이다.

2015년 광복 70주년을 맞으며

원희복

1939년 연안의 겨울

 1911년 아시아의 정치·정신·문화의 중심이던 중국 청나라가 무너지자, 중국 대륙은 각 지역을 할거하는 군벌시대로 돌입했다. 이와 함께 소련혁명 등으로 각성된 공산주의자들은 역량을 키운 끝에 1921년 중국공산당을 창당했다.

 1923년 손문(孫文)의 중국국민당은 중국 재통일을 위해 중국공산당과 제1차 국공합작을 이루어냈다. 이때까지는 중국공산당원 모택동이 국민당 요직을 맡을 정도로도 두 당의 관계는 느슨했다. 그러나 중국공산당 세력이 커지면서 국민당 내에서도 좌파와 우파가 분열되었다.

 1925년 갑자기 손문이 사망하자 국민당 국민혁명군 총사령관이 된 장개석(蔣介石)은 대륙통일, 즉 북벌을 계속했다. 장개석은 한편으로 1926년 3월 중산함 사건을 빌미로 공산주의자들에 대한 대대적인 탄압을 시작했다. 결국 중국국민당과 중국공산당이 내전 상태에 들어가면서 제1차 국공합작은 결렬되었다.

병력과 화기에서 유리한 장개석 국민당군에 공산당 홍군은 게릴라식 유격 전술로 맞섰다. 국민당군이 홍군에 대해 대규모 토벌전을 전개하자 홍군은 중국 대륙을 도는 후퇴전, 이른바 장정에 돌입했다. 모택동이 이끄는 홍군은 1937년 섬북(陝北) 연안에 도착해 정착했다.

이렇게 중국에서 국공내전이 벌어지고 있는 동안 일본은 1931년 만주사변을 일으키며 제국주의의 본성을 드러냈다. 일제는 1932년 3월 만주국을 세워 만주를 장악했다. 이에 맞서 중국에서는 학생, 노동자를 중심으로 강력한 항일운동이 일어났다. 1935년 일제가 하북, 산서, 하남성까지 장악하자 '내전 중지, 항일투쟁'을 원하는 중국국민의 요구가 거세졌다.

그러나 장개석은 '국내의 적을 일소한 다음, 외국의 침략을 막는다'는 정책(안내양외, 安內攘外)을 고집, 연안의 홍군 수도를 공격하려 했다. 이에 1936년 12월 장학량(張學良)은 장개석을 구금하는 이른바 시안사건을 일으켰다. 게다가 1937년 7월 중일전쟁이 일어나자 결국 장개석은 내전을 중지하고 항일전선에 매진하는 제2차 국공합작을 수용할 수밖에 없었다. 모택동의 홍군은 존폐 기로에서 가까스로 숨을 돌렸다. 장개석은 정치범을 석방하고 공산당을 합법화했다. 대신 공산당은 지주들의 토지몰수 정책을 중단하고 모택동의 홍군은 장개석의 국민혁명군 제8로군 등에 편입됐다. 그러나 홍군은 '역량의 70%는 공산당 자체 발전에 투자하고, 20%는 국민당의 요구에 응하고, 10%만 항일에 쓴다'는 전략을 취하면서 역량을 키워 나갔다.

많은 젊은이들이 공산당 중앙이며, 항일 근거지인 연안으로 몰려들었다. 1937년 9월 공산당은 국민당 합의 하에 섬서성(陝西省), 감숙성(甘肅省) 영하성(寧夏省) 세 곳의 근거지를 섬감영변구정부(陝甘宁边区政府)로 개편해 합법적인 항일투쟁 근거지로 삼았다.

조국과 신념과 사랑을 위해

1937년 9월 홍군 수도인 연안의 군사시설은 모두 산을 비스듬히 파고 들어간 지하 토굴에 설치되어 있었다. 심문을 받기 위해 나갔던 도개손은 걸어 들어오면서 남편 김찬이 수용되어 있는 토굴 감방을 힐끗 쳐다봤다. 고꾸라져 있는 김찬의 얼굴은 어두침침한 토굴에서도 고통으로 일그러진 표정이 역력했다. 옷에 묻은 핏자국과 축 처진 어깻죽지를 보니 끔찍한 고문을 받았음에 틀림없었다.

"그 악랄한 일제 형사의 고문에도 45일을 견딘 그였는데……. 해방과 기회의 땅 연안에서 이 무슨 날벼락이란 말인가."

도개손은 흐느껴 울었다. 그러나 그 울음은 밖으로 새어 나오지 않았다. 속으로 피눈물이 되어 흘렀다.

이튿날, 오늘도 김찬은 여전히 그런 모습으로 누워 있었다. 아마 며칠간 그런 상태로 방치된 것 같았다. 거의 움직임이 없었다. 죽은 것일까. 도개손은 이 추위에 저런 상태로는 오래 버티기 힘들 것이라고 생각했다. 가여운 사람! 두려움과 분노가 솟구쳤다. 하지만 도개손 자신도 다리에 힘이 없었다. 몸이 중심을 잃고 비틀거렸다. 쓰러질 뻔한 그녀를 옆에 있던 홍군 사병이 황급히 부축했다.

차라리 남편의 그 흉악한 몰골을 안 보는 편이 나았으리라. 도개손은 견딜 수가 없었다. 그냥 이대로 죽는 것이 낫다고 생각했다. 자신의 감방으로 돌아온 도개손은 이를 꽉 깨물었다. 그리고 몰래 숨겨온 가위로 자신의 눈을 찔렀다. 솔직히 너무나 두려웠다. 끈적한 액체가 흘러나온다고 생각했지만 아픔도 느끼지 못했다. 곧 사방이 어두워지고 아무것도 보이지 않았다. 다시 한 번 가위를 목에 대고 힘껏 힘을 줬다. 역시 고통은 느끼지 못했다. 어렴풋이 '이대로 죽는구나' 생각했다. 그녀는 손에 힘이 풀리면서 그대로 쓰러졌다.

얼마나 지났을까. 도개손은 자신이 숨을 쉬고 있음을 느꼈다. 그러나 한쪽 눈에 붕대를 감고 있어 여전히 아무것도 볼 수 없었다. 갑자기 눈과 목에 강렬한 통증을 느꼈다. 말을 할 수 없었다. 아니, 입을 벌릴 수조차 없었다. 희미하게 말소리가 들려왔다. 그리고 누가 자신의 손을 잡고 흔들며 깨우는 것을 느꼈다.

도개손의 여섯째 언니 도유손(陶愉孙)이 한쪽 눈으로 희미하게 보이는 시야에 들어왔다. 언니의 얼굴은 극도의 근심과 안쓰러움으로 핼쑥했다.

"……도대체 그렇게 알아듣게 말했는데, 왜 이러니……."

앞뒤가 잘린 말이지만, 도개손을 탓하는 대목 만큼은 또렷하게 들렸다. 언니는 무척 화난 표정으로 단호하게 다그쳤다.

　"이제 조선인 김찬을 포기하란 말이야! 너만 결심하면, 살 수 있어. 왜 아무런 희망도 없는 조선인 남자 하나 때문에 네가 이런 고통을 받아야 하니. 식구들 모두 그렇게 생각하고 있어. 도개손, 이제 제발 마음을 돌려!"

　언니 도유손은 거의 애원하듯, 울음 섞인 목소리로 말했다. 근 한 달 넘게 계속 듣는 말이었지만, 도개손의 대답은 언제나 똑같았다.

　"나는 그 사람을 포기할 수 없어요. 나와 그 사람에 대한 죄상이 진실이라면 그럴 수도 있지요. 그렇지만 나와 그 사람에 대한 진실이 조작된 이상, 나만 조작된 거짓에서 빠져나올 순 없어요. 이것은 그이와의 사랑 이전에 진실을 위한 싸움 문제예요."

　도개손은 단호하게 말했다. 도개손은 자신이 살기 위해 이 거짓 판결에 승복하는 것이 자신이 남편을 죽이는 것과 다르지 않다고 생각했다. 뻔히 함께 항일투쟁을 했는데, 남편을 부인하라는 것은 자신을 일제 간첩으로 조작하는 것과 무엇이 다른가.

　언니 도유손은 절망적인 표정을 지으며 일어섰다. 도유손은 깨끗한 붕대 한 뭉치를 그녀의 손에 꼭 쥐어주면서 말했다.

　"상부에 시간을 좀 더 달라고 했다. 다시 한 번 잘 생각하고 마음 독하게 먹어라. 붕대를 자주 소독해 달라고 하고."

　언니가 떠난 토굴에는 휭하니 찬바람이 불었다.

연안에서는 비슷한 일과가 반복되고 있었다. 벌써 몇 개월째였다. 추운 겨울이 가고 봄과 여름이 지났다. 햇볕을 보지 못한 토굴 감방은 사람을 저절로 미치게 만들었다. 9월 19일, 김찬은 보안처 병사에 의해 질질 끌려와 보안처 담정문(譚政文) 방으로 들어섰다. 그는 연안 보안처에서 강생 사회부장의 충실한 심복이자 고문기술자로 통했다. 담정문은 지난번과 똑같은 말을 강요했다.

"그래, 생각은 해보셨나."

김찬은 고문에 의해 정신을 잃었던 이틀 전, 그가 했던 말을 다시 기억해 내려고 애썼다. 그리고 어렴풋이 그가 한 말을 기억해 냈다. 마지막으로 당의 선처를 기대할 수 있는 것은 이 진술서에 서명하는 것뿐이라는 것이다. 진술서에는 여동생 김순경(金順卿)과 그녀의 남편 장문열(張文烈)이 일본 간첩이라는 사실을 알면서도 서로 연락을 해왔다는 황당무계한 내용이 나열되어 있었다.

명백한 거짓이었다. 다른 사람은 몰라도 여동생 순경은 고향 진남포, 평양에서 여학교를 다니면서 열성적인 항일운동을 했다. 그런 그녀가 일본 간첩일 리 없었다. 게다가 최근에는 여동생을 본 적도 없었다. 언젠가 그녀가 소련에 잘 도착했다는 사실만 전보로 알려왔을 뿐이다. 이후 서로 연락이 없었다.

조선인 김찬 자신은 중국 여성과 결혼했고, 여동생은 중국인 남성과 결혼했다. 두 남매는 조선과 중국의 독립을 위해 훌륭히 투쟁하고 있다고 생각했다. 비록 부부의 국적은 달랐지만 항일투쟁의 뜻과 목표는 똑

같았다. 목표에 한 치의 오차도 없었다. 하지만 김찬에게는 더 이상 이 끔찍하게 고통스러운 하루하루를 버틸 힘이 없었다. 그는 담정문을 올려다보고 모든 것을 체념한 듯 조용히 머리를 끄덕였다.

"동의한다."

담정문은 무표정한 표정으로 이미 적어놓은 진술서류를 꺼내 서명하도록 했다. 담정문은 억지로 김찬의 손에 펜을 쥐어 주었다. 김찬은 그가 가리키는 난에 그냥 '김문철(金文哲, 김찬의 다른 이름)'이라고 썼다. 이름을 스스로 쓸 수 있는 힘이 아직까지 남아 있는 게 신기할 정도였다. 이름을 쓰고 나자 손에 힘이 빠지면서 오히려 온몸이 편안해지는 것을 느꼈다. 머리도 잠시 맑아지는 느낌이었다. 보안처 병사 두 사람이 김찬의 어깨죽지를 부축해 거의 끌다시피 해서 다시 토굴로 돌아왔다. 김찬은 모처럼 고통 없는 잠에 빠져 들었다.

담정문은 김찬이 서명한 서류를 한 번 쭉 훑어보더니 '고향에 돌려보내기로 한다'라고 쓰고 자신의 이름을 서명했다. 그리고 서류를 봉투에 넣었다. 서류는 10월 11일에 보안처장 주흥(周興)에게 전달됐다. 주흥은 서류를 잠깐 검토한 후, 짧게 메모하고 서명했다.

"동의함."

1939년 1월 연안 중앙당교 보안처 실무자는 강생에게 서류가 모두 완료됐다고 보고했다. 진실을 가린 것이 아니라 요식적인 서류를 작성한 것에 지나지 않았다. 광풍이 불고 있는 연안에서 이런 식의 일제 간첩, 일제 특무 판결은 문제될 것이 없었다. 이미 모스크바에서부터 공훈

이 혁혁한 거물급 혁명가조차 그를 모함
하는 투서 한 장, 말실수 한 번으로도 목
숨이 날아가는 분위기였다.

강생(1898~1975) 중국 공산당 최대
의 간신이자. 대음모가. 숱한 사람들
이 강생의 지시로 억울한 누명을 쓰
고 죽었다.

하지만 김찬과 도개손의 처형 날짜는
계속 미뤄졌다. 이것은 형식적 서류가 갖
춰지면 신속히 집행되는 당시의 분위기
에서 매우 이례적인 일이었다. 그것은 강
생이 마지막 결심을 못하고 있었기 때문
이다. 강생의 고민은 비록 고문에 의해
형식적인 서류를 갖췄더라도 이 건은 나
중에 문제가 될 것이 분명하다는 것이었다. 강생은 나중에 이 사건이 문
제가 되면 자신의 책임을 면할 방도를 찾기 위해 고심했다.

3월 6일, 섬감영변구부주석(陝甘宁边区政府副主席) 고자력(高自力)이
심각한 표정으로 서류를 들춰봤다. 이미 9월 19일에 담정문의 취조문이
첨부되어 있었다. 고자력은 도개손을 일제 간첩으로 지목한 기소장을
잠시 읽어보았다.

"전극민은 도처에서 좌경단체와 민중단체를 파괴했다. 전극민이 가
는 곳에는 역귀(사악한 세력)가 도래했다. 도처에서 당과 조직을 무너뜨
리고 많은 동지들이 적에 의해 도살당하는 지경에 이르렀다. 전극민은
과거 우파 세력과도 관계를 맺었으며 트로츠키와도 관계를 유지한 바
있다. 수감 중에도 남편 김문철과 비밀리에 연락을 취하여 자백을 하지

않도록 사주했다."

고자력은 첨부된 김찬의 정황인정 서류도 들춰봤다.

"김문철의 구두자백과 진술서를 통해 김문철이 일본 간첩임을 확정한다. 또한 소련에서 적발한 장문열 및 김순경의 사건과도 관계가 있음을 확정한다. 일본 간첩뿐만 아니라 매국노 세력과 결탁하여 음모를 꾸민 정황이 포착된다."

증거로 김찬과 동생 김순경 사이에 오고간 전보 기록이 첨부되어 있었다. 그러나 그 전보에는 서로의 안부와 아이 근황을 물을 뿐, 어떠한 의심스런 대목도 없었다. 과거 도개손과 함께 활동했던 사람들의 정황 기록도 첨부되어 있었지만 이를 그대로 믿기도 어려웠다. 막연히 "김문철과 대금(大金, 장문열)은 모두 일본 간첩으로 드러났다"는 대목만 강조되어 있었다.

강생이 자신의 책임을 면할 방도로 생각해 낸 것은 끝까지 서류에 서명하지 않는 것이었다. 공식 문서에는 근거를 남기지 않고, 구두로 처형을 지시하는 방법을 찾은 것이다. 강생은 고자력에게 "빨리 정리하라"는 구두지시를 내렸다.

아래 실무자들은 강생의 의도를 뻔히 알고 있었지만 대놓고 이의를 제기할 처지가 되지 못했다. 담정문의 서명 우측에는 섬감영변구정부 서기이며, 보안사령부 책임자인 고강(高崗)[1]이 "담정문의 의견에 동의

1　고강(1905~1954) 1926년 중국공산당에 가입해 주로 섬서성에서 활동했다. 1937년 5~9월 섬감영 변구위원회 집행위원, 1937년 8월~1940년 9월 섬감영변구위 서기, 1938

함"이라고 최종 서명한 것으로 되어 있다.

사형 집행 책임자인 고자력은 내키지 않았다. 최고 책임자 강생의 서명이 없었기 때문이다. 하지만 강생은 구두로 처형을 계속 독촉했고 언제까지 강생의 지시를 늦출 수도 없었다. 고자력은 눈을 질끈 감고 서명했다.

"고향에 돌려보내기로 한다(사형)."[2]

중국에서 흩뿌려진 뜨거운 피

3월 말 아침에는 날씨가 조금 풀렸지만 추위는 여전했다. 보안처 감방 경비병들이 부산하게 움직이며 소리쳤다.

"감방 앞 정렬! 고향으로 돌아간다~. 감방 앞 정렬! 고향으로 돌아간다~."

죄수들은 고문으로 만신창이가 된 몸을 겨우 이끌며 감방 문 앞에 일렬로 정렬해 섰다. 경비병과 보안요원이 서류를 들춰보며 좌우를 살폈다. 평소에 안 보이던 보안요원이었다.

곧 두 사람에게 밧줄이 묶여졌다. 이번에는 밧줄이 목에서 엑스자로

년 4월 섬감변구 당위원회 소수민족공작위원회 부서기를 지냈다. 중국인민공화국 성립 후 중앙인민정부 부주석을 지냈지만 1954년 반당 음모로 체포되어 옥중 자살했다. / 이회성·미즈노 나오키, 『아리랑, 그후』, 동녘, 1993, p.178

2   이상은 김찬의 아들 김연상이 부친의 복권을 위해 당시 처형 관계 서류를 열람한 기록 문건을 바탕으로 재구성한 것이다.

내려와 팔목을 거쳐 뒤로한 손목을 묶었다. 옴짝달싹할 수 없었다. 조사를 받으려 밖으로 나갈 때면 앞으로 형식적으로 묶던 것과는 사뭇 달랐다. 순간, 불길한 생각이 머리를 스치고 지나갔다. '고향에 돌아간다'는 말은 '사형에 처한다'는 말의 은어라는 것이 불쑥 생각난 것이다.

두 사람은 더 이상 생각할 틈도 없이 밖으로 끌려 나왔다. 아니, 불길한 생각 그 자체가 두렵지 않았다. 오히려 마음이 편안해지는 것을 느꼈다. 김찬은 속으로 중얼거렸다.

'그래……. 이제 고향으로 돌아가자.'

밖에는 낡은 트럭이 이미 시동을 걸고 대기 중이었다. 홍군 경비병과 보안요원이 부산히 움직이며 소리소리 질러댔다.

"순서대로 태워! 순서대로!"

김찬과 도개손은 트럭에 올라탔다. 김찬은 일어설 수도 없어 주변 사람에게 질질 끌려 짐짝처럼 차에 실렸다. 도개손은 지난번 자살기도의 상처가 채 아물지 않아 여전히 눈에 붕대를 두른 상태였다. 피고름에 절고 낡아 해진 붕대 너머로 도개손은 김찬이 차에 오르는 모습을 지켜보았다. 트럭에는 20명 남짓 실렸다. 모두 손이 뒤로 묶인 상태였다. 평소 당을 위해 투쟁하고 헌신했던 낯익은 모습도 보였다. 그 역시 눈웃음을 지었지만 눈에는 힘이 없었다.

다행히 트럭 짐칸에 주저앉은 김찬과 도개손 두 사람은 서로에게 몸을 기댈 수 있었다. 도개손은 피투성이가 되다 못해 거의 뭉그러진 김찬의 얼굴 쪽으로 고개를 숙이며 속삭였다.

"당신을 만나 보낸 시간이…… 즐거웠습니다."

이 말을 알아들었는지 김찬은 입가에 희미한 미소를 띠었다. 뭐라고 말을 해보려 했지만 거친 숨소리만 목구멍을 넘어 덜그럭거렸다. 김찬은 말 대신 자신의 얼굴을 돌려 도개손의 무릎에 차디찬 얼굴을 묻었다. 두 팔이 뒤로 묶여 김찬을 안을 수 없는 도개손은 고개를 숙여 그를 안았다. 두 사람의 미약한 체온이 서로에게 느껴졌다. 두 사람의 볼에 조용히 흘러내리는 눈물은 한없이 뜨거웠다. 두 사람은 눈물로 전해오는 뜨거운 사랑과 신뢰, 체온을 서로 나눴다.

트럭은 연안 북동쪽 계곡 도로를 따라 한 30분쯤 달렸다. 섬북 안새현(安塞縣) 진무동(眞武洞) 마가구(馬家沟)는 홍군 야전군 사령부가 있는 곳으로 국민당군으로부터 연안의 북서부를 방어하던 천혜의 요새였다. 김찬에게는 낯익은 길이었다. 김찬은 오늘 이 순간을 맞이한 두 사람의 운명을 곱씹었다.

'……저 오른쪽에는 조선혁명군정학교(朝鮮革命軍政學校)가 있다. 나는 비록 중국에 살면서 중국 여인과 결혼했지만, 한 번도 조선인이라는 사실을 잊은 적이 없다. 아내는 중국의 독립과 혁명을 위해, 나는 조선의 독립과 혁명을 위해 싸웠고 나의 길과 아내의 길은 하나의 길이라는 것을 의심하지 않았다……. 그런데, 우리는 왜 이런 참혹한 자리에 와 있는 것일까.'

길은 별로 험하지 않은 산길이지만 3월에도 음지에는 흰 눈이 그대로 쌓여 있었다. 트럭이 왼쪽 산골짜기로 급히 접어들었다. 두 사람은 오른쪽으로 쏠려 넘어질 뻔했다. 두 사람이 기대앉아 있던 것이 오히려 다행이었다.

산길을 오르기도 전에, 길은 거기서 끝나 있었다. 트럭 시동소리가 멈췄다. 갑자기 계곡에 정적이 도나 싶더니 "내려! 내려! 모두 끌어내려!"라는 재촉으로 부산했다.

먼저 일어선 도개손은 김찬을 부축하려 했다. 하지만 뒤로 묶인 손으로 김찬을 부축할 수는 없었다. 장총을 맨 보안 병사가 김찬의 어깻죽지를 잡고 부축했다. 그래도 김찬은 다리에 힘을 줄 수 없었다. 질질 끌려 내려오는 김찬에게 발이 땅에 닿기까지의 시간은 무척이나 길게 느껴졌다.

이미 트럭에서 내린 사람들은 산 쪽을 바라보며 길게 줄을 서서 무릎을 꿇고 앉아 있었다. 이미 체념한 표정의 사람도 있고, 분노에 치를 떠는 사람도 있었다. 누구는 흐느끼며 울었다. 어떤 청년은 비감한 표정으로 "중국공산당 만세!"를 외쳤다.

모두가 앳된 20대의 얼굴이었다.

보안요원과 보안처 병사는 김찬과 도개손 앞에서 마지막 신원을 확인했다.

"김문철(김찬) 맞는가? 전극민(도개손) 맞는가?"

김찬과 도개손은 고개만 끄덕일 뿐 대답을 하지 않았다. 옆에 있던 홍군 보안요원이 힐끔 보더니 "맞다"고 확인했다.

신원을 확인한 보안요원이 처형 지시서를 꺼내들고 큰 소리로 읽기 시작했다.

"전극민(도개손)은 도처에서 좌경단체와 민중단체를 파괴했다. 전극
민은 도처에서 당과 당 조직을 무너뜨리려 했고, 이에 따라 많은 동지들
이 적에게 도살당했다. 전극민은 과거 우파 세력과도 관계를 맺었으며
한때 트로츠키와도 관계를 유지한 바 있다. 수감 중에도 자신의 남편인
김문철(김찬)과 비밀리에 연락을 취하여 자백을 하지 않도록 사주했다.
김문철 역시 구두 자백과 진술서를 통해 일본 간첩임을 확정한다."

보안요원은 형식적으로 처형 지시서를 읽고 곧바로 다른 사람으로
넘어갔다. 한 사람당 채 2분이 걸리지 않았다. 다른 사람에 대한 처형
내용도 대동소이했다. 모두가 트로츠키파나 일본 간첩이라는 혐의였
다. 얼마 후 보안요원과 홍군 경비병이 뒤로 빠져나갔다. 앞산 언덕에는
새하얀 눈이 보였다. 김찬과 도개손은 아무런 말도 없이 쌓여 있는 흰
눈을 바라다보았다. 두 볼에 눈물이 흘러내렸다.

"탕! 탕! 탕!"

장총 소리가 마가구 계곡을 진동시켰다. 도개손은 비스듬히 기댄 김
찬과 장총 소리를 하나하나 셌다. 마치 어린아이가 셈을 배우듯 두 사람
은 조용히 총소리를 따라 셌다.

"9발, 10발, 11발, 12발……"

더 이상은 셀 수 없었다. 총소리는 메아리로 다시 김찬과 도개손 귀
에 돌아왔다. 하지만 두 사람은 더 이상 들을 수 없었다.

중국공산당중앙당교 최용수 교수는 "연안에서 많은 인물이 강생에

의해 억울하게 처형됐지만 강생이 1년 넘게 처형을 고심한 인물이 바로 김찬과 도개손 부부다. 나중에 드러났지만 처형 명부에서 이름을 지우고 처형기록을 모두 파기한 유일한 사례"라고 말했다.[3]

---

3   최용수 교수 증언, 2005년 3월.

(출처: 김연상)

도개손과 김찬

차례

3장 / 혁명가 김찬

1장

운명을 느끼다

1

—

1911년 진남포,
혁명아의 고향에서 태어나다

조선말이 썩 능숙하지만 내 눈에 그는 분명 왜놈이었다. 자세히 살펴보니 그의 흰 두루마기 밑으로 군도집이 보였다. 어디로 가느냐 한즉 그는 진남포로 가는 길이라 한다. 보통으로 장사나 공업을 하는 일인 같으면 이렇게 변복, 변성명을 할 까닭이 없으니 이는 필시 국모를 죽인 삼포오루(三浦梧樓) 놈이거나 그렇지 아니하면 그의 일당일 것이요, 설사 이도 저도 아니라 해도 우리 국가와 민족에 독균이 되기는 분명하다.

......

나는 때가 왔다고 생각하고 서서히 일어나 "이놈!" 소리를 치면서 발길로 그 왜놈의 복장을 차자 그는 한 길이나 거진 되는 계하에 나가떨어졌다. 나는 나는 듯이 쫓아 내려가 그 놈의 모가지를 밟았다. 삼간 방문 네 짝이 일제히 열리며 그리로서 사람들의 모가지가 쑥쑥 내밀었다. 나는 몰려나오는 무리를 향하여 "누구나 이 왜놈을 위하여 감히 내게 범접하는 놈은 모조리 죽일 테니 그리 알아라"라고 선언하였다.

이 말이 끝나기도 전에 내 발밑에 채이고 눌렸던 왜놈이 몸을 빼쳐서 칼을 빼어 번쩍거리며 내게로 덤비었다. 나는 내 면상에 떨어지는 그의 칼날을 피하면서 발길을 들어 그의 옆구리를 차서 거꾸러뜨리고 칼을 잡은 손목을 힘껏 밟은즉 칼이 저절로 언 땅에 소리를 내고 떨어졌다. 나는 그 칼을 들어 왜놈의 머리에서부터 발끝까지 점점이 난도를 쳤다. 이월 추운 새벽이라 빙판이 진 땅 위에 피가 샘솟듯 흘렀다. 나는 손으로 그 피를 움켜 마시고 또 왜놈의 피를 내 낯에 바르고 피가 뚝뚝 떨어지는 장검을 들고 방으로 들어가면서 "아까 왜놈을 위하여 내게 범하려던 놈이 누구냐" 하고 호령하였다.[1]

항일운동의 고향 진남포

진남포는 본래 증산 남쪽에 있는 포구라고 해서 증산포로 불렸다. 고려말에는 삼화현에, 조선시대에는 삼화군 원랑면에 속해 억량틀이라고 부르던 조그만 어촌이다. 사람들은 보통 이 지역을 '삼화'라고 불렀다. 진남포 동쪽에 있는 호도(虎島)는 조선 초기 수군첨절제사영(水軍僉節制使營)이 있던 군사적 요충지이기도 했다. 진남포는 1894년 청일전쟁의

---

1 김구, 『백범일지』, 백범김구선생기념사업회, 1968, p.78~83

분수령이 된 평양전투에서 일본군 대병력이 상륙하면서 일제의 병참기지가 됐다.

진남포 주변 대동강 하류지역은 고생대에 형성된 석탄광맥 매장량이 수억 톤이 넘었다. 이 무연탄은 당시 군함의 연료로 전쟁에서 꼭 필요한 자원이었다. 일제가 이곳에 평양광업소를 설치해 일본 해군의 연료생산기지로 삼은 것은 그 때문이다. 게다가 진남포 북쪽과 동쪽은 재령평야와 평양평야가 펼쳐져 있어 질 좋은 쌀과 과일이 생산됐다. 진남포 지방은 강수량이 적고 일조량이 많아 조선 최대의 염전지대였을 뿐만 아니라 북서해안 어패류의 집산지이기도 했다. 누구라도 탐을 낼 좋은 땅이었다.

일제는 이미 1876년 조선과 강화도조약을 맺어 부산항·원산항·인천항을 개항했지만 이 정도로 조선의 물자를 대량으로 수탈하기에는 부족했다. 특히 진남포의 이러한 전략적, 경제적 필요성을 확인한 일제는 대한제국에 삼화부(진남포) 개항을 집요하게 요구했다. 하지만 이곳의 전략적 필요성을 알고 있는 러시아의 방해로 번번이 뜻을 이루지 못했다. 집요한 일본은 1897년 10월에 결국 삼화부와 목포항을 개항하는 데 성공했다.

진남포가 개항하자 일본 자본과 상인이 몰려들었다. 대한제국은 삼화군청을 지금의 진남포 시내로 옮겨 행정과 무역을 관장하도록 했다. 인근 평양이 전통과 역사의 도시였다면 진남포는 신흥공업, 무역도시였다. 경성에 인천항이 있다면 평양에는 진남포항이 있었다. 진남포항은 북서지방 제1의 신흥무역항으로 발전했다. 진남포항은 무역액에서 대한제국의 부산 · 인천에 이어 3위를 차지했을 뿐 아니라 여대(旅大) · 천진(天津) · 청도(靑島)와의 대중국 무역항으로 발전했다.

당시 일제에 의해 개항한 신흥 항구도시 대부분이 그랬듯이 진남포 역시 일본색이 강했다. 1906년 진남포는 조선에서 여섯 번째로 일본인이 많은 도시였다. 부산, 인천, 경성, 원산, 평양 다음이 진남포였다. 진남포는 대구나 신의주보다도 일본인이 더 많았다. 1920년대 중반 일본인이 진남포 인구의 3분의 1을 차지했다. 진남포와 평양을 같은 문화권으로 본다면 이곳은 북쪽 지역에서 가장 일본인이 많은 곳이었다.

진남포에는 일제의 경제수탈이 본격화되면서 공장들이 속속 들어섰다. 1915년에는 근대식 제련시설인 진남포제련소를 비롯해 경금속 · 화학 · 조선 시설 · 정미 · 제분 · 양조 · 도자기 공장이 들어섰다. 진남포에 세워진 20여 개 공장의 95% 이상을 일본인이 소유했다.

진남포의 급격한 공업화가 이루어지고 진남포항이 무역항으로 발전하면서 많은 조선인 노동자들이 몰렸고, 노동자의 의식도 높아졌다. 1898년 함북 성진에서 최초의 부두노조가 결성된 이후, 1900년 초에 이미 진남포를 비롯해 원산, 목포, 군산 등지의 부두하역 노동자들이 노조를 결성했다. 1910년경에는 이미 하역노동 조합원의 수가 약 1만 명에 이르렀다.

1906년 4월 경의선 철도가 개통하기 전까지 관서지역에서 경성에 가려면 진남포에서 증기선을 타고 인천으로 가서, 경인선 열차를 타고 경성으로 가야 했다. 진남포에서 인천으로 가는 길은 해로로 202km, 중국을 가는 길도 진남포에서 해로로 127km 떨어진 신의주를 통해 가거나 곧장 185km 떨어진 중국 대련(大連)으로 가면 됐다. 1910년 평양과 진남포를 직접 연결하는 평남선 철도가 준공되고, 평원선 · 만포선이 속속 개통되면서 진남포는 관서지방 교통의 요지가 되었다.

평안도와 황해도 관서지방은 상대적으로 유교, 불교 세력이 약해 기독교가 빠르게 들어왔다. 특히 평양을 비롯한 관서지방은 '동양의 예루살렘'이라고 불릴 정도로 기독교 신자와 교회가 많았다. 아마도 서양식 신흥 문물이 빠르게 유입된 탓이 컸을 것이다.

조선총독부의 1921년 조사 자료에 의하면 당시 인구 1천6백만여 명 중, 10만488여 명의 기독교 신자가 있는 것으로 파악됐다. 이미 외국인 선교사도 353명이나 조선에서 포교활동을 했다. 신도 중에는 북장로파가 4만8,534명으로 가장 많았고 이들은 주로 평안남북도와 황해도, 경기도, 경상북도 지역에서, 평양과 황해도 남쪽과 인천 해안지역, 강원도, 충청남북도 지역은 북감리파, 경상남도는 호주장로파, 전라북도는 남장로파 세력이 많은 것으로 조사됐다.[2]

진남포에는 기독계 계통의 학교도 많이 생겼는데, 진남포에만 장로교단의 득신학교(得信學敎), 감리교계의 삼숭학교, 천주교계 해성학교가 세워졌다. 이런 배경 때문에 1900년에는 천주교 본당으로 진남포 성

---

2   朝鮮總督府警務局, 『在朝鮮基督教各派分布圖』, 大正 10年 1月

당이 세워졌다. 진남포 성당 부설 돈의학교 제2대 교장으로 부임한 사람이 바로 안중근(세례명 토마스)이다.

진남포가 활발하게 성장하는 신흥공업 및 무역도시였던 만큼 신학문과 신사상이 도입됐다. 공업 · 상공 등 신식 학교가 세워지고, 기독교 선교사에 의한 서양식 학교가 설립됐다. 지역주민들의 의식도 깨어났다. 자연히 항일의식이 높고 독립을 주장하는 의식 있는 인사들이 많이 모여들었고, 이들은 민족학교를 설립해 교육사업을 했다.

장인환(張仁煥), 전명운(全明雲)의 스티븐슨 사살(1908. 3), 안중근의 이토 히로부미 처단(1909. 10) 이재명(李在明)의 이완용 살해기도(1909. 12) 등 국내외에서 일련의 의열투쟁이 계속됐다. 이들은 하나같이 서북출신자이자, 기독교인이라는 공통점을 가졌다.

따라서 일제는 이 지역을 특별히 주목했고, 이들 배후의 비밀결사를 찾는 데 정보망을 총동원했다. 그러나 그 실체인 신민회의 실체를 포착하지 못한 일제는 이른바 '총독모살미수사건'이라는 허구적인 사건을 날조하고 조작하여 서북지역의 반일민족세력과 그 조직체인 신민회의 실체를 파악하여 이를 제거하려고 했던 것이다. [3]

이른바, '105인 사건'이 그것이다. 당시 조선총독부를 대변하던 〈매일신보(每日申報)〉나 〈경성일보(京城日報)〉 등에서는 이 사건으로 체포된 이들 가운데 상당수가 기독교인이라는 점을 들어 장로교 미국인 선교

---

3 윤경로, 『105인 사건과 신민회 연구』, 일지사, 1990, p.18~19

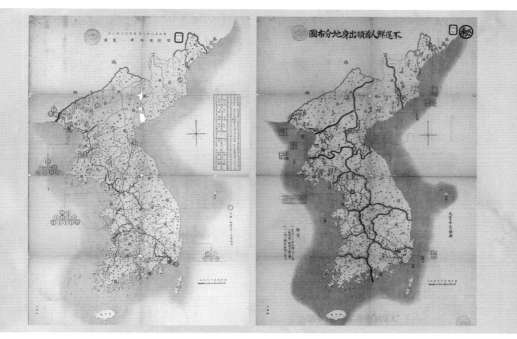

〈음모단 검거 일람도〉와 〈불온선인 수령출신지 분포도〉 1920년대 일제가 작성한 〈음모단 검거 일람도〉(좌)와 〈불온선인 수령출신지 분포도〉(우)를 보면 평안남북도, 황해도 즉, 관서지방에 반일인물과 단체가 집중되어 있음을 알 수 있다. (출처: 국가기록원)

사들의 선동에 의한 사건으로 몰아갔다. 실제 1919년 3월 1일 당일 만세운동이 일어난 곳은 경성과 평양, 의주, 선천, 안주, 원산, 진남포 등 7곳에 불과했다. 경성을 제외하고는 모두 이북지역이며, 그것도 대부분 관서지역이었다. 이 사실은 관서지방의 항일의식이 다른 지역에 비해 매우 높았다는 것을 반증한다.

김구, 안창호, 안중근 등 일제 강점기를 통틀어 가장 열정적인 항일운동가 세 사람에게는 몇 가지 공통점이 있다. 비슷한 연배에 기독교적 신앙을 가지고 있으며, 민족주의적 성향이 강했다는 점이다. 김구가 1876년생으로 가장 연장자이고, 안창호는 김구보다 두 살 어린 1878년생, 그리고 안중근이 1879년생이다.

또 하나의 공통점은 관서지방 출신의 이들 모두가 진남포를 배경으로 활동했다는 점이다. 진남포에서 일찌감치 영향력 있는 인사로 활동한 사람은 안창호이다. 실제 상해임시정부(上海臨時政府)에서 안창호는 김구보다 서열이 높았다. 안창호의 조카인 김순원(金順元, 1917~1941, 경성콤 검거사건으로 검거되어 옥사)도 진남포 출신으로 득신학교를 나오는 등 안창호 일가는 진남포에서 많이 활동했다.[4]

또, 1905년 진남포 공립보통학교 운동장에서 안창호의 강연을 듣고 감격해 항일운동에 뛰어든 사람이 바로 안중근이다. 안중근은 황해도 해주에서 태어났지만 안창호로부터 민족개량과 국권회복의 필요성을 깨우치고 1906년 3월 진남포 용정동으로 이주했다. 안중근은 진남포에서 석탄상회를 경영하며 삼화본당 성당에서 프랑스인 빌렘 신부로부터 동양평화에 대한 인식의 깊이를 더했다. 안중근은 석탄상회를 정리한 후 성당 부속학교인 돈의학교(敦義學校)를 운영했고, 둘째 동생 안공근 역시 진남포에서 보통학교 교사를 하는 등 안중근 집안의 주된 활동공간이 진남포였다. 안중근은 1907년 북간도, 노령으로 망명했고 1910년

---

4 강만길 · 성대경 엮음, 『한국사회주의운동 인명사전』, 창작과비평사, 1996, p.88

에 이토를 살해하는 거사를 일으켰다.

1896년 김구가 '명성황후의 원수를 갚는다'며 왜인을 때려죽인 곳 치하포가 바로 진남포 맞은편 황해도 안악의 포구이고, 김구는 '예수교 진남포 에버트청년회' 총무로 1905년 경성 상동교회에서 열린 을사조약 반대집회에 참가하기도 했다. 그도 고향인 안악에서 양산학교를 운영했다.

이밖에 남강 이승훈은 평양과 진남포를 오가는 유기상이었다. 그는 1907년 진남포에서 도산 안창호를 만나 오산학교를 창립하는 등 상인에서 민족운동가로 변신했다. 그리고 1919년 3·1운동 당시 이승훈은 진남포 만세운동을 주도했다. 결론적으로 신흥도시 진남포는 항일운동가의 고향과 같은 곳이었다.

또, 진남포는 항일 구국운동가의 도시이기만 했던 것이 아니라 기회의 도시이기도 했다. '조선의 제1부자'로 알려진 박흥식(1903~1994)이 진남포상공학교를 나와 처음으로 미곡상을 시작한 곳이 바로 진남포였다. 박흥식은 진남포에서 미곡상으로 번 돈을 기반으로 서울로 진출하여 조선 최대 갑부가 됐다. 정주영 현대그룹 창업주도 1940년대 트럭 30대로 진남포제련소와 계약해 황해도 수안군 홀동 광산에서 채굴한 광석을 운반하는 사업으로 돈을 모았다. 정주영은 여기서 번 돈으로 해방후 서울 중구 초동에 '현대자동차공업사'라는 '현대' 간판으로 최초의 사업을 했다. 그만큼 진남포는 기회의 도시이며, 또 역동적인 도시다.

이밖에 우리나라 최초의 사실주의 문학으로 꼽히는 소설 〈표본실의

청개구리〉의 배경이 바로 진남포이다. 우리나라 최초의 여성잡지 〈신여성〉을 창간한 김원주(후에 출가해 법명은 일엽), 소프라노 가수 윤심덕역시 진남포에 있는 삼숭학교 출신이다.

진남포는 신사상과 신교육이 빠르게 수용되는 개방적 도시이며, 급속한 산업화가 이뤄지는 역동적 기회의 도시이자, 일본의 경제수탈에 신음하는 노동자 도시였다. 그리고 이런 분위기 속에서 항일의식이 고조되면서 많은 민족 지도자들이 활동한 항일도시였다.

김찬, 갑부 독립 운동가 김병순의 아들로 태어나다

김찬은 1911년, 바로 이 역동의 도시 진남포부 억양기리(億兩機里)에서 태어났다. 억양기리는 진남포에서도 남서쪽 끝 해발 100m도 안 되는 연대산(煙臺山) 동쪽자락에 위치한 신도시였다. 진남포 외각에는 평양광업소, 서선조면공장, 특히 정미소가 많았다. 억양기리 반대편 북서쪽에는 진남포역이 있었다.

진남포 주민들이 평양에 가기 위해서는 진남포 시내를 통과해서 이진남포역으로 가야 했다. 시내 중심가에는 부(府) 청사와 중국영사관, 서선일보사(西鮮日報社), 조선은행 지점, 삼화은행, 수도사업소, 길 하나 건너 경찰서가 있고, 서쪽 용정정(龍井町) 쪽으로 법원과 지청이 있었다.

김찬의 부친 김병순(金炳恂)은 이렇게 급격히 발전하는 진남포에 부동산을 투자하여 상당한 재력을 모았다. 김병순은 큰아들 환(煥, 1890년

생), 둘째 아들 화(燁, 우경, 1896년생), 큰
딸 일경(日卿, 생년 미상), 그리고 막내아들
찬(燦, 1911년생), 막내딸 순경(順卿, 1914
년생) 등 5남매를 두었다.

김찬의 아버지, 김병순 (출처: 김연상)

김찬의 큰형 환은 무려 21살, 둘째 형
우경과는 15살이나 나이 차이가 났다. 특
히 우경은 일본에서 공부한 후 중국 북경
에서 의원을 개업하고 있었고, 큰딸 일경
은 김종회(金鐘會)와 결혼해 경성에서 살
고 있었다.

김찬은 억양기리에서 북쪽에 있는 상공학교를 지나 마장정미소-조
선은행 사택이 있는 용정정을 거쳐 용정리에 있는 득신학교를 다녔다.
득신학교는 진남포 장로교회가 세운 사립학교로 지역의 명문이었다.
1929년 1월, 〈동아일보〉에 실린 학교 사진을 보면 기와를 얹은 2층 건
물이 매우 웅장함을 알 수 있다.[5]

김찬이 장로교 선교사가 세운 득신보통학교를 비롯해 경성 정동 32
번지(현 창덕여중과 이화여고 사이)에 있던 역시 장로교 계통의 경신중학교
를 잠시 다닌 것으로 보아 김찬 집안은 기독교 장로교 계통으로 보인다.
김찬은 북경으로 이주했을 때도 노하중학교에 진학하는 등 계속 기독

---

5 〈동아일보〉, 1929. 1. 5

득신학교 전경 〈동아일보〉 1929년 1월 5일자에 실린 사진.

교 계통의 학교에 다녔다.

득신학교 인근에 있는 해발 74m 정도의 야트막한 야산 기슭에는 태신궁산(太新宮山)라는 일본 신사가 있었다. 그 길로 곧장 더 가면 천주교 회당이 있고, 신작로 사거리에서 오른쪽에 득신보통학교가 있었다. 바로 이 천주교회당이 안중근이 다니던 천주교 성당이고, 그가 운영하던 학교도 있었다. 또, 그가 운영하던 미곡상회도 이곳 용정동에 있었다. 천주교 성당 북쪽에는 평양감옥소 분감이 있었고, 거기서 좀 더 계곡으로 들어가면 나환자 병원이 있었다.

어린 김찬은 안창호가 울분을 토하며 연설하던 운동장, 안중근이 살던 집과 다니던 성당, 김구가 활동하던 교회를 매일 지나며 득신학교에 다녔다. 김찬은 이 길을 오가며 어른들이 얘기하는, 안창호의 감동적인 연설을 듣기 위해 수백 명의 군중이 운동장에서 열광하던 이야기와 김구가 일본인 쓰치다(土田) 중위를 맨손으로 때려 죽인 이야기, 안중근 의사가 이토를 권총으로 사살했던 이야기를 들었을 것이다.

특히 일제는 1910년대까지 관공립학교에서만 강요하던 신사참배를 1920년대 들어와 사립학교에까지 강요하기 시작했다. 대부분의 학교는 순순히 이 신사참배에 순응했다. 그러나 김찬이 다니던 득신학교는 끝까지 신사참배를 거부했다. 이렇게 반일의식이 매우 강했던 득신학교는 결국 폐교되고 말았다. 폐교된 득신학교는 해방이 되어서야 중등교원양성소로 재건됐다.

김찬의 부친 김병순은 독립당원으로 활동했다고 한다. 김찬의 아들 김연상에 따르면 "할아버지는 독립당에 참가하여 3 · 1운동에 간접적으로 가담했을 뿐만 아니라 독립당에 상당한 자금을 지원했다"고 말했다. 그러나 독립운동사에서 김병순이라는 이름을 발견할 수는 없다. 당시 워낙 많은 인물이 만세운동에 참여했기 때문에 기록이 없을 수도 있다.

김병순은 1919년 3 · 1운동 이후 일제로부터 감시 인물로 지목되었다고 한다. 이 시기에 일제로부터 요주의 인물로 지목되어 감시를 받으면서 사업을 하고 살기란 쉽지 않았다. 많은 사람들이 만주와 연해주, 북경과 상해로 이주한 시기가 바로 이즈음이었다. 물론 일제의 수탈로 인해 땅을 잃은 농민들도 수없이 조선을 떠났다. 당시 언론은 "살기 위해 최후 수단으로 고국을 등지고 산과 물을 찾아 만주 거친 들을 찾아 헤매는 동포 수가 몇 백만이다"라고 보도할 정도였다.[6]

1921년에 김병순 가족은 중국 북경 근처 통현으로 이주를 결행했다.

---

6 〈중외일보〉, 1929. 3. 19

북경 인근 통현에는 둘째 아들 우경이 사업을 하는 등 어느 정도 자리를 잡고 있었기 때문이다. 이곳은 평소 알고 지내던 김기창(金基昌) 집안도 정착해 있었고 교육 환경도 좋았다. 김병순은 쫓기듯 중국으로 이주했다고 한다. 득신보통학교 6학년에 다니던 열 살 김찬, 그리고 여덟 살 순경은 부모의 손을 꽉 잡고 말도 통하지 않는 낯선 중국으로 향하는 열차에 몸을 실었다.

2

—

1922년 중국 통주,

—

혁명가의 싹을 키우다

1920년대 후반부터 1930년 전반까지는 '좌(左)'의 시대였다. 그렇다
고 해서 공산주의 운동의 시대였다는 뜻은 아니다. 중국에서 '좌파', '우
파', '좌경', '우경'이라는 말이 광범하게 사용된 것은 1920년대 중반의
일이다. 이런 용어는 주로 국공합작기의 공산당에서 즐겨 사용했는데,
그것이 국민당으로도 흘러들어 갔고 국민혁명을 통해 널리 언론계로 파
급됐다. 중국을 대표하는 종합잡지인 〈동방잡지〉는 1925년에 이 유행
어에 대해 이렇게 설명했다.

"어떤 사람의 사상행동을 비평할 때 상대적으로 보수적인 사람을 우
경이라 하고 상대적으로 급진적인 사람을 좌경이라 한다. 현대의 거의
모든 사상 대립과 정치 대립은 일종의 '좌우투쟁'에 지나지 않는다."

흥미로운 것은 이 시기에 정착된 '좌우'의 사고방식에서 '우'는 단순히

보수적일 뿐 아니라, '비열' 또는 '부패'라는 말과 동일시되는 경우가 많았다는 점이다.[1]

북경에 정착한 조선인들

북경은 상해에 비해 개방이 늦어 조선인의 이주도 늦었다. 상해가 외교의 도시였다면 북경은 중국의 수도이자, 정치의 도시였다. 대한민국 임시정부가 상해에 위치한 것은 바로 국제외교에 치중했기 때문이다. 하지만 북경은 정치 도시답게 사회주의, 아나키스트 외에도 다양한 사회주의 신사조가 곧바로 유입됐다. 따라서 이런 신사조를 열망하고 공부하려는 젊은 유학생들이 몰려드는 곳이었다.

북경은 상해에 비해 조선과 가깝고, 중국 관내지역과 동북지역의 중간에 있어 교통이 편리한 장점도 있었다. 게다가 1914년 제1차 세계대전이 일어나고 러시아, 만주지역 독립운동이 봉쇄되자 북경은 해외독립운동의 중심지로 부상했다.

북경지역은 1922년 12월 15일, 중국 여행증명제도가 철폐되고 조선인의 이주가 비약적으로 늘었다. 1922년 말에 500~600명 정도였던 조선인 수는 1923년 6월 약 1,000명을 헤아릴 정도였다. 1923년 조선학생회 조사에 따르면 북경의 조선인이 일주일에 70명씩 늘어날 정도였다.

---

1 이시카와 요시히로(石川禎浩), 손승회 역, 『중국근현대사3』, 삼천리, 2013, p.119

1923년 9월 일본관동대지진 이후 일제의 학살을 피해 한인 유학생들은 사상이 다양하고 언론도 비교적 자유로운 북경으로 몰려들었다. 관동대지진으로 인해 매일 북경으로 유학 온 한인 유학생들은 수십 명에 달했다고 한다. 이렇듯 유학생과 민족 운동가들을 비롯하여 한인들이 북경으로 망명한 원인은 다음과 같이 몇 가지로 살펴볼 수 있다.

첫째, 지리적으로 북경은 중국 북쪽의 동북, 내몽골과 남쪽의 상해, 광주 지역뿐 아니라 중국과 소비에트 러시아를 오갈 때 반드시 통과해야 하는 유리한 지점에 위치해 있었다.

둘째, 경제적으로 북경에는 물가가 저렴해 생활이 비교적 용이했고, 학비도 조선 및 일본보다 낮았다. 북경 각 학교의 입학시험도 비교적 쉬웠다. 국내에서 고등보통학교를 졸업하고 북경에서 중국어와 영어를 어느 정도 습득한 후라면 북경대학이나 연경대학 같은 명문대에 어렵지 않게 입학할 수 있었다.

셋째, 북경은 신문화의 중심지로 사상이 다양하고 언론도 비교적 자유로운 곳이었다. 5 · 4운동 이후 1920년대 전반의 북경은 학생운동의 중심으로 상해와 달리 민족주의뿐만 아니라 사회주의와 아나키즘 등 여러 신사상을 폭넓게 수용하였다.

게다가 한인들이 북경에 모여들었던 이유는 일본 영사관이 설치되지 못했던 것과도 깊이 관련되었다. 북경은 상해나 천진처럼 조계지가 없어서 활동에 제약이 따를 수 있었지만, 개방도시가 아니었기 때문에 갖는 장점이 있었다. 북경에는 외국공사관이 설치되어 있었지만 영사관을 설치할 수 없었다. 따라서 북경에서는 일본의 경찰권 행사가 허용되지 않았다. 이러한 이유로 북경에서 민족 운동가들의 활동은 일제의 탄압에서 비교적 자유로울 수 있었다.[2]

북경 주변에는 가족 단위 정착 이주가 주로 이루어졌다. 상해의 개인적으로 자유롭게 잠시 머무르는 분위기와는 달랐다. 처음으로 북경에 조선인이 이주해 정착한 곳은 북경 외각 통현(通縣), 지금의 통주(通州)이다. 북경 천안문에서 동쪽으로 17km 떨어진 이곳은 북경 시내에 비해 집값, 땅값도 저렴하고 교통이 편리하면서 소식도 빨랐다. 또 비교적 조용해 조선에서 온 독립투사들을 만나는 데 안전했다. 게다가 통주에는 기독교 후원으로 운영되는 노하중학교가 있어 자녀를 공부시키기에도 좋았다. 미국 선교사가 교장인 노하중학교는 중국 국민당도 간섭하지 못할 정도로 세력이 강했다.

김기창은 통주에 정착한 최초의 한인이라 할 수 있을 것 같다. 1925년 일본의 조사 자료에 의하면, 당시 통주에는 한인 세 가구 22명이 거주하고 있었다. 그들은 주로 농장을 경영하면서 농업에 종사했다. 김기창 가정 외에도 북경에서 아흥의원(亞興醫院)을 경영하는 김우경의 가족

2　木藤克己, '安昌浩及海甸の農場に關する件' 1924. 7. 31 /『不の團關係雜件－朝鮮の部－在支那各地(3)』/ 손염홍, 앞의 책.

과 박용만(朴容萬)의 가족이 살고 있었다.[3]

북경에 최초로 정착한 독립운동가 김기창 일가

여기서 당시 최초로 통주에 정착한 세 가구에 대해 자세히 살펴볼 필요가 있다. 우선 김기창 가족이다. 김기창은 평북 의주 출신으로 기독교 바탕의 민족교육자였다. 1920년대 선천교회에서 발행한 『조선예수교 장로회 사기』를 보면 의주지역에서 교육사업을 하던 김기창과 관련해 다음과 같이 설명하고 있다. 선천은 평북지역에서 기독교가 가장 활발했던 지역이다.

> 1906년 의주읍 교회의 장유관(張有寬), 김기창 등이 발기하여 청년
> 교육을 특면하여 동지학회(同志學會)를 조직하고 읍내 학교를 확장하여
> 남녀중등부, 고등부, 심상부를 설치하고 교명을 양실학원이라 통칭하
> 니라.[4]

김기창은 의주에서 기독교계 양실학원을 운영하는 청년교육을 했다. 그는 2003년 대한민국 정부에서 건국포장을 받았다. 그 사유를 보

---

3 北京天津及附近在住韓人の狀況 / 손염홍, 앞의 책.
4 한국기독교역사연구소, 『조선예수교 장로회 사기(상권)』, 1926, p.177

면 "1908년 신민회(新民會) 의주지회 반장으로 활동하던 중 1911년 소위 105인 사건으로 검거되어 신문을 받고 풀려났다. 1914년경 중국으로 망명, 1919년 10월 31일 대한민국임시정부 선언서에 민족대표로 서명하였다. 이후 그는 북경으로 이동하여 기독교의 목사로 흥사단에 가입하고 안창호 등과 연계하여 활동하였다"[5]라고 되어 있다.

김기창 가족이 통주에 이주한 시점은 1915년이다. 가족의 증언에 따르면 그는 '105인 사건'에 연루되어 1년간 투옥된 후, 식솔을 거느리고 통현 복흥장으로 이주했다. 이곳에 정착한 김기창은 닭, 젖소를 기르고 포도를 심으면서 생계를 잇는 한편, 독립운동을 후원했다.

가장 먼저 북경에 정착한 김기창은 북경과 인근 한인 독립운동 세력의 가장 실제적 후원자였다. 1924년 일제가 김기창을 '불온(不穩)선인'으로 분류했던 것도 이를 반증한다. 북경지방에 정주(定住)하거나 왕래하는 불온선인을 조사한 것에 따르면, 윤종묵(尹宗默), 여운형(상해임정파), 박은식(당시 〈상해독립신문〉 기자), 김원봉(의열단) 등의 요인과 함께 명단에 올라 있다.[6]

김기창 자신도 독립운동가였지만 자녀들 역시 대단한 혁명가들이었다.

김기창은 부인 홍기주 사이에 아들 4형제와 딸 둘을 두었다. 위로부터 큰딸 김신경, 큰아들 김승호, 둘째 아들 김영호, 셋째 아들 김성호, 넷째

---

5 〈독립유공자공훈록 제15권〉, 국가보훈처, p.51~52
6 關東廳警務局, 臨時報 제14호, 〈北京地方 定住, 往來 不穩鮮人調〉, 大正 13年 8月

독립운동가 김기창과 그의 일가 통주에 최초로 정착한 조선인 김기창의 가족. 혁명가로 추앙받는 아들 형제는 사진에 없다. (출처: 독립기념관)

아들 김상호, 막내딸 김신정이다. 장남 승호는 의과대학을 다니다가 부모님을 도와 농사일을 했다. 둘째 영호는 유명한 육상선수였는데 1925년 7월에 노하중학교를 졸업하고 당시 혁명의 중심인 광주(廣州)에 가서 황포군관학교에 입학했고 1928년 소련에 갔다. 셋째 김성호는 1928년 노하중학교를 졸업하고 당 조직의 결정에 따라 직업혁명가의 길을 나서게 됐다. …… 막내 상호도 1928년 노하중학교에서 중국공산당에 입당했는데 후에는 연경대학에 진학하여 지하당 활동에 참가했다.[7]

7　최룡수, 「혁명가의 보금자리」, 〈민족단결〉, 2000. 1, 北京, p.11~12

김기창의 집안의 네 아들은 모두 항일투쟁에 나서거나 도중에 전사하는 등 사회주의적 성향의 치열한 무장 항일투사였다.

박영효의 조카 박용만 일가의 정착

통주에 정착한 또 다른 집안은 박용만으로 그가 북경 인근에 정착한 것은 1921년 3월경이다. 그러나 박용만이 미국에서 활동할 때 통주에는 이미 그의 모친을 비롯해 부인 등이 거주하고 있었다는 점으로 보아 가족의 이주는 이보다 더 빨랐을 것이다. 개화파의 거두 박영효의 조카인 박용만은 일찍이 일본 게이오의숙(慶應義塾)과 미국 네브래스카주립대학에서 정치학과 군사학, ROTC 과정을 이수한, 당시로서는 매우 개화된 인물이었다. 박용만은 미국에서 군사학교를 만드는 등 대표적인 무장 항일투쟁론자로 1921년 4월 신채호, 신숙, 이회영(李會榮) 등과 독립무장단체들을 연합해 '군사통일회의'를 조직하고 국내 진공작전까지 계획했다.

박용만은 한때 이승만과 의형제 사이일 정도로 가까웠고, 통합 임시정부 외무총장에 추대되기도 했다. 그러나 박용만은 이승만(李承晚)의 위임 통치론을 반대하는 성토문을 발표하고 이승만과 정치적으로 경쟁했다. 북경에서 생활하던 신채호가 박용만을 상해임시정부 대통령으로 추대할 정도로 그 능력을 인정받던 인물이었다.

김찬 일가의 정착

통주에 정착한 세 번째 일가인 김우경(본명 김화) 가족이 바로 김찬 가족이다. 김찬의 부친 김병순은 김기창과 조선에서 같은 기독교 장로교 활동으로 잘 알고 지냈다. 김병순 가족이 통주로 이주한 이유도 김기창과의 인연과 둘째 아들이 이미 정착한 곳이기 때문이다. 김우경은 일본에서 와세다(早稲田)대학을 졸업하고(가족들은 의학을 전공했다고 하지만, 안창호와 일본 경찰에 따르면 경제 분야를 전공한 것으로 나타난다) 김우경은 가족보다 먼저 북경과 통주 등지에 정착해 사업을 하고 있었다.

김우경은 부친을 통해 당시 해전(海甸)에서 이상촌을 건립하던 안창호 등과 매우 밀접한 사이였음을 알 수 있다. 한편, 이자해(李慈海)는 자신이 김우경과 동업했던 사정을 다음과 같이 자세히 기록했다.

> 어느 날, 우리가 가장 존경하고 사랑하는 안 도산 선생께서 북경의 또 다른 청년과 함께 상해에서 해전으로 왔다. 해전에 있는 모든 조선 동포들은 안 도산 선생을 환영하는 집회를 가졌다. 집회가 끝난 후, 도산 안 창호 선생은 나에게 함께 온 친구를 가리키면서 다음과 같이 말했다.
> "이 사람의 이름은 김우경인데 일찍 일본에 유학하여 경제계 공부를 전공하였다. 졸업 후에는 북경에서 영업을 하였다. 그러나 별다른 뚜렷한 발전이 없어 현재 다른 직업을 구상하고 있는 중이다. 마침 현재 중국사회에서 경력이 있는 의사를 찾고 있으니 당신들 둘이 협력하면 틀림없이 훌륭한 발전이 있을 것 같은 생각이 드는데, 나의 의견을 참고로

구체적인 문제는 당신들이 상세히 상담해 보기 바란다."

안 선생이 소개한 김우경은 옷차림도 단정하고, 태도도 겸손하여 나는 두말없이 안 선생의 제의를 받아들였다. 김우경과 협상을 통해 진료소 개원에 필요한 일체 의료설비와 장소 등은 그가 완전히 책임지고, 의료 기술은 전적으로 내가 책임지는 것으로 결정하였다. 공동으로 병원을 세우는 데 합의했다.[8]

이자해와 김우경은 합작으로 북경에 아신의원(亞新醫院)을 개업했다. 아신의원은 중국관헌의 허가를 받지 못해 중국인 의사의 간판으로 1924년 8월경 다시 개업한 것으로 알려졌다. 그러나 이자해와 김우경의 동업은 얼마 후 틀어졌다. 이자해는 김우경이 자신의 의료 기술을 이용해 돈을 벌면서 돈을 지급하지 않는 등 자신은 이용만 당했다고 주장했다.

김우경은 이념이나 항일투쟁보다 돈을 벌어 집안의 생계를 유지하는 데 더 관심이 많았던 것으로 보인다. 그러나 다른 형제, 김찬은 노하중학교 재학 중 중국공산당에 가입해 적극적인 노동투쟁을 통한 항일투쟁에 나섰다. 여동생 순경 역시 중국공산당에서 항일투쟁에 가담했다. 큰형(김환)의 딸 김영애(金英愛)도 북경대학에 입학해 중국공산당에 가입했다. 그녀는 나중에 김찬의 부인이 된 도개손의 친구이기도 했다.

---

8 『이자해 자전』, 국가보훈처, 2007, p.167

북경과 상해임시정부의 갈등

 그러니까 통주에 정착한 초기 세 집안의 공통점은 항일운동 세력이라는 점이지만 상해의 외교·온건적 투쟁방법과는 사뭇 다른, 적극적이고 투쟁적인 성향임을 알 수 있다. 바로 이것이 당시 상해와 북경 조선인 독립운동의 차이다. 북경에는 상해임정의 외교적 노선에 불만을 품은 무장투쟁 세력이 몰렸다. 이들은 1915년 신한혁명당을 조직해 독립전쟁을 추진하고, 군사통일주비위, 제2 보합단 등을 통해 무력 독립전쟁을 추진하는 등 매우 강성이었다. 당연히 상해임시정부의 입장에서는 당혹스런 존재였다.

 1920년대 상해임시정부의 가장 큰 두통거리의 하나는 박용만을 중심으로 한 북경 주재 한인독립지사들이었다. 어쩌면 질시의 대상이었을지도 모른다. 1923년 국민대표 대회 이후 상해임시정부는 사실상 무정부 상태였다. 그 무렵부터 1928년까지 상해임정의 대략적인 연표를 보면 제도와 사람만 이리저리 바뀌었고 독립운동은 거의 하지 못했다. 아마 재정적인 면도 극히 악화됐기 때문이었을 것이다.

 …… 상해임시정부가 지리멸렬해 있을 즈음, 박용만을 중심으로 한 무장투쟁론자들은 만주지역의 군사단체를 통합하고자 노력하고, 독립자금을 조성하기 위해 은행을 창립했으며, 일제의 간담을 서늘하게 한 의열투쟁을 줄기차게 시행했다. …… 상해임시정부는 엄두도 못할 일들

을 북경지역의 무장투쟁론자들은 거침없이 해낸 셈이다.[9]

이들은 상해임정 방식의 독립운동과 경쟁 혹은 반목을 일삼고, 심지어 서로 상대를 암살하기까지 했다. 물론 상해와 북경의 항일투쟁 방식에는 외교·무력적 차이만 있던 것은 아니다. 이념적으로 민족주의적 성향과 사회주의적 성향 등이 혼재되어 있었다. 박용만은 철저한 반공주의자로 당시 북경에서 함께 활동하던 신채호, 이회영 등과는 또 다른 길을 갔다. 박용만은 일제와 내통했다는 혐의로 의열단원에 의해 암살됐다.[10]

한편으로 중국 이주 조선인들의 분파를 따져보면 출신지가 중요한 요소로 작용하고 있다. 북경(통주)에 처음 이주한 김기창을 비롯한 김병순도 모두 평안도와 황해도로 북부 관서지방 즉 서북출신이다. 이들 출신은 대부분 기독교 신앙을 기반으로 하여 안창호와의 인연을 맺은 흥사단 계열 사람이 많다.

---

9 김상구, 『김구 청문회1』, 매직하우스, 2014, p.185~188
10 박용만은 1923년 조선총독부와 내통해 일본과 경성을 방문했으며, 이로 인해 1924년 6월 15일 한국독립당에서 제명되고 결국 1928년 10월 17일, 북경에서 의열단에 의해 암살됐다. 자세한 내용은 이상묵, 「박용만과 그의 시대」〈오마이뉴스〉, 2009를 참조.
국민당 화북성 법원기록을 검토한 최용수 교수에 따르면 『아리랑』의 주인공 장지락이 박용만 암살범 이해명의 법정증인으로 참석해 "박용만은 원래 독립당이었는데 후에 독립당을 팔아먹었다"는 요지의 증언을 했다고 밝혔다.
그러나 최근 들어 박용만에 대한 재평가가 많이 이루어지고 있다. 친일파라는 박용만도 건국훈장을 받은 것이 그 증거이고 상해임정, 특히 김구에 의해 박용만이 평가절하됐다고 주장한다. 김상구, 앞의 책 참조.

또 다른 세력은 이른바 경기·충청 출신의 이른바 기호(畿湖) 출신이다. 앞서 서북출신이 주로 김기창의 집에 모였다면 북경 시내에 있는 이회영 집에는 기호출신과 영남출신, 강원출신이 모였다. 통주에 이주한 조선인 세 가족 중 강원도 출신의 박용만이 북경의 신채호, 이회영 등과 가까웠던 것도 이런 출신 지역 때문이다.

상해에 임시정부가 수립된 이후, 북경에 거주한 독립운동가 상당수는 임시정부에 불만을 가지고 참여하지 않은 부류였다. 특히 외교를 중시한 임시정부의 독립운동 방략에 반대하거나, 1920년 전후 안창호를 중심으로 하는 서북세력이 주도한 임시정부에 불만을 가진 기호나 영남 출신 인물들이 많았다. 이회영은 당연히 그러한 세력의 중심이 되지 않을 수 없었다.

이미 살펴본 대로 임시정부 수립 직후이자 이회영이 북경에 돌아온 직후에 역시 북경에 들어온 것으로 짐작되는 이시영, 이동녕, 조완구, 조성환, 이광 등은 기호 출신이었다. 그러나 이시영, 이동녕, 조완구는 다시 상해로 가서 임시정부에 참여했고, 이승만 주도의 기호파 내각에 참여했다.

…… 북경에서 이회영과 관련을 맺은 이들은 대체로 기호 출신이 많았고, 김창숙 등과 관련지어 보면 영남 출신도 적지 않았다. 종종 함경도, 강원도 출신들도 보인다. 그에 비하면 평안도나 황해도 이른바 서북파 인사들과의 교류는 많지 않았던 것 같다. 1920년대 북경에는 안정근

과 이승만 등 흥사단 계열이 서직문(西直門) 밖 해전(海甸) 지역에 농장을 운영했고, 안창호 등이 관여하여 방문하기도 했다. 그렇지만 안창호나 안정근 등과 이회영의 직접적인 교류는 거의 없었던 것 같다.

…… 즉 이회영이 서북파나 흥사단 계열의 인사들과 교류가 없었다는 것은 기독교인들과의 관계도 마찬가지였음을 짐작케 한다. 북경에는 독립운동에 참여하는 기독교인과 함께 천도교인도 적지 않았는데, 신숙이나 최동오 등이 대표적인 천도교인이었다. 신숙은 박용만과 군사통일회의에 관여하면서 이회영과 관련을 맺었겠지만, 밀접하지는 않았다. 그러한 점에서 북경에서 이회영은 기호세력과 뗄 수 없는 위상이었다고 생각된다.[11]

종파투쟁에 빠진 중국이주 조선인들

일제의 〈고등경찰요사〉에도 "북경에는 조선인들이 경성파(京城派), 평안파(平安派), 영남파(嶺南派) 등이 오월동주(吳越同舟)하고 내홍(內訌)을 겪고 있다"고 평가한 대목이 있다. 이국땅에서 서로 고향을 찾아 모이는 것을 나쁘게만 평가할 수는 없다. 하지만 이 출신지, 고향은 독립운동 세력의 분화에 적잖은 영향을 미친 것도 사실이다. 결국 중국 이주 조선인들의 노선은 매우 복합적이며 개인적 문제에 의해 결정됐다고

---

11 최기영, 「북경에서의 이회영의 독립운동과 생활」, 우당학술회의 발표논문, 북경, 2012

할 수 있다.

무엇보다 이들의 공통점은 어디 출신이건 생활이 매우 어려웠다는 점이다. 생존과 생계의 문제는 언제 어디서나, 매우 중요한 요소였다. 생계를 위해 이념이나 신념이 달라졌고, 흔들렸다는 점은 부인할 수 없다. 북경과 통주 일대 조선인 사회에서 김달하(金達河)는 중국 군벌의 부관으로 부유한 생활을 했다. 그는 이화여전 김활란(金活蘭)의 형부이기도 하다. 김달하는 북경 이주 초기 안창호와 김창숙, 이상재 등의 독립운동가와 교류했지만 일제 고급밀정이라는 의심을 받았다. 결국 김달하는 무장투쟁론자 박용만을 조선총독부에 연결시켜 변절시킨 인물임이 드러나 1925년 3월 30일에 다물단(의열단)에 의해 살해됐다.

이렇게 만주 혹은 일제와 관계한 사람들의 생활은 비교적 풍족했지만, 독립운동가와 유학생들의 생활은 매우 궁핍했다. 조선에서 큰 재산가였던 이회영은 1920년대 초까지 경제적으로 큰 어려움이 없었다. 기호 출신 인사들의 집합처가 된 것은 그런 경제력이 바탕이 됐다. 그러나 이회영도 1924년 이후 조선에서 후원이 끊기면서 경제적 여건이 악화됐다.

이런 경제적 어려움을 극복하기 위해 안창호는 1923년부터 해전에서 농장을 건설해 독립운동 근거지 건설운동을 벌였지만 큰 성과를 내지 못했다. 정화암(鄭華岩)[12] 등은 영정사(永定河) 개간을 추진하고, 박용만

---

12   1895년 전라북도 김제 출신. 3·1운동 때 시위에 참가했고 상해로 망명했다. 1928년 이회영·신채호 등과 무력투쟁으로 독립을 협의했다. 1931년 상해 일대에서 친일파 및 전향자 등을 색출하고 사살하는 임무를 수행했다. 1933년에는 일본 주상해공사 아리요시 살해를 시도했다. 1936년, 국내 호서은행(湖西銀行)에서 탈취한 자금으로 〈남화통신(南華通

역시 석경산농장(石景山農場)을 경영했지만 별다른 성과를 거두지 못했다. 1923년 9월 북경으로 돌아온 신채호는 끼니조차 때우기 어려웠다. 석등암에 거주하던 신채호는 1924년 3월, 머리를 깎고 관음사의 중이되었다. 결국 중국으로 이주한 독립운동가들도 생존의 문제로 인해 출가(신채호)나 변절(박용만) 등의 길을 가게 된다.

하지만 비교적 일찍 중국에 가족 모두가 정착한 김기창과 김병순 가족은 상대적으로 경제적 여건이 좋았다. 특히 김기창은 안창호는 물론, 상해에 있는 김구, 북경에 있는 신채호 등과 출신지를 넘나드는 폭은 교류를 한 인물로 평가된다. 하지만 김기창은 독립운동 세력의 종파투쟁이 날로 심해지는 것을 목격하고 실망에 빠졌다.

> 김기창은 가족을 데리고 통주에서 젖소 수십 마리를 사육하고 우유를 판매하면서 포도밭을 경영하여 이익을 얻었다. 그는 1924년 봄, 북경 해전에 상점을 두고 많은 수익을 얻었지만 수입의 대부분을 독립운동 자금으로 사용했다. 그리고 일찍 일본에 유학하여 경제학과를 졸업한 김우경 역시 통주에 거주하면서 3,000원을 투자하여 동사패루 북쪽에 조선물산을 판매하는 진동호(震東號) 상점을 개업했다.[13]

信〉 발행, 중국 항일운동세력과 중한청년연합회를 조직해 〈항쟁시보(抗爭時報)〉를 발간했다. 1940년부터 해방까지 복건성(福建省)에서 광복군 활동했다. 한국학중앙연구원, 〈한국민족문화대백과사전〉.

13   손염홍, 앞의 책, p.102~105

김기창의 딸 김신정과 손자 김기창 딸 김신정이 2005년, 부친 김기창과 김찬의 가족에 대해 증언하고 있다.
(출처: 원희복)

　　김기창과 김병순은 안창호와 같은 고향이었고 기독교로 종교도 같았으며 흥사단 활동 등으로 매우 긴밀한 사이였다. 김병순은 조선 진남포에서 활동하던 김구와도 가까웠다고 한다. 김찬의 아들 김연상은 "김구가 북경에 오면 할아버지 집에 머물렀다. 할아버지와 김구가 같이 찍은 사진도 있었는데 문화혁명 기간 중 없어졌다"고 말했다.

　　김기창의 집은 1920년대 초기부터 30년대까지 북경에서 활약하는 조선혁명가들의 연락지점과 피난처로 사용되었다. 김기창 선생의 막내 딸 김신정 여사는 칠팔십 년이 지난 오늘날에도 신채호, 안창호, 김규식, 장건상, 량립, 김찬, 손정도, 리유필, 안공근, 고준택, 한위건, 장지

락 같은 사람들이 그의 집을 출입하던 것을 기억하고 있다. …… 1933
년 한위건이 체포되어 남경까지 압송되었다가 돌아와서 처음 찾은 곳도
김기창의 집이었다.[14]

여기서 최용수 교수가 꼽은 인물을 보면 안창호와 같은 고향사람도
있지만 대부분 사회주의 계열임을 알 수 있다. 신채호, 안창호, 김규식,
장건상은 이미 국내에서도 잘 알려진 인물이다. 여기서, 양림(楊林)과
한위건(韓偉健)은 어떤 사람인가. 1945년 5월 중공 제7차 전국대표대회
에 참가한 왕외는 조선혁명가들이 중국혁명에 참여한 역사를 설명하면
서 '혁명렬사 리철부(李鐵夫), 양림, 주문빈(周文彬)' 세 사람을 열거했다.
이 세 사람은 일찍 중국공산당에 가입하여 중요한 직책을 맡았던 고급
간부였다.

리철부의 원래 이름은 한위건[15]으로 1936년 모택동은 그를 "우리 당
내 실사구시의 모범"이라고 칭찬할 정도였다. 양림은 소련 군사학교를

---

14   최룡수, 「혁명가의 보금자리」, 〈민족사〉, 2000, 北京, p.12~13

15   함경남도 흥원 출신으로 오산학교 졸업 후 경성의학전문학교 재학 중 1919년 3 · 1만
세운동 경성의전 대표로 참가했다. 상해임시정부 내무위원으로 선임됐으나 이승만의 위
임통치론과 여운형의 일본 방문에 비판하는 등 상해임정에 비판적 태도를 취했다. 1925년
〈동아일보〉 기자로 조선공산당에 입당하고 중앙위원에 선임됐다. 1927년 신간회 간사,
조선공산당 선전부장, 1928년 조선공산당 중앙위원이며 중국으로 망명했다. 1929년 ML
파 조공 중앙위원으로 당 재건운동을 전개했다. 1930년 중국공산당에 입당하고 1933년
하북성위원회 선전부장, 1936년 천진시위 서기, 1937년 연안에서 열린 소비에트 구역 당
대표 대회에서 국민당지구 대표로 참석했다가 그해 연안 요양원에서 사망했다. 강만길 ·
성대경, 앞의 책, p.525~527

나와 1929년 중국공산당 만주성위 군위
서기를 지낸 인물이다. 주문빈은 바로 김
기창의 셋째 아들 김성호이다.

　중국에 이주한 관서출신들은 대부분
기독교적 종교배경과 민족주의 우파의
특징을 가졌다. 김구, 안창호 등이 대표
적이다. 하지만 특이하게 김기창, 김병순
집안의 2세들은 모두 사회주의적 좌파의
길을 걸었다. 그 이유는 일찌감치 중국으로

중국공산당중앙당교 최용수 교수
(출차: 원희복)

이주해 자연스레 중국사회에 동화되었고,
항일의 배경에서 중국공산당에 가담했기 때문이라고 할 수 있다.

노하중학교 시절의 김찬

　김찬은 1922년 통주 노하소학교 6학년 과정을 마친 후 1923년 노하
중학교에 진학했다. 노하중학교는 1867년 미국 기독교 공리회가 설립
한 사립 기숙학교 '노하남숙'에서 시작되었는데 원래 장로교회 선교사
가 신도들의 자제 10여 명을 모아 공부를 시작한 학교였다. [16]

　노하중학교는 중국 군벌에게는 껄끄러운 학교였지만 미국인 선교사

16　潞河中學大事記, www.luhebbs.com

1928년 노하중학교 시절 김찬의 모습
(출처: 김연상)

때문에 군벌도 함부로 대하지 못했다. 노하중학교의 학풍은 서양의 교육 분위기가 짙어 자유주의적이었고 사회주의적이지 않았다. 하지만 개별 학생들은 당시 중국 전역에 부는 사회주의적 바람에서 벗어날 수 없었다. 노하중학에서 공부하던 조선인 학생들 중에는 공부에 전념한 학생도 많았지만 일찌감치 사회주의 운동에 뛰어든 청년들도 많았다. '반임정', '사회주의'라는 북경 지역적 분위기가 청년들의 사고에 큰 영향을 미쳤다. 1921년부터 1928년 전후 노하중학교에는 40여 명의 조선인 청년 학생들이 공부했다. 당시 노하중학교 동창의 회고와 일제 보고서 등에서 언급된 노하중학교 조선인 재학생의 명단을 근거로 작성된 주요 인물은 다음과 같다.

1922년 중학교 2학년생 김영호(金永鎬)를 비롯한 김기창 집안의 네 형제가 모두 노하중학교에 다녔다. 그보다 1년 아래인 조영(趙英)은 평양 사람으로 통주조선유학생 회장을 지냈다. 조영은 1922년 북경 재정상업학교에 진학했고, 1922년 흥사단에 입단, 고려기독교청년회 활동을 했다. 양명은 1919년 북경에 도착해 북경대학 문과에 진학해 1924년 김성숙 등과 함께 사회주의 혁명잡지 〈혁명〉을 발행했다. 1925년, 조선에 귀국해서 공산주의 운동을 했다. 1923년 선과생(選科生)으로 재학했던 신철(申哲)은 1921년 독립후원회 교육부장을 지냈고, 1926년 북경공산당 조직에서 파견, 무한 공인운동 강습소에서 공부했다.

이 노하중학교 조선인 학생명단에는 김찬도 올라 있다. 김찬에 대한 설명 부분은 "1911년 진남포 출생, 3·1운동 후 중국 이주, 1923년 노하중학교 입학, 재학 중 상해 조선공산당 가입"이라고 되어 있다. 이 표에 중학 1년생으로는 김찬이 유일하게 명단에 올라 있는 것으로 보아 동년배 중 가장 활발하게 항일투쟁에 나선 것으로 보인다.[17]

노하중학교의 조선인 청년 학생들은 자연스레 중국 학생들과 함께 혁명 활동을 전개했다. 김성호가 노하중학교에 첫 공산당 지부를 만들었을 때 회원 대부분은 중국인 학생들이었다. 특히 이들 조선인 학생들은 고려기독교청년회, 혁명사, 독립후원회 등 각자의 조직을 통해 독립운동에 참여하고 있었다. 그래서 일제는 노하중학교 조선인 학생들의 활동을 감시했다.

1922년 1월, 일제의 조사에 의하면 노하중학교의 조선인 유학생들은 통주학생회를 조직하여 회장은 조영, 총무는 김영호가 맡았고 간부로는 최석운(崔碩云)이 있었다. 회원들은 일주일에 한 번씩 모여서 국제정

17　손염홍, 『근대 북경의 한인사회와 미족운동』, 역사공간, 2010, p.133~134

세를 분석하고 북경 학생들과 같이 새로운 민족이념을 모색하여 신사
상을 연구하기 시작했다.[18]

통주학생회가 기독교적 배경과 관서지역 출신들의 모임이라는 점에
서 김찬 역시 이 통주학생회에 가입하여 활동했을 것으로 보인다. 특히
김성호(주문빈)는 민족의식과 항일의식이 매우 강했다. 그는 1927년 2월
비밀리에 노하중학교에 공산주의청년단을 만들어 서기에 취임했다. 이
공청단 통주노하중학교 당지부는 1929년 중공북평(북경의 당시 이름)시
위원회 비준을 거쳐 통주구위로 인정되었다. 이것은 노하지역 최초의
공산당 조직이다.

여기에는 강경신(康景新), 장진(張珍) 등의 중국인뿐만 아니라, 김상호
(金祥鎬) 등 조선인도 참여했다.[19] 김찬도 이 공산주의청년단에 가입해
활동했다.

김성호는 1926년 노하중학교 학생 때 일찌감치 중국공산당에 가입했
고, 1927년 노하중학교에 중국공산당 지부를 설립하고 서기를 맡았다.
이 당 지부는 통현에 설립된 첫 중공당 지부였다. 김영호의 노하중학교
중국공산당 지부는 당원들을 지도하여 국민당의 죄악을 폭로, 규탄하고
당의 혁명주장을 선전했으며 노동자 야학교를 꾸리고 교내의 국민당 우

---

18 손염홍, 앞의 책, p.135~136
19 〈潞河中學大事記〉, 1867~1949

익분자들을 타격했다. 또 통주남자사범학교와 여자사범학교의 혁명적 학생들과 밀접한 연계를 맺는 등 사업들을 성과적으로 하였다.[20]

김성호는 노하중학교 재학 중 미국인 교장이 연 사진전시회에서 조선민족을 모욕하는 내용을 보고 분개하여, 형 김영호와 함께 전시 사진을 찢어버린 적이 있었다고 한다. 중학시절부터 항일의식이 강했던 김성호는 중학교 졸업 이후, 본격적인 항일혁명 작업에 나선다. 중국공산당사에서 김성호는 매우 높이 평가되고 있다.

그는 1938년 5개 광산 3만 명의 노동자 파업과 7,000명의 노동자 폭동을 주도, 중국공산당 노동운동사에서 "성공적으로 진행된 모범 투쟁"으로 기록되고 있다. 당시 류소기(劉少奇)는 "당이 계획적이고 영도 있게 조직한 한 차례의 훌륭한 폭동"이라고 극찬하기도 했다. 김성호는 후에 기동지역 당 책임자로 활동하다 1944년 10월 17일 일본군 8여단 5,000명에게 포위된 상태에서 돌파작전을 지휘하다 전사했다. 그는 노하중학교 교정에 흉상이 세워져 있을 정도로 유명한 항일투사로 손꼽힌다.[21]

---

20 안상근, 「중국조선족 백 년 백 인6－주문빈」, 〈길림신문〉, 2013. 4. 8
21 하지만 국내에서 그에 대한 대우는 냉정했다. 김기창은 2003년에 국가보훈처로부터 겨우 건국포장을 받았으나 보훈혜택은 받지 못했다. 이유는 막내 상호가 북한에 있을 가능성이 있다는 이유였다. 외손자 김정삼은 돈을 벌기 위해 한국에 들어와 공사현장에서 일했으나 국내에서 불법체류자로 몰려 임금이 떼이는 수모를 당하기도 했다. 원희복, '조상이 지켜낸 조국서 불법체류 신세', 〈경향신문〉, 2005.6.14.

김찬은 3년 선배인 김성호에게 많은 영향을 받았다. 같은 고향 출신으로 일찌감치 같이 통주에 정착해 이웃으로 살았고, 비슷한 연배에 기독교라는 같은 종교적 배경 등으로 아마 친형처럼 지냈을 것이다. 특히 김성호가 만든 노하중학공산청년단에 가입해 그의 항일, 사회주의적 영향을 많이 받았을 것이다. 김찬이 김성호처럼 혁명적 노동운동을 통한 항일운동의 길을 간 것도 비슷하다.

노하중학교 동창회보에 따르면 김찬은 3명의 혁명적 교우에 꼽힐 정도로 활발한 활동을 한 인물로 꼽히고 있다. 동창회보에는 "김찬은 공산당에 가입한 후 김문철의 이름으로 국내(중국)에서 활동하다가 신의주에서 체포되었다. 그는 1934년 출옥 후 상해로 돌아가 도개(陶凱)와 결혼하고 할빈(哈爾濱)과 북경 등지에서 항일운동을 전개했다"라고 기록되어 있다.[22]

여기서 주목할 사람은 바로 김찬의 여동생 김순경의 남편인 장문열이다. 장문열 역시 노하중학교 출신으로 김찬과 동창이었다. 집이 부유한 장문열은 통주중학공산당 설립에 재정적으로 크게 기여했다. 장문열의 부친 장수치(张树帜)는 중국 육군대학을 졸업하고 국민혁명군 중장이라는 고위직에 오른 인물이다. 하지만 아들 장문열은 사상적으로 아버지와 다른 길을 갔다. 당시 중국에서는 이렇게 한 가족이 공산당과 국민당으로 나뉘는 경우가 적지 않았다.

---

22   耿寶珍, 「懷念3位革命的老校友」, 〈교우통신(노하중학) 제11기〉, 손염홍, 앞의 책, p.132~134에서 재인용.

훗날 한 증언에 따르면 "장수치의 아들 장문열은 노하중학 재학 중 중공지하조직에 가입하고, 상해 복단대학(福旦大學)에서 본격적으로 지하혁명 조직활동을 했으며 또 조선여자와 열애에 빠져 있었다"고 평가했다.[23] 여기서 조선여자는 다름 아닌 김찬의 여동생 김순경이다.

조선인 유학생 사회의 분열

북경에서 조선인 학생 조직은 1918년 3월 모스크바에서 북경으로 온 류용철(劉用哲) 황해춘(黃海春) 두 사람이 유학생 30여 명과 함께 조선유학회를 결성하면서부터다. 조선인 유학생 조직은 1922년 7월 김천(金泉)이 회장에 선출되고 회원수가 70여 명에 달했다. 1923년에 유학생 수가 200명에 달하자 그해 6월에는 조직체제를 간사제에서 회원제로 변경하고 김천을 위원장에, 장자일, 림유진, 이상도(李相道) 등을 핵심 구성원으로 선출했다. 그러나 그 실권은 장자일 등 기독교인과 서북인이 장악하고 있었다.[24]

여기서 기독교인과 서북인이 실권을 장악하고 있다는 것은 이들이 기독교 민족주의 계열이라는 의미이다. 1920년대 초부터 북경 조선인 사회에서는 다양한 사상의 분화가 일어났다. 이 시기는 상해에서 중국

23 徐士瑚, 「張樹幟事略」, 산서문사자료, 〈신해혁명80돌 기념문집〉, 1991, p.281~289
24 王元周, 「北京大學與韓國獨立運動」, 우당학술회의 발표 논문, 2012, 북경.

공산당이 만들어지고, 조선인들도 공산당을 만들기 위한 사전 정지작업이 본격화되고 있었다. 저 멀리 조선에서도 내부적으로 공산주의 운동이 싹트고 있었다. 민족주의 구파와 사회주의 신파, 코민테른의 지휘를 받는 공산주의와 아나키스트도 생겨났다.

> 1921년 8월 북경에 국제공산청년동맹 한국지부가 비밀리에 설치됐다. 이름은 '고려공산청년회'로 이 조직의 중앙위원은 박헌영, 김단야, 임원근 세 사람이었다. 이들은 3·1운동 이후 무서운 기세로 확장되고 있던 한국 사회주의 운동의 최고급 간부였다. 박헌영은 창립 초기부터 그 중앙위원에 선임됐으며, 나아가 최고위 직책인 책임비서를 맡고 있었다. 그의 나이 22세 때였다. 김단야와 임원근도 고려공청 중앙위원이었다. 이 두 사람은 1922년 3월 20일 상해에서 재편된 고려공청 중앙총국에 합류했다. 세 사람 외에 조훈(趙勳)과 안병진(安秉珍)이 그 구성원이었다.[25]

박헌영의 고려공산청년회가 북경 지역에서 활동한 기간은 극히 짧고, 또 매우 비밀스럽게 운영되었기 때문에 북경에서 조직을 확대했을 가능성은 많지 않다. 특히 상해가 국제적인 색채였다면 북경은 민족주의적 성격이 짙어 코민테른의 지시를 받는 공청의 활동은 상해가 더 적

---

25 임경석, 『잊을 수 없는 혁명가들에 대한 기록』, 역사비평사, 2008, p.41~42

앞줄 왼쪽에서 두 번째부터 김단야, 박헌영, 양명이 나란히 앉아 있다. 두 번째 줄 왼쪽에서 첫번째가 주세죽, 그 옆이 현앨리스다. 뒷줄 맨 오른쪽은 베트남의 호지명이다. (출처: 주세죽 유품, 박비비안나)

당했을 것이다. 하지만 이들이 북경에서 활동 기간이 조금 더 길었더라면 김찬과 직접 조우했을 가능성이 크다.

북경 학생 중에는 아나키스트 세력도 적지 않았다. 1923년 1월 12일 의열단에 의해 주도된 경성 종로경찰서 폭탄투하 사건에 이은 2차 조선총독부 폭탄투척 모의에는 주동자 김시현(金始顯) 외에 노하중학교 학생이던 이현준(李賢俊)도 끼어 있었다. 당시 22세인 이현준은 북경 노하중학교 기숙사에 기거하면서 폭탄투척 거사에 참여했다.[26]

---

26 이 사건으로 김시현은 징역 12년을 선고받고 복역하다 1929년 출감했다. 이후 북경에서 다시 체포되어 일본에서 5년간 복역하는 등 무려 16년간 옥고를 치렀다. 해방 후 2대 민의원을 지내다 1952년 이승만 대통령 암살사건의 배후로 지목됐다. 이후 5대 민의원을 지냈다. 〈동아일보〉, 1923. 6. 14

북경 조선인 사회의 다양한 사상적 분화는 다양한 갈등을 불러 일으
켰다. 특히 민족주의 우파와 좌파의 갈등은 노골화됐다. 이들이 독립운
동 자금을 마련하기 위해 강도짓까지 서슴지 않는 사태를 두고는 많은
논란이 일었다. 생활이 어려운 유학생 중에는 북경의 조선인들에게 학
업자금을 반강제적으로 모금하는 등의 폐단도 없지 않았다.

대표적인 사건으로 1923년 12월 당시 북경대 예과 학생인 소완규
(1902~?)가 〈신인물〉 2호에 "일부 독립운동가들이 독립운동의 이름을
도용해 동족상잔의 강도행위를 자행하고 있다. 밀정이 될지언정 강도
짓은 하지 말라"는 비난의 글을 발표한 사건이다. 당시 소완규는 정화
암을 북경대 기숙사에 숨겨주는 등 사회주의 신파, 즉 아나키스트 인사
들과 가까웠다.

소완규의 이 글은 조선인 유학생 사이에 큰 논쟁을 불러 일으켜 조선
인 유학생 분열의 단초가 됐다. 당시 소완규는 일본 밀정으로 의심받고
있었는데, 이 일로 다른 조선인 유학생들에게 구타를 당하기도 하였다.
하지만 소완규의 지적에 공감하는 사람도 적지 않았다. 결국 북경조선
유학생회는 그의 회원자격을 박탈했다(소완규는 북경 유학을 마친 후 경성
으로 돌아와 변호사로 활동하면서 조선임전보국단과 국민동원총진회 등에도 관여
해 〈친일인명사전〉에 올라 있다. 해방 후 과도정부 사법부 차장, 조선변호사회 회
장을 지내다 한국전쟁 때 납북된 것으로 알려졌다).

이렇듯 북경의 조선인 유학생들은 다양한 요소로 분화되어 있었다.
따라서 반드시 기독교 서북출신은 민족주의 계열이고, 불교는 사회주

의 계열이라는 이분법적 구분은 옳지 않다. 김영호 형제를 비롯한 김찬 등은 기독교 신자에 서북출신이지만 민족주의 계열이 아닌, 사회주의 계열에서 활동했다. 또 기독교 활동을 한 양명이 승려 출신의 김성숙과 함께 〈혁명〉을 발행한 것도 마찬가지이다. 학생조직은 정치적 성격은 물론, 출신 지역과 생존의 문제, 심지어 종교 문제까지 복잡하게 얽혀 있었던 것이다.

김찬이 활동한 통주학생회 역시 이 지역 유학생과 같은 맥락에서 움직였으며 이는 다시 북경 지역 한인들의 흐름과 동떨어질 수 없었을 것이다. 이는 1920년대 북경의 정치 · 경제 · 사회적 상황과 밀접하게 연관되어 있음이 분명하다. 특히 사상적으로 예민한 학생들은 신사상에 대한 동경이 컸고 흡수가 빨랐다.

김찬과 도개손의 운명적 만남

이런 복잡한 북경의 유학생 움직임에 김찬 역시 함께 했을 것이다. 그는 이미 노하중학교에 입학하자마자 공산주의청년단(공청단)에 가입해 활동했다. 1926년 노하중학교를 졸업한 김찬은 서울 경신중학 고등과를 잠시 다녔다. 경신중학교는 노하중학교와 마찬가지로 북장로교 선교사(언더우드)가 세운 기독교 학교로 경성 정동 23번지, 지금의 정동교회 근처에 있었다.

그러나 김찬은 다시 노하중학교 고등과로 옮겨 1929년에 졸업했다.

잠시 경성에서 유학을 했지만 어떠한 이유에서인지 북경으로 돌아간 것으로 추측된다. 따라서 김찬의 학창시절 주무대는 북경이라고 할 수 있다. 김찬은 일찌감치 공청단에 들어가 사회주의 노선에 충실했을 것이다. 이 공청단 활동에서 만난 사람이 바로 부인 도개손이다. 두 사람이 어떻게 만났는지에 대해서는 정확한 자료가 없지만 지역·시기적 공통분모는 노하중학교 시절 북경이다. 이들의 아들 김연상은 부모가 1928년에서 1930년 사이 만났을 것으로 추정했다. 특히 1928년은 코민테른 12월 테제에 따라 1국1당 원칙이 적용되어 조선인 공산주의자들은 중국공산당 산하 지부로 같이 활동하게 되면서 만났을 가능성이 높

다. 1928년 코민테른 지시에 따라 조선인들이 조직한 북평 반제국주의 대동맹선인부는 중국공산당 북평특별시위원회에 예속됐고 북평특별시위원회 지시대로

김연상 2005년 북경에서 만난 김찬·도개손 부부의 아들 김연상. (출처: 원희복)

중국공산당과 연합하여 활동을 전개했다.[27]

　노하중학교 시절 김찬은 손재주가 매우 좋았다고 한다. 아들 김연상은 "부친은 예술, 사진 등을 좋아해 독일제 라이카 카메라를 가지고 있었다고 한다. 게다가 당시 단파 라디오를 만들어 외국 방송을 들을 수 있을 정도로 손기술이 좋았다"고 말했다. 김찬은 이공계통의 공부를 더 하기 위해 독일 유학을 준비했다고 한다. 둘째 형인 김우경이 막내 동생을 독일에 유학을 보내는 것이 좋겠다고 강력히 추천했기 때문이다. 김찬은 독일 유학을 준비하는 도중에 상해로 갔다.

2장

혁명가와 연인의 이름으로

3

–

1929년 상해,

–

혁명가의 길을 걷다

1927년 3월 21일, 상해의 공산 혁명가들은 총파업을 요구하고 상해의 모든 산업 활동을 정지시켰다. 이들은 경찰서, 병기고와 수비대를 점령하여 마침내 승리를 거두었다. 5,000명의 노동자들이 무장을 갖추고 6개 대대 규모의 혁명군이 창설됐으며 군벌군대가 철수했고, 이어 '시민정부'를 수립, 선포했다. 그러나 장개석은 상해 은행가로부터 거액의 자금과 총포와 장갑차를 지원받았다. 이 외에도 조계 내의 유력한 암흑가 두목으로부터 지원을 받았다. 암흑가 두목들은 수백 명의 직업적인 갱들을 동원했다. 기습을 받은 민병대원들은 무자비하게 학살당했고 '시민정부'는 유혈이 낭자한 가운데 해체되고 말았다.

상해 봉기에서 주은래와 긴밀하게 협력한 수십 명의 동료들은 결국 체포되어 처형됐다. 주은래는 '상해대학살'의 희생자 수를 5,000명으로 추산했다. 주은래 자신도 장개석 군 제2사단에 체포되어 처형을 앞두었으나 마침 사단장의 아우가 황포군관학교 생도시절 주은래의 제자였으므로 그가 주은래를 도와 탈출했다.[1]

1927년 남경정부를 수립한 국민당 장개석은 조계에 대한 간섭을 강화함으로써 조계는 더 이상 사상의 안전지대가 아니었다.

국민정부는 특히 1928년 잠행반혁명치죄조례(暫行反革命治罪條例)와 위해민국긴급치죄법(危害民國緊急治罪法)을 제정해 '국민당 및 국민정부를 전복하거나 삼민주의 파괴를 기도하는 활동을 금지한다'는 명목으로 공산당과 좌익계 단체에 대한 탄압을 강화했다. 특히 국민당 정부는 주권 회복의 일환으로 1930년부터 1931년까지 조계에서 활동하는 정치범을 중국 측에 인계해야 했고, 국민당 특구법원에서 직접 재판하도록 했다.[2]

많은 중국공산당 간부들이 체포됐으며 전향자와 변절자가 속출했다. 조선인 공산당 지도자 역시 마찬가지였다. 프랑스 영국 등도 상해 조계에서 조선인 활동을 더 이상 보호하지 않았다. 조선에서도 조선공산당이 대대적인 탄압을 받아 거의 활동을 중단했고, 상해의 조선공산당 지

---

1 에드거 스노, 신홍범 역, 『중국의 붉은 별』, 두레, 2004, p.65~66
2 이시카와 요시히로, 앞의 책, p.132~133

부 역시 최악의 위기였다(1929년 7월 상해 영국경찰은 여운형을 체포, 일본 영사경찰에게 인계했다).

김찬과 김형선의 만남

1929년 2월 12일 새벽 3시 30분, 북경에서 힘겹게 달려온 새벽열차가 상해역에 도착했다. 시커먼 기관차가 하얀 증기를 토해 내는 가운데 이제 갓 스무 살 청년 하나가 가방 하나를 둘러매고 내렸다. 청년은 잠시 좌우를 둘러보더니 출구를 향해 발길을 돌렸다. 발걸음은 빨랐다. 역무원이 표를 확인하자 청년은 서둘러 상해 역사를 빠져나왔다.

김형선 김형선은 조선공산당 최고의 조직활동가로 평가된다. (출처: 국사편찬위원회)

1930년대 상해　1930년대 상해는 인구 330만 명에 이르는 동양 최대의 국제도시였다.

상해역 앞에는 정복을 입고 장총을 멘 국민당 군인과 공안이 빠져 나오는 사람을 노려봤다. 그 옆에는 매서운 눈을 좌우로 살피는 사복 차림의 인물이 서 있었다. 일본 경찰이 분명했다. 장개석의 쿠데타와 국공합작 결렬(1927년 4월 12일) 이후 상해역 검문도 예전과 달리 엄격해졌다.

청년이 거친 두터운 외투는 따뜻한 상해 날씨와는 어딘가 어울리지 않았다. 사복을 입은 일제 경찰의 시선이 청년에게 꽂혔다. 일제 사복경찰의 시선이 자기에게 꽂혔다는 사실을 직감한 청년은 얼른 옆 사람과 큰 소리로 떠들었다. 매우 능숙한 중국어 발음이었다.

청년은 실망의 눈빛이 어린 일제 사복경찰의 시선을 뒤로 하며 서둘러 상해역 광장을 가로질러 걸었다. 아직 해가 뜨지 않은 새벽 공기는 약간 차가웠다. 청년은 대충 걸친 외투를 고쳐 입었다. 북경보다 이곳 날씨가 따뜻해서인지 안개가 스물스물 올라오는 것을 느꼈다. 가방을 둘러멘 청년은 어느 쪽으로 나가야 할지 몰라 한참 안내판을 보며 두리번거렸다. 결국 청년은 많은 사람들이 휩쓸려 나오는 쪽으로 같이 밀려 나왔다.

어둠이 사라지지 않은 상해역 앞 포동(浦東)거리는 새벽인데도 여전히 성업 중이었다. 불을 밝힌 가로등이 즐비하고 네온사인 몇 개는 여전히 현란한 붉은 색을 깜박거렸다. 길거리에는 적잖은 사람들이 오갔고, 이따금 오가는 차량의 경적 소리가 새벽의 고요함을 깨웠다. 새벽어둠 속에 위풍당당 서 있는 10여 층 높이의 빌딩은 가히 극동 최고의 도시다웠다.

상해역 광장에 나서자 '쉬었다 가라'는 매춘 호객꾼이 서성거렸다. 손목시계를 힐끗 쳐다본 청년은 역사 앞 허름한 음식점으로 들어갔다. 따뜻한 국물에 만두를 말아 먹었다. 그는 아직 약속시간이 많이 남았는지, 천천히 음식을 먹었다. 마치 해가 뜨는 것을 기다리는 태도였다. 만둣국을 다 비운 청년은 천천히 일어나 가방을 둘러멨고 식당을 나왔다.

그는 남쪽 상해 중심가를 향해 부지런히 걷기 시작했다. 청년은 공공조계를 세로로 가로질러 곧장 프랑스 조계 쪽으로 발걸음을 옮겼다. 조그만 오송강(吳松江) 다리를 건너 한참을 더 가 프랑스 조계에 접어들자 청년은 조금 안심하는 듯한 표정을 지었다. 청년은 아직 운행하지 않는 전차 길을 뛰어 건너 프랑스 공원에 이르렀다. 공원에 도착하자 동쪽으로 아침 해가 막 떠오르고 있었다. 공원에는 일찌감치 산책을 나온 사람 몇몇이 보였다.

청년은 일부러 모자를 쓰지 않고 손에 들었다. 벤치에 앉아 신문을 보는 척하며 두리번거렸다. 그때 자전거를 탄 운동복 차림의 한 노인이 지나가듯 말을 걸었다.

"북평(북경의 당시 표현)에서 오셨나?"

노인은 조선말로 말을 걸었다. 청년은 고개를 끄덕이며 말했다.

"상해에서 마중 나왔나요?"

청년은 일어서서 노인과 악수했다.

"김문철(김찬)입니다."

이름을 확인한 노인은 주변을 살피며 말했다.

"장소를 옮기지요."

노인은 천천히 자전거를 끌고, 청년과 함께 상해 시내 쪽으로 걸었다. 난방과 아침 준비로 굴뚝마다 피어나는 연기가 안개처럼 골목 주변에 깔렸다. 두 사람은 몇 개 골목을 지나 허름한 이층집 문 앞에 다다랐다. 상해 포석루(蒲石楼) 128번지. 문을 열고 삐걱거리는 나무 계단을 오르자, 방 두 개가 나타났다. 오른쪽 방문을 열자 양복에 중절모를 쓴 한 신사가 일어서며 그를 맞았다.

"김형선(金炯善)입니다. 오시느라 고생했습니다."

김찬과 김형선은 이렇게 만났다. 이곳은 여운형의 집으로 비밀리에 움직이던 중국공산당 강소성(江蘇省)위원회 법남구(法南區) 지부로 이용되고 있었다. 말이 중국공산당 소속이지만, 실제는 조선공산당 상해 지부나 마찬가지였다. 김형선은 조선공산당 상해 지부 실무자였다. 김형선은 한인지부 안에 있는 청년동맹, 반제동맹, 호조회, 여성구락부 등의 외곽단체를 챙기는 일을 했다.

김형선(1904~1950)은 경상남도 마산 출신으로 1924년 마산공산당과 마산공산청년회 결성에 참가했고, 1925년 조선공산당 창당 시 마산 야체이카에서 활동했다. 1926년 8월 조선공산당 제2차 검거사건을 피해 중국으로 망명, 중산대학(中山大學)에서 공부하다 상해에 온 상태였다. 1928년 코민테른의 1국1당 원칙에 따라 중국공산당에 편입되어 강소성 상해 법남구 한인지부 책임자가 됐다.

김형선의 윗선에는 김단야(1899~1938)와 박헌영(1900~1955)이 있었다. 김형선은 특히 박헌영의 신임을 받았다. 그를 상해로 보낸 사람이

박헌영이었고, 김형선은 해방 후 경성에서 박헌영과 함께 조선공산당 재건활동을 한다.[3]

김형선의 여동생은 여장군으로 유명한 김명시(金命時, 1907~1950)이다. 김찬의 활동 반경을 추적하다 보면 김명시와 김형선, 그리고 김단야가 자주 등장한다. 특히 김단야와는 같은 기독교 장로교 집안에 공산청년회를 통한 사회주의 활동이라는 공통점이 있다.

김찬이 일제 경찰에 체포되어 작성한 조서에서 그는 김형선을 우연히 상해 조계 공원에서 만났다고 진술했지만, 상해에 오자마자 조선공산당에 가입한 점에 비추어 이미 북경에서 가입한 공산청년회 활동과 연결되어 있었을 가능성이 높다.

상해에서 활동한 함경도 출신의 동명이인 김찬

가족들은 김찬이 상해로 온 이유로 독일 유학을 들었지만, 김찬은 북경 노하중학교 재학 중 공청단에 가입해 활동하는 등 이미 사회주의자의 길로 접어들고 있었다. 따라서 김찬이 상해에 온 것은 유학이 아닌, 중국공산당으로부터 임무를 부여 받고 본격적인 활동을 하기 위해서일 가능성이 크다. 상해에서 조선공산당 가입은 곧 중국공산당 가입과 같은 신분이었다. 노하중학교 동창인 장문열이 졸업 후 상해에 있는 대학

---

3   김남식, 『남로당연구』, 돌베개, 1984, p.34

동명이인 김찬, 김락준 (출처: 국사편찬위원회)

에 적을 두며 본격적인 항일투쟁을 한 것도 감안할 대목이다.

이즈음 공교롭게도 상해에는 한자조차 같은 동명이인의 김찬(본명 김락준, 1894~?, 金洛俊)이 있었다. 한자 이름도 같지만, 나이는 김찬보다 7살 많았다. 바로 제1차 조선공산당 중앙위원을 지낸 김찬으로 그는 조선에서 검거를 피해 1925년 4월 17일 상해로 왔다. 함경도 출신인 김찬은 조선공산당 선전부장, 고려공청 중앙위원을 지내다 망명했고, 상해에서 그 지위나 역할도 매우 컸다.[4]

---

4   제1차 조선공산당 선전부장 김찬의 본명은 김락준으로 함경북도 명천 출신이다. 그의 조부는 함경북도 명천군 일진회에 가담한 김자섭이며, 부친 김병규는 경원군수로 1908년 의병 황병길에 의해 포로가 되기도 했다. 김락준은 함경북도 명천 진성중학을 나와 1912년 경성의학전문학교를 중퇴했다. 일본으로 유학하여 메이지대학(明治大學)과 주오대학(中

함경도 출신 김찬(김락준)에 비해 평안도 출신 김찬은 이제 갓 고등중학교를 졸업하고 상해에 온 젊은이에 지나지 않았다. 당시 일제 경찰도 두 사람을 '동명이인'으로 명시했음에도 우리나라의 많은 독립운동사 연구가들은 두 사람을 혼동하고 있다. 우리 독립운동사에서 평안도 출

央大學)을 다니다 역시 중퇴했다. 일본에서 사회주의자들과 교유하면서 1920년 코민테른 동양비서부에 관여하고 1921년 12월 도쿄에서 흑도회(黑濤會) 결성에 참여했다.

김락준은 1923년 조선에 입국해 고려공산청년회 국내부 중앙간부가 되었다. 그는 1925년 경성에서 화요회에 가담하면서 이름을 김찬으로 개명했다. 1925년 4월 서울에서 열린 조선공산당 창립대회에서 선전부장, 고려공청 결성대회에서 중앙위원으로 선출됐다. 12월 '제1차 조공 검거사건' 때 중국 상해로 망명해 조선공산당 해외부를 결성하고 책임자가 되었다. 1926년 6 · 10만세운동을 지도하기도 했다.

그러나 이른바 '구 중앙위원'으로 불리는 김찬(김락준)은 상해에서 조선 경성에 있는 조선공산당 지도부와 마찰을 빚었다. 특히 김찬(김락준)은 1926년 12월 모스크바까지 가서 문제를 제기할 정도로 집요하게 조선 내의 조선공산당 지도부 문제를 제기했다. 김찬(김락준)은 조봉암과 함께 1927년 7월 조선공산당 만주총국(화요파)의 재건에 나서기 위해 만주로 떠났다가(1929년이라는 주장도 있음) 1930년 4월 10일 할빈에서 체포됐다.

따라서 1929년 상해에 온 평안도 출신 김찬과 함경도 출신 김찬(김락준)은 마주칠 기회가 없었을 것이다(한국학중앙연구원에서 발간한 〈한국민족문화대백과사전〉에 따르면 김찬(김락준)은 1931년 5월 국내에 잠입했다가 서울에서 검거됐다. 『한국사회주의운동 인명사전』(창작과비평사)에 따르면 이후 김찬(김락준)의 행적은 교사생활을 하며 은거한 것으로 되어 있다). 1934년 평안도 출신 김찬은 신의주에서 체포되고 이른바 '조선공산당재건 사건'으로 떠들썩한 인물로 언론의 주목을 받았다. 그러나 많은 연구자들은 이 김찬을 김락준(김찬)과 혼동하고 있다. 두 사람이 다른 사람임을 밝힌 연구자는 김경일이 유일하다.(김경일, 『이재유 연구』, 창작과비평사, 1993. p.122)

제1차 조선공산당 '구 중앙위원' 김찬(김락준)은 해방 후 조봉암과 정치적 행보를 함께 했다. 김찬(김락준)은 1947년 3월 6일, 조봉암이 좌우가 아닌 제3의 세력 결집체인 '민주주의 독립전선' 결성을 위한 준비위원회를 결성했을 때 총무부장으로 가담했다. 민주주의 독립전선 의장단은 이극로, 이동산, 조봉암이었다. 또 조봉암이 초대 농림부장관으로 기용되자 김찬(김락준)을 농민일보사 초대 사장에 임명했다. 당시 편집국장은 역시 사회주의 운동을 하다 중도에 변절한 인정식(농업경제학자로 일제강점기 사회주의 활동을 하다 체포된 후 사상전향을 서약하고 친일논설을 기고하는 등 이광수, 현영섭, 차재정, 주요한 등과 함께 활동)이다. 1959년 조봉암 사망 이후 김찬(김락준)의 행적은 드러나지 않는다. (정태영, '조봉암과 진보당', 앞의 책 참조)

신 김찬의 활동을 배제하고 있는 분위기도 이 때문이다. 실제 중국에서도 평안도 출신 김찬이 복권되는 데 '변절한' 함경도 출신 김찬(김락준)은 중요한 방해요소가 됐다.

자본주의가 활짝 꽃 핀 상해에서 싹 튼 중국 공산당

김찬이 도착한 1929년 상해는 매우 격변의 시기였다. 경제적으로는 세계적 대공황의 암울한 기운이 닥치면서 국제 무역도시 상해는 한층 위기감이 고조되고 있었다.

1930년대 초 상해는 330만 명(그 중 조선인은 약 3만 명, 일본인은 약 2만 명)의 인구를 보유한 동아시아 최대의 국제도시였다. 그 무렵 도쿄나 오사카 인구는 상해의 3분의 2밖에 되지 않았다. 오늘날까지 남아 있는 항구 해안도로의 고층빌딩을 중심으로 하는 도시경관은 1920년대 후반에서 1930년대에 걸친 건축 붐으로 형성되었다.

공장과 번화가, 번쩍거리는 네온사인 광고……. 시골에서 막 올라온 노인은 하늘까지 치솟은 마천루에 놀랐다. 노출이 심한 여성들의 패션, 끊임없이 몰리는 인파, 자동차 소음, 신식 치파오(이른바 차이나 드레스)…… '악마와 같은 도회의 정령'이 노인을 압도했다.[5]

---

5 이시카와 요시히로, 앞의 책, p.132~133

하지만 고층빌딩과 공장, 번화가 이면에는 참혹한 세상이 숨어 있었다. 상해는 동아시아 최고의 외교 무대였고, 최대의 자본주의 시험장이었다. 혹독한 초기 자본주의가 극도로 만연된 한 쪽에서 공산주의 맹아가 싹트고 있는 것은 당연했다. 게다가 1929년 세계적인 대공황은 중국도 예외일 수 없었다. 공장 가동이 멈추면서 실업자가 속출했다. 자본가 공장주들은 보다 싼 값의 노동력을 찾아 어린 소년·소녀들을 채용해 혹사시켰다. 그나마 공장에 취업해 굶어죽지 않은 것을 다행으로 여겨야 했다.

상해의 공장들에서 나이 어린 소년·소녀 노예 노동자들이 서서 혹은 앉아서 하루 12시간 내지 13시간을 일하다 기진맥진하여 그들의 잠자리인 기계 바로 밑의 더러운 솜이불에 쓰러져 잠이 드는 장면을 목격했고, 지금도 그 생생한 장면을 기억한다. 그리고 4년 내지 5년 동안 실질적인 시한부 노예로 팔려와, 그 기간 동안에는 특별한 허락이 없으면 낮이건 밤이건 높은 담에 둘러싸여 감시가 엄중한 공장 구내를 벗어나지 못하는 신세였던 제사공장의 어린 소녀들과 면방직 공장의 창백한 젊은 여성들을 지금도 생생히 기억한다.

그리고 1935년 한 해 동안 상해의 거리와 강과 운하에서 적빈자, 아사자, 혹은 양육할 수 없어 강에 버린 그들의 유아 시체를 29,000구 이상이나 치워야 했다는 사실을 지금도 생생히 기억한다.[6]

6 에드거 스노, 신홍범 역, 『중국의 붉은 별』, 두레, 2004, p.256~257

이런 혹독한 생존환경은 사상적 자유를 만나 공산주의를 발아시켰다. 소련에서 시작한 중국공산주의는 북경의 이대교(李大釗)를 거쳐 상해 진독수에 이르러 비로소 구체화되었다. 1921년 상해 프랑스 조계의 작은 학교 기숙사에서 불과 13명이 중국공산당을 창당한 것이다. 사상의 발원지와 사상의 결실을 맺는 지역이 달랐던 것은 바로 두 도시의 성격과 분위기 탓이었을 것이다.

상해 프랑스 조계에서 대한민국 임시정부 수립

중국 정부의 간섭에서 자유스러웠던 조계는 '반역과 새로운 이념과 사상'의 발원지였다. 1919년 상해 프랑스 조계에서 대한민국 임시정부가 수립됐다. 앞서 말했듯이 상해는 비폭력 외교노선을 중시하는 우리의 임시정부 요인이 주로 몰렸다. 북경의 무장투쟁을 중시하는 사회주의적 독립노선과는 달랐다.

하지만 힘차게 타오르던 1920년대 중반에 접어들며 조선독립 기운은 점차 시들해졌다. 상해임시정부 역시 활동이 지지부진했다. 그것은 일제의 극심한 탄압도 한 요인이었지만 서로의 반목과 기득권 싸움도 한 원인이었다. 상해임정도 친중(親中)파와 친미(親美)파가 갈등을 벌였다.

공산주의자들도 마찬가지였다. 국내적으로는 4차에 걸친 조선공산당 검거로(1925년 12월~1928년 7월 5일)으로 조선에 있는 공산주의자는 거의 궤멸됐다. 특히 조선공산당 김철수 책임비서 시기 조선의 경성과 상해는 국내파와 국제파가 서로 반목하고 갈등했다. 결국 코민테른은 반목과 분열을 이유로 조선공산당을 해산시켰다.

이런 가운데 1925년 11월 11일자 〈독립신문〉에 상해임시정부 대통령직을 역임하다 병사한 박은식(朴殷植)의 유언이 실렸다.

> 독립운동은 오족(吾族) 전체에 관한 공공사업이니 운동 동지 간에는 애증친소의 별(別)이 없어야 한다. 우리가 이 귀중한 독립을 기성(期成) 시키려면 무엇보다도 전 민족이 통일을 요구하여야 되겠소. …… 어떤 나라에나 각 당파의 분열이 없을 수는 없으나, 적어도 일을 보는 민족들은 사당 혹은 붕당을 짓지 않음이 사실이니, 하여튼 우리도 이 점에 크게 주의하여 장차 국가대업에 악영향을 끼치지 말아야 되겠소.[7]

독립운동을 위해 정파를 가리지 않고 민족적으로 해야 한다는 박은식의 유서는 중국에서 독립을 위해 각 정파의 통일된 전선 필요성에 힘을 실었다.

> 안창호도 1926년 8, 9월, 북경에서 좌파 세력의 대표인 원세훈(元世勳)을 만나 대동단결을 협의하고 독립당조직 북경총성회를 창립했다.

---

7 〈독립신문〉, 1925. 11. 1

상해임시정부는 유일당 운동을 위해 1926년 12월 국무령에 취임한 김 구가 정체변경을 위한 개헌에 착수해 1927년 2월 '이당치국(以黨治國)' 형태를 추구하는 개정헌법을 발표했다. 이어 1927년 4월 상해 지역에 서 활동하던 좌우파 세력이 망라된 '한국유일독립당 상해촉성회'가 성 립됐다. 촉성회는 북경과 상해에서 결성된 후 1927년 9월까지 광동, 무 한, 남경 등지에서도 성립됐다. 그 결과 1927년 11월 상해에서 '한국독 립당관내 총성회연합회'가 개최됐다.[8]

그러나 1928년 들어 유일당 운동은 벽에 부딪쳤다. 이 역시 고질적인 좌우파의 갈등 때문이었다. 또 다른 요인은 1927년 7월 13일 중국의 국 공합작이 결렬과 1928년 12월 이른바 코민테른의 12월 테제였다. 1928 년 7월 17일부터 9월 1일까지 모스크바에서 열린 코민테른 제6회 대회 에서 분열로 일관하는 조선공산당을 해체했다. 그리고 1국 1당 원칙으 로 조선공산당은 중국공산당에 통합시켰다. 이는 중국 한인독립운동 세력의 향방에 결정적인 영향을 미쳤다.

1929년 7월 10일, 중국공산당 한인 지부를 이끌던 여운형이 체포됐 다. 여운형은 상해 경마장에서 열린 야구 경기를 보다 일본 형사와 시비 가 붙어 영국 경찰에게 끌려갔다. 일본 형사는 여운형을 강도라고 주장 하며 일본영사관으로 넘겼다. 상해 조선인들은 중국 국적인 여운형을

---

8   김희곤, 「1930년대 초 상해지역 한인공산주의자의 동향」, 〈국사관 논총 제47집〉, p.148

일본 경찰이 체포한 것은 부당하다고 국민정부에 항의했으나 소용이 없었다.[9] 조선공산당 책임자의 참으로 어설픈 체포였다.

1929년 10월 26일, 좌우합작을 추진하던 상해촉성회가 해체되고 좌파세력은 유호동맹(留滬同盟, 유호한국독립운동자동맹)을 결성했다. 결성의 주역은 구연흠(具然欽), 조봉암(曺奉岩), 홍남표(洪南杓) 등이었다. 1929년 9월 구연흠이 상해에서 체포되자 조봉암이 뒤를 이었다. 홍남표는 중국공산당 한인지부장을 맡았다.

이 시기 유호동맹은 상해 한인공산주의 운동의 핵심역할을 했다. 이들은 1930년 중공중앙 이립산(李立山) 노선에 따라 발발한 도시폭동, 이른바 상해폭동에 가담했다. 이때 유호동맹원이던 무정(武亭)은 조직원 황훈, 리민달, 박인환과 상해한인동맹원 장태준, 주정방 등과 함께 한인규찰대를 조직해 중국공산당 상해규찰대와 함께 폭동에 가담했다. 이 상해 폭동으로 무정은 영국 조계지에서 숨어 있다 체포되어 2개월간의 옥고를 치르기도 했다.

1930년 3월, 중국공산당 강소성위원회 법남구 한인지부는 가입한 유호동맹 숫자를 45명으로 기록하고 있다. 다른 자료에서 확인한 동맹원까지 합하면 53명에 이른다. 이들은 당시 조선공산당을 사실상 움직인 사람들로 그 명단은 다음과 같다.

---

9 〈동아일보〉, 1929. 7. 27

고상준(高尙俊) 곽헌(郭憲) 구연흠(具然欽) 김명시(金命時) 김형선(金炯善 · 元植) 오기만(吳基滿 · 尹喆 · 尹哲) 오소정(吳小艇) 이민달(李敏達 · 三如) 이한림(李幹林) 정일인(鄭壹寅) 정백(鄭栢 · 鄭志鉉) 정태희(鄭泰熙) 조봉암(趙奉岩 · 朴鐵煥) 최봉관(崔鳳官) 최창식(崔昌植) 홍남표(洪南杓 · 陳德三) 황훈(黃勳) 한위건(韓偉健 · 黃俊) 성시백(成時伯) 장태준(張泰俊) 김명회(金明會) 김동철(金東哲) 김경(金鏡) 김무(金戊) 김무정(金武丁) 김철희(金喆熙) 김희연(金喜燃) 김동호(金東浩) 김성경(金成慶) 정옥실(鄭玉實) 정용수(鄭龍洙) 윤호(尹浩) 임철(林喆) 최무아(崔蕪芽) 최운선(崔雲先) 장해산(張海山) 이용식(李龍植) 이평칠(李平七) 왕호환(王浩丸) 곽동철(郭東哲) 고상혁(高相赫) 김치장(金致長) 문일평(文一平) 오소윤(吳小閏) 이붕(李鵬) 유준환(劉俊丸) 문선재(文善在) 문선홍(文善弘) 한용(韓鎔) 김창립(金昌立) 오명(吳明) 이세기(李世基) 조일룡(趙一龍)[10]

그런데 이 명단에는 김찬, 그의 다른 이름인 김만성(金萬成), 인청(仁淸), 장문철(張文哲), 전극평(全克平)도 없다. 그와 같이 활동한 김형선, 김명시, 오기만 등이 명단에 모두 올랐지만 김찬은 없다. 특히 김찬은 1933년 체포되면서 조봉암, 김명시, 홍남표 등과 함께 연일 '주모자'로 신문지상에 사진까지 올랐다는 점에서 그의 이름이 없다는 것은 참으로 의문이다.

---

10 김희곤, 앞의 논문, p.154

하지만 활동을 하면서도 중국공산당 한인지부 명단에 오르지 않는 사람도 분명 있었을 것이다. 당시 함께 체포되어 재판에 회부된 이종순(李宗順) 이무성(李武成) 이달삼(李達三) 강문석(姜文錫) 김승락(金承洛) 서병송(徐丙松) 염용(덕)섭(廉龍(德)燮) 김명산(金明山) 안종각(安鍾珏) 김종렬(金鍾烈) 이계상(李啓商) 박춘극(朴春極) 김명우(金明宇) 김기양(金基陽) 김양순(金良順) 조용암(趙龍岩)도 유호동맹원 명단에 이름이 보이지 않는다. 학계에서는 이들도 유호동맹원으로 보고 있다는 점에서 김찬 역시 유호동맹에서 활동했을 것이다.

아니면 김찬은 이 기간에 모스크바 등으로 교육을 떠났을 수도 있고, 김형선과 홍남표와 같이 임무를 부여받고 만주로 갔을 가능성도 있다. 하지만 이를 뒷받침하는 자료는 없다. 함경도 출신 김락준(김찬)과 행적이 교차하면서 혼동이 있을 수도 있다. 또 이 기간 동안 원래 있던 북경에서 활동했을 수도 있다. 아무튼 김찬이 노하중학교를 졸업한 이후 임무를 부여받고 조선에 들어가기까지 2년 동안 공백은 추후 보충되어야 할 부분이다.

1930년 9월 구연흠이 체포되자, 유호동맹은 조봉암과 홍남표의 지도로 운영됐다. 하지만 1928년 12월 테제이후 중국에서 조선공산당은 서서히 중국에 흡수되고 있었다. 만주총국은 1930년 3월, 만주총국의 해체를 선언하고 4월에 개별적으로 중국공산당에 입당했다. 이어서 6월 화요파도 중국공산당에 흡수됐으며 북경에서도 중국공산당에 가입하고 북경지부를 설립했다.

이즈음 상해 조선공산당의 중국공산당 흡수는 비단 조선공산당의 역량 부족 때문만은 아니었다. 국민당 정부의 혹독한 탄압으로 체포로 변절자가 속출하면서 1931년 상해에 있던 중국공산당 중앙마저 해체될 정도였다. 상해 중국공산당이 와해된 상황에서 조선공산당은 말할 것도 없었다. 나름 상해에서 독자적인 활동을 하던 유호동맹도 설립 2년 만인 1931년 말 해체됐다. 이때부터 중국의 조선공산당 세력은 '조선의 독립과 혁명을 위하여' 투쟁하는 단계에서 반(反)제국주의, 반(反)봉건주의 중국혁명에 같이 참가하면서 조선독립을 추진하는 새로운 전기를 맞게 된다.

조선공산당의 재건

12월 테제의 정식 명칭은 '조선농민 및 노동자의 임무에 관한 테제'다. 그 내용은 조선공산당이 지금까지의 인텔리 중심 조직방법을 버리고, 공장·농촌으로 파고들어가 노동자와 빈농을 조직해야 한다는 것이었다. 이는 향후 조선공산당의 재건 방향을 제시한 것이다.

1929년 세계적인 대공황의 위기는 중국, 일본 등지로 급속히 파급됐다. 코민테른은 세계적 공황 위기 속에서 혁명의 기운이 샘솟고 있다고 판단했고, 노동자와 농민도 빠르게 의식화하고 있다고 믿었다.

중국공산당 이립산은 '혁명의 때가 왔다'고 착각했다. 중공중앙은 30

년 2월말 '제70호 통달(通達)'을 발표하고 지금이야말로 '한 개 내지 수
개의 성에서 선수적 승리'를 획득하는 호기로 판단하고 도시노동자의
정치투쟁, 지방농민의 봉기, 국민당군의 반란을 조직할 것을 지시했
다."[11]

그러나 중공지도부의 이런 '맹동주의'는 결국 커다란 손실만 입고 실
패했다. 이에 비해 '공장으로, 농민으로' 파고 들어간 모택동의 노선은
나름 선전하고 있었다. 코민테른은 소수의 인텔리 지도부로는 대중의
혁명기운을 결집시키지 못한다고 판단했다. 조선에서도 마찬가지였다.
1930년 9월 18일, 코민테른 산하단체인 노동인터내셔널(프로핀테른)
은 '조선의 혁명적 노동조합운동의 임무에 관한 테제'라는 이른바 '9월
테제'를 결의했다.

　　공황의 결과 일본 제국주의에 대한 민족해방투쟁 …… 특히 프롤레
　　타리아트의 계급투쟁이 격화하고 있다 …… 조선에서의 혁명 물결 고
　　조, 중국과 인도의 혁명 그리고 소비에트연방의 사회주의 건설의 성과
　　를 보고 겁에 질린 민족 개량주의적 부르주아지와 그들 단체인 〈조선일
　　보〉, 〈동아일보〉 그리고 천도교의 일부는 장개석과 중국의 반(反)혁명
　　을 하나의 선례로 모방하려고 생각하고 있다 …… 신간회도 마찬가지로

11　우노 시게아키(宇野重昭), 김정화 역, 『중국공산당사』, 일월서각, 1973, p.88

민족개량주의적 단체이다 …… 조선의 프롤레타리아트는 조선의 민족
해방운동에서 점점 더 중요한 역할을 하고 있다. 원산총파업에 대한 조
선의 모든 프롤레타리아트의 지지는 이 나라 혁명적 노동운동의 발전에
있어서 전환점을 이루었다

 …… 한편 조선 노동자운동의 큰 약점과 결함도 드러났다. 노동조합
운동의 주요 약점은 조선 프롤레타리아트가 아무런 독자의 혁명적 노
동조합을 갖지 않았다는 데 있다. 조선노동총동맹은 약 4만7천 명의 조
합원으로 구성되어 있지만, 소부르주아적, 민족 개량주의적 지도자를
지도부로부터 추방하는 데 성공했던 곳은 몇몇 지방 조직에 불과하다
…… 노동조합 인터내셔널 지지자의 가장 중요한 임무는 노동총동맹의
내부에서 좌익을 결집시켜 조직하는 것이다 …… 투쟁의 과정에서 좌익
은 개량주의적 지도자의 기회주의적이며 배반자적인 전술을 계통적으
로 폭로하여 노동자 대중을 노동조합 속으로 획득해야만 한다.[12]

이는 조선공산당 재건 방법을 보다 구체적으로 제시한 것이다. 이른
바 '혁명적 노동조합운동'의 시작을 알리는 것이다. 일제는 이를 '적색노
동조합'으로 표현했다. 세계적 대공황의 여파가 조선 노동자들의 해고
와 임금삭감 등으로 나타나면서 혁명적 기운은 더욱 높아졌다.

실제 조선의 공산주의자들 역시 조선 또한 혁명적 정세가 무르익었다

---

12 박한용, 「한국의 사회주의운동 4 - 1930년대 혁명적 노동조합운동」, 〈진보평론 제5호〉

고 생각했다. 1929년 2월 3,000명의 노동자가 참여한 100일간의 원산총파업은 몇 년에 걸친 혁명적 정세의 서막이었다. 1930년 부산조선방직공장 동맹파업, 신흥탄광 노동자폭동, 평양고무공장 노동자파업, 1931년 평양면옥 노동자파업, 1932년 청진부두 노동자파업, 1933년 부산고무공장 노동자 동맹파업 등 크고 작은 노동운동이 터져 나왔다. 1930년에는 160건의 파업에 1만8,972명이, 1931년에는 201건의 파업에 1만7,114명이 참여해 일제 강점기 통틀어 가장 높은 파업 수치를 기록했다.

농민운동도 발맞추어 일어났으며, 광주학생운동은 3·1운동 이래 가장 크고 격렬한 대중투쟁으로 발전했다. 노동자·농민·학생층의 폭력시위가 잦아지고 '소비에트 러시아 만세'와 같은 사회주의 구호도 등장했다.

일본은 공황의 위기를 돌파하고 조선을 안정적인 식민지로 삼기 위해 1931년 9월, 만주를 침략했다. 노골적인 일본 제국주의에 대한 반감은 더욱 높아졌다. 문제는 이렇듯 노동자, 농민, 학생층의 격렬한 대중투쟁에도 이를 지도할 중앙조직이 없다는 데 있었다. 조선공산당은 1928년 사실상 와해됐고, 조선공산당 만주총국과 일본총국도 각각 1930년 3월과 1931년 10월에 해체된 상태였다. 노동조직인 조선노동총동맹과 조선농민총동맹 역시 조선공산당 관계자가 체포된 후 지도부가 개량화·우경화한 상태였기 때문에 대중운동을 자신의 의도대로 이끌 수 없었다. 조선공산당 재건은 잠시도 늦출 수 없는 사업이었지만 이를 이끌 추동력이 없었다. 이런 상황에서 다양한 차원의 조선공산당 재건운동이 일어났다.

이동휘(李東輝)와 김규열(金圭烈) 등은 상해파 김철수(金錣洙)·윤자영(尹滋瑛) 등과 ML파의 김영식, 화요파 안상훈 등 각 분파 사람들을 모아 1929년 3월 당 재건 방침을 협의했다. 토론결과 일시적 주체기관이 필요하다는 의견을 모아 3월 30일 '조선공산당 재건설 준비위원회'를 발기하고 6월 20일에 설립했다. 그 책임은 김철수가 맡고 비밀 기관지로 〈볼셰비키〉를, 대중기관지로 〈노력자 신문〉을 간행하기로 했다.

이들은 1929년 8월 김영만을 태평양노동조합대회에 파견하고, 12월에는 김철수를 준비회 대표로 국내에 파견했다. 또 12월에는 구체적 지도를 얻기 위해 코민테른에 김규열을 파견했다. 이동휘는 1930년 2월 코민테른에 보고서를 제출했다.

그러나 코민테른은 1930년 조선공산당 재건설준비위원회를 해체하라고 지시한다. 중국에 있는 모든 자원을 전부 중국공산당에게 넘기고 이를 이행하지 않으면 모두 국제당으로부터 제명하겠다는 것이었다. 이에 일부는 당 재건이 아닌 '좌익노동조합전국평의회'라는 이름으로 노동운동으로 전환했다.

또 한해, 한빈, 고광수, 이경호 등의 ML파에 의한 '조선공산당 재조직중앙간부'도 활동했다. 1929년 9월 한해가 죽고, 고광수와 한빈이 체포됐지만, 나름 몇몇 지역에서 노조를 결성하고 파업을 계획하는 등 성과가 있었다. 하지만 1930년 7월부터 9월까지 120여 명이 검거되면서 사실상 와해됐다.

이밖에 만주와 일본에서 조선으로 들어가 조선공산당을 재건하려는 '조선공산당재건설 동맹', ML파 양명이 추진한 '공산주의자협의회'도 있었고, 안광천이 이끄는 레닌주의 그룹이 추진한 '레닌주의정치학교' 등의 재건운동이 있었다. [13]

김단야와 박헌영의 등장

1930년 6월, 조선공산당 지도급 인물 김단야(본명 金泰淵)가 상해에 나타났다. [14] 김단야는 1901년 대구 태생으로 1916년 대구 계성학교 동맹휴학을 주도하다 퇴학됐다. 그는 잠시 일본에 유학했다가 1919년 배재학교를 졸업했다. 이후 고향에서 3·1 만세운동을 주도하다 태형 90대형을 받고, 상해로 망명했다.

1922년 1월, 모스크바에서 열린 극동청년대회에 김단야는 고려공산청년단 대표로 참가해 레닌을 만났다. 상해로 돌아온 그는 고려공산청년회(공청)의 중앙총국을 결성하고 집행위원으로 활동했다. 이후 고려공청을 조선으로 옮기려다 박헌영, 임원근과 함께 신의주에서 검거된다. 1년 6개월형을 선고받고 출옥한 그는 〈조선일보〉 기자 생활을 하다

---

13 당시 조선공산당 재건운동은 최규진, 『한국독립운동의 역사 제44권』, 『조선공산당 재건운동』, 한국독립운동사편찬위원회, 2009를 참고하라.
14 김단야가 상해에 다시 나타난 시기를 최규진은 『한국독립운동의 역사』에서 9월, 임경석은 6월이라 주장하고 있다. 여기서는 임경석의 6월을 근거로 한다.

조선공산당의 거두
김단야(좌)와 박헌영(우)
김단야(1899~1938)와 박헌
영(1900~1955)은 조선공산
당 동지이자 심지어 같은
여인을 사랑했다. 그들의
최후 역시 닮은꼴이었다.
(출처: 국사편찬위원회)

화요파에 가담, 1925년 4월 18일 박헌영과 함께 고려공산청년회를 창립한다.

김단야는 1차 조선공산당 검거를 피해 1925년 12월 다시 상해로 망명해 조선공산당 기관지 〈불꽃〉 주필을 하며 6·10 만세운동을 배후에서 지휘했다. 1926년 7월, 코민테른 상해부가 해체되자 8월 모스크바 국제레닌대학에 입학하고, 1929년 초까지 코민테른 조선문제위원회에서 활동했다. 김단야는 코민테른이 12월 테제를 만들 때 코민테른에서 동양부 한국담당 조사관이었다. 그는 코민테른의 조선 문제 결정에서 상해파 입장을 대변하던 통역을 하다 김철수의 요구로 통역에서 교체되기도 했다.[15]

---

15   임경석, 『잊을 수 없는 혁명가들에 대한 기록』, 역사비평사, 2008, p.184~186

박헌영과 주세죽 부부
두만강을 건너 조선을 탈출해 블라디보
스토크에 도착한 직후의 사진(1928년 12월).
(출처: 주세죽 유품, 박비비안나)

　하지만 그는 여전히 코민테른에서 조선 문제를 다루는 조선공산당
의 핵심이었다. 그에게는 12월 테제에 맞는 조선공산당 재건 임무가 부
여되어 있었다. 실제로 코민테른으로서는 김단야가 조선공산당 문제를
해결할 적임자였다. 김단야는 쓰러져 가는 조선공산당을 다시 일으킬
막대한 사명을 가지고 있었다.

　마침 1928년 11월 5일, 박헌영이 모스크바에 왔다. 만삭의 부인 주세
죽(朱世竹)과 함께 일제 경찰의 눈을 피해가며 배로 3개월간 함흥에서 블
라디보스토크를 거친 힘든 여정이었다. 주세죽은 중간 지점인 블라디보
스토크에서 딸 비비안나를 낳았다. 박헌영은 레닌국제학교에 입학해 공

부하면서 코민테른 동양비서부 조선위원회에 참석했다. 코민테른 동양비서부 조선위원회 회의에서 논의된 것이 한글기관지 〈코뮤니스트〉 발간과 운영문제였다.[16]

김단야는 자신의 업무를 박헌영에게 넘기고 구체적인 조선공산당 재건사업을 위해 상해로 돌아온 것이다. 박헌영은 곧 중국에서 합류하기로 약속했다. 김단야는 지금까지 인텔리 중심의 혁명조직이 아닌, 12월 테제에 부합하는 공장·농촌에 파고들어 노동자와 빈농을 조직하는 임무를 상기했다.

이미 그는 조선공산당 재건을 위해 조선을 둘러보는 확인 작업까지 마친 상태였다. 김단야는 1929년 6월, 조선에 들어가 '조선공산당 조직준비위원회' 활동을 마치고 1930년 2월, 모스크바로 돌아가 코민테른에 그간의 활동을 보고했다. 비록 코민테른의 지시에 따라 조직준비위원회는 해체됐지만, 각 지역에 이체이카를 조직해 놓은 상태였다. 이 조직은 언제라도 혁명적 노조운동의 핵으로 전환할 수 있었다.

이 임무를 수행한 김단야와 박헌영의 세력을 보통 코뮤니스트 그룹으로 불린다. 코민테른은 비밀기관지 〈코뮤니스트〉를 "볼셰비키 이론과 전술로 공산주의자를 돕는 조선공산주의운동의 특수작업대"라며 매우 중요하게 평가했다. 코민테른은 1930년 말에서 1931년 초에 걸쳐 '서울 상해파'와 'ML파' 등 여타의 모든 조선공산당 분파를 '종파'로 규

16　이정박헌영기념사업회, 『이정 박헌영 전집 제9권』, 역사비평사, 2004, p.201~205

정하고 해체를 지시했다. 그리고 유일하게 코뮤니스트 그룹만 지원했다. 물론 전폭적인 재정지원도 함께 이루어졌다.

여기에 중국통이면서 박헌영의 절대적 신임을 얻고 있던 김형선이 가세했다. 1930년 7월, 그는 중국공산당으로부터 코민테른 동양부 산하 조선문제 트로이카의 조직선으로 배속됐다.[17] 그는 중공당 중앙으로부터 중국공산당 및 상해에 있는 모든 단체와의 관계를 끊고 김단야와 제휴하여 조선에서 활동할 것을 명령 받았다.[18]

코민테른의 명령을 받고 상해에 온 김단야와 박헌영은 중국공산당에 더 많은 동지를 보내달라고 요구했고, 중국공산당은 세 사람을 추천했다. 그 중 두 사람은 홍남표와 김명시였다.[19] 김명시는 당시 중국공산당 소속으로 김형선의 여동생이자, 김단야의 부인 고명자의 모스크바 공산대학 동창이었다. 이들은 통칭 코뮤니스트 그룹이라고 불린다. 김찬은 바로 이 코뮤니스트 그룹에서 활동했다.

코뮤니스트 그룹 주모자급 김찬의 활약

코뮤니스트 그룹은 그들만의 폐쇄적 조직은 아니었다. 김찬은 상해에서 오기만, 심인택(沈仁澤) 같은 레닌주의 정치학교 출신과도 같이 교

17　강만길 · 성대경, 앞의 책, p.150
18　김경일, 『이재유 연구』, 창작과비평사, 1993, p.120~121
19　최규진, 『조선공산당 재건운동』, 앞의 자료.

류했으며, 조선에서 혁명적 노조활동을 함께 한 것이 이를 반증한다.

오기만의 경기도 경찰부 취조일지를 보면 "소화 6년 6월 하순, 조선에 들어와 7월 15일 경성 남대문에서 당시 김단야의 명에 의거하여 적색노동조합을 조직할 것을 목적으로, 활동 중이던 동지 김형선과 은래루에서 회합 후 협의코자 동년 7년 1월 상순 진남포에 도착해 김찬과 함께 전극평 및 한국형, 심인택 등과도 연락, 적색노동조합 진남포추도위원회를 결성해 활동하고~"라고 되어 있다.[20]

심인택은 레닌주의정치학교 졸업생으로 1930년 8월~1931년 사이 조선에 들어왔다. 따라서 조선공산당 재건운동은 각 분파가 각개 약진했다기 보다 연대가 이루어졌다고 볼 수 있다.

러시아 측 혹은 한국 측 자료에는 '코뮤니스트 사건'이라고 하지만 당시 일제는 '조선단일공산당재건사건'이라고 이름 붙였다. '코뮤니스트 사건'은 당시 코민테른이 여타의 조선공산당 재건활동을 불허하고 코민테른이 직접 지시한 조선공산당 재건운동사에서 매우 중요한 사건이다. 이와 관련해 김단야, 박헌영을 비롯해 조선에서 조봉암과 홍남표, 김형선, 김명시 등이 신의주지방법원에서 장기간 재판을 받았지만 의외로 조명되지 않고 있다.

이 사건에서 김찬은 홍남표와 김형선, 김명시와 함께 '조선단일공산당재건사건'의 주범급으로 취급되고 있다. 특히 김찬은 체포 및 도주과

20　警察情報綴 控(소화 9년) '치안유지법 위반 피의자 오기만의 취조에 관한 건', 京高特秘 제2306호, 경기도 경찰부장, 1934. 8. 22

정에서 김단야의 부인 고명자, 김형선, 김명시 등 코뮤니스트 그룹의 지도부급 인사들과 함께 움직였다. 무엇보다 김찬이 "大金(많은 자금)을 휴대하고 조선에 입국했다"[21]는 점은 코뮤니스트 그룹에서 매우 중요한 역할을 하고 있음을 반증하는 것이다. 실제 김찬은 삐라와 잡지 〈코뮤니스트〉 배포 공작에서 진남포는 물론, 평안남도와 평안북도까지 광범위하게 활동한 것으로 보아 코뮤니스트 그룹의 주모자급이었던 것이 분명하다.

---

21 〈동아일보〉, 1933. 1. 21

4

1930년 북경,

영원한 동지이자 연인 도개손을 만나다

김찬의 활동에서 빼놓을 수 없는 인물이 그의 부인 도개손이다. 도개
손은 중국인 여성으로 북경대학교(중국은 1928년 수도를 남경으로 옮긴 후
북경을 북평특별시로 개편하면서 북경대학교가 북평(北平)대학교로 교명이 바뀌
었다) 이과계열 최초의 여학생이다. 그는 조선인 남자 김찬과 결혼해 아
들과 딸을 낳았으며 같이 항일투쟁을 하다 연안에서 함께 생을 마감했
다. 오늘날 중국에서는 조선인 김찬보다 부인 도개손을 더 높이 평가하
는 분위기이다. 아들 김연상도 아버지 김찬보다 어머니 도개손을 더 자
랑스럽게 여기는 느낌이었다. 그것은 아마 김연상이 중국에서 태어나
터를 잡고 살았고 또 어머니 집안이 훨씬 명망이 높아 외가 쪽으로부터
많은 도움을 받았기 때문일 것이다.

부모의 명예회복, 복권작업을 추진했던 아들 김연상은 "중국 공산당

은 어머니에 대한 복권은 쉽게 결정했지만 아버지의 복권에 대해선 상당히 미온적이었다. 하지만 어머니를 복권시키면서 같은 이유로 함께 처형된 아버지를 복권시키지 않을 수 없다는 측면에서 고민을 했다"고 말했다.

도개손은 어떤 사람인가. 아들 김연상은 어머니 도개손에 대해 정리했다. 그 자료에 나타난 도개손의 집안은 다음과 같다.

도개손은 1912년 3월 15일 일본 도쿄에서 태어났다. 강소성(江蘇省) 무석(无錫) 출신인 그녀의 부친 도염균(陶念鈞)은 지식인으로서 당시 청조(淸朝)를 조롱했다는 이유로 투옥되기도 했다. 1906년 석방된 도염균은 아내와 아이들을 데리고 일본으로 유학했다. 도염균은 유학 기간 동안 두 명의 딸을 더 낳아 9남매를 뒀으며 도개손은 그 중 막내인 아홉째였다. 도염균은 도쿄에서 생활이 여유롭지 않아 3세가 된 도개손을 고향인 무석으로 돌려보내 외가에서 자라게 했다. 그리고 2년 후 4명의 자녀가 일본의 대학에 합격하고 나서야 도개손의 어머니가 무석으로 돌아왔다.

1918년 도개손은 무석에 있는 제양(濟陽) 소학교에 입학했고 아버지 도염균은 중국으로 돌아온 후 고향에서 변호사 생활을 시작했다. 그러나 변호사 소득이 얼마 되지 않아 아이들의 교육은 나이 많은 형제들이 도맡아서 할 수밖에 없었다. 도개손의 다섯째 언니인 도우손(陶虞孫)은 일본에서 대학을 졸업하고 중국으로 돌아와 북경에 있는 공덕(孔德)학교에서 생물과 음악을 가르쳤다. 도개손은 1925년 공덕학교에 입학했다. 공덕학교는 채원배(蔡元培), 이석증(李石曾), 심윤묵(沈尹默) 등이 세운 학교로 프랑스 철학자이자 실증주의자인 콩트의 이름을 따서 만든 학교이다.[1]

근대 중국의 기반을 만든 도개손 일가

아들 김연상이 정리한 자료를 보면 어머니 도개손 집안은 청조 말기부터 매우 개화된 지식인 집안이었음을 알 수 있다. 보다 자세한 사실을 기록한 〈무석명인사전(无錫名人辭典)〉에 따르면 도염균의 본명은 도정방(陶廷枋, 1872. 9~1941. 5. 9)으로 원명은 도수(陶铸)이고 염균은 자(字)이다. 무석 북문북책구 출신 변호사로 기록되어 있다. 도염균은 1895년에 학자가 되어 1904년 청일전쟁에 패한 청조의 무능을 조롱·비판하는 글을 써서 투옥됐다. 그보다 8살 많은 손문이 청조를 타도하려는 광주봉기를 일으키려고 계획했다가 실패, 일본으로 망명한 즈음이다. 1906년 출감한 도염균은 일본으로 유학하여 1910년 메이지대학(明治大學)에서 법률학사 학위를 받았다. 그는 1913년 중국으로 돌아와 흑룡강성(黑龙江省) 감사를 했으나 워낙 강직해 적응하지 못하고, 고향 무석에서 변호사로 활동하다가 1941년 지병으로 사망한 것으로 알려져 있다. 유작

---

1   김연상, 「도개손(陶凯孙)」, 미발표 자료.

집으로 『유연초당문고(悠然草堂文稿)』와 『도씨대방집(陶氏侍芳集)』 등이 있다.

〈무석명인사전〉에도 도염균은 특히 자녀교육에서 높은 평가를 받고 있다는 소개가 나온다. 도염균의 자녀는 첫째 딸 도위손(陶慰孫), 셋째 아들 도정손(陶晶孫), 넷째 아들 도열(陶烈), 다섯째 딸 도우경(陶虞卿), 여섯째 딸 도유손(陶愉孫), 여덟째 딸 도영손(陶瀛孫), 그리고 아홉 번째 딸이 도개손(陶凱孫)이다(둘째, 일곱째에 대해서는 알려지지 않았다). 이들 자녀들은 대부분 일본에서 공부하거나 중국에서 신식 명문대를 나왔다.

〈무석명인사전〉에 따르면 큰딸 도위손(1895. 3. 12~1982. 12)은 젊은 시절 '과학구국'의 뜻을 품고 일본과 미국에서 유학했고 1923년에는 영국과 독일 국제생화학연구기관에서 공부했다. 1927년 재차 일본에 유학해 교토(京都)제국대학 이학부 연구생으로서 중국 여성 최초로 일본

도개손과 아들 김연상
(출처: 김연상)

박사학위를 받았다. 1931년 귀국해 상해 대동대(大同大) 교수, 중국 건국 후 동북 공학원(工學院) 동북 인민대학(人民大學) 교수를 지냈다. 1952년에는 길림대학에 화학과를 만들었다. 건국 후 장춘시(長春市) 인민위원회 위원, 길림성 여성연합회 주석 등의 당직을 맡기도 했다.[2]

도개손의 아버지 도염균
(출처: 김연상)

넷째 아들 도열(1900. 1. 22~1930. 8. 21)은 '중국뇌신경 이학연구의 선구자'로 손꼽힌다. 1919년 일본 교토제국대학 의학부에 입학하여 1925년 동경제국대학 의학부 정신병학연구실에서 연구했다. 1930년 귀국해 동중산(東中山)대학의 교수로 근무하다 갑작스런 심장마비로 사망했다. 논문을 통해 중국에 뇌신경학을 처음으로 소개한 장본인으로 평가된다.[3] 셋째 아들 정손은 물리학자였고 다섯째 딸 우손은 일본에서 생물학을 전공해 공덕학교 선생이 되었다.

한편, 도염균의 일본 유학생활은 매우 힘들었다고 한다. 법을 공부하는 가난한 유학생 신분이었기 때문이다. 주변 친척의 증언을 통해 이러한 정황을 들은 김연상은 "외갓집은 일본에서 생활이 어려워 옷을 아껴 입어야 했고, 잘 먹지 못해 영양실조에 걸릴 정도였다. 어머니 도개손은 태어날 때부터 영양상태가 좋지 않아 대단히 왜소해서 외할머니는

---

2 '无錫名人辭典' 제184항, 百度百科 baike.baidu.com에서 재인용.

3 '无錫名人辭典' 제218항, 앞의 자료.

항상 '도개손의 얼굴은 내 손바닥만 했다'라고 말씀하시곤 했다"고 증언
했다. 도개손이 세 살 때 외가인 중국 무석으로 보내진 것도 궁핍 때문
이었다.

하지만 도염균은 어려운 생활에서도 자식을 모두 대학까지 공부시켰
다. 당시 중국에서 미국 콜롬비아 대학에 유학시킬 정도라면 실로 대단
한 교육열이라고 할 수 있다. 그것도 당시로서는 첨단학문이라고 할 수
있는 의학, 물리학, 지리학 등의 이과계통 공부를 시켰다는 것은 대단한
선각자로 볼 수 있다. 이후 도염균의 자녀들은 중국 건국에서 중요한 역
할을 한다.

특히 도개손이 다닌 공덕학교는 명문으로 이름이 높았다. 공덕학교
설립자 채원배(蔡元培)는 나중에 북경대학 교장(총장)이 되어 진독수(陳
獨秀), 이대조(李大釗)와 같이 신사상으로 무장한 신예들을 교수로 초빙
했고 이들이 중국공산당의 모태를 만든 주역이 되었다. 젊은 모택동이
북경대학 도서관에서 일하면서 마르크스주의에 빠져든 것도 이들의 영
향이 컸다. 채원배에 대해서는 최협 교수(전남대학교)가 신문에 기고한
'채원배 총장을 찾습니다'라는 제목의 글이 잘 설명해 주고 있다.

  채원배는 단순한 사회주의적 지식인이 아니라 진보적, 자유주의적
  입장, 무정부주의적 취향, 평민주의적 지향, 정치적으로는 반공과 반독
  재민권운동 등의 여러 측면을 복합적으로 보여준 인물이었다. 특히 그
  는 북경대학 총장으로 재직할 때 '사상의 자유가 무엇이든 포용한다'는

원칙으로 대학을 이끌었다는 평가를 받고 있다.

그의 이러한 단면을 보여준 일화로는 나중에 초대 공산당 총서기가 된 진독수(陳獨秀)에 관한 이야기가 좋은 보기이다. 당시 북경대학 문학 교수로서 학생들에게 마르크스 사상을 심어주던 진독수가 술을 지나치게 많이 마시고 다닌다 하여 동료교수들이 총장에게 그의 해임을 건의하자, 채원배는 '교수의 평가는 술집에서 이루어지는 것이 아니라 강단에서 이루어져야한다'며 그들의 요구를 일축했다.

학자와 교육자로서 채원배가 보다 근본적인 차원에서 크게 돋보이는 것은 그가 유럽 유학을 마치고 귀국하여 1916년 초대 북경대학교 교장이 되자 다양한 사상과 배경을 가진 사람들을 공정하게 두루 채용하였기 때문이다.[4]

북경대학교 이공계 첫 번째 여학생, 도개손

도개손은 이렇듯 개화적이고 선진화된 가족과 진보적 신사상으로 넘쳐나는 학교생활을 하면서 세상에 대한 눈을 뜨게 됐다. 도개손은 몸이 약했지만 탁구 실력은 좋았다고 한다. 공덕학교는 당시 학생들에게 체육활동으로 탁구를 장려했다. 〈중국학생탁구대회〉에서 입상한 상위 6명중 4명이 공덕학교 출신일 정도였다.

---

4 〈광주일보〉, 2012. 2. 27

아들 김연상은 "어머니는 학교 안에서 이지중(李志中)이 편집을 맡은 〈화동일보(華東日報)〉의 부록 주간지인 〈적(跡)〉에 적극적으로 글을 싣곤 했다. 음악에도 관심을 많았던 어머니는 피아노 실력이 뛰어났다"고 말했다. 김연상은 몇 장 안 되는 어머니의 사진 중 피아노 앞에서 찍은 사진을 소중히 간직하고 있었다.

1929년, 도개손은 북평(북경)대학교 이과에 합격했고 지질학과로 진학함으로써 지질학과 첫 번째 여학생이 되었다. 당시 지질학과는 매우 유망하여 이과계열에서 가장 인정받는 학과였다. 아들 김연상은 "어머니는 여성이 지질학과에 입학했다는 사실만으로 당시 중국 언론은 물론 외국 언론에 소개되기도 했다"고 말했다.

북경대학교에 여성의 입학이 허용된 때는 1920년이 처음이었다. 당시 북경대학교 총장은 채원배였다. 당시는 개화와 신문물에 대한 여성의 사회참여에 대한 기대가 막 시작된 시기로 몇몇 여학생이 북경대 지원을 요구했다. 이에 채 총장은 〈중화신보(中華新報)〉 인터뷰에서 "교육부가 정한 규정은 대학생에 대한 것으로 본래 남자에게만 한정되어 있는 규정은 아니다. 또한 구미 여러 나라를 보면 모두가 남녀공학으로 내년 북경대학 입시에 수준이 맞는 여학생이 응시하여 합격한다면 입학시킬 것이다"라고 말했다.

이것은 현대 여성의 교육사에서 중대한 전환점을 가져오는 선언서라고 할 수 있다. 도맹화는 이러한 주장을 실천하기 위해 채원배의 허가로 1920년 여름방학 후 왕란, 등춘란, 한순화, 조무운, 조무화, 양수벽,

피아노 앞에 앉은 도개손의 모습

정근약, 해정, 사효원 등 9명의 여학생을 북경대학 철학계, 중문계, 영문계 1학년에 나누어 입학시켜 청강하도록 하였다. 이렇게 해서 이들은 최초의 중국 국립대학 여학생이 되었다.[5]

근대적 여성해방운동 혹은 신문화운동은 곧 마르크스주의로부터 시작했다고 해도 과언이 아니다. 중국도 마찬가지였다. 중국의 여성해방 사상은 공산주의 운동과는 맥을 같이 하고 있다. 중국공산주의자들도 지식여성들이 사회혁명에 투신하고 노동여성과 결합해야만 비로소 여성운동이 발전할 수 있다고 주장했다.

이대교는 유물사관을 운용하여 법률, 윤리, 가족제도 그리고 여성의 역사상의 지위 등을 과학적으로 분석하고 여성의 사회적 지위는 경제 상황의 변동에 달려 있으며 경제 문제가 일단 해결되면 어떠한 정치 문제, 법률 문제, 종교제도 문제, 여성해방 문제, 그리고 노동자해방 문제도 모두 해결될 수 있다고 지적함으로써 여성문제의 본질을 제시했다. 1919년 2월 〈신청년〉에 발표된 이대교의 '전후의 여성 문제(戰後之婦人問題)'는 마르크스주의 계급관점에서 여성 문제를 체계적으로 논술한 저명한 저작이다.[6]

5 『중국여성운동사(상)』, 한국여성개발원 1991. 이 책은 중국에서 발간된 『中國婦女運動史(新民主主義時期)』, 中華全國婦女聯合會 編, 北京, 春秋出版社, 1989를 완역한 것이다.
6 앞의 책.

1931년 11월 7일부터 18일에 걸쳐 서금(西金)에서 '제1회 전국 소비에트구대표회의'가 열렸다. 임시정부 서금정부를 수립하고 정부위원회 주석에 모택동, 부주석에 항영(項英)을 선출했다. 그러나 이 시기는 당시 중국공산당에게 최악의 시기였다. 장개석은 20만 명을 동원하여 공산주의자를 발본색원하는 소공전을 전개했고, 불과 3만 명에 불과한 모택동의 홍군은 유격전으로 대항했다.

도시지역에서 공산당 조직은 거의 와해됐다. 나기원 등 간부들이 잇달아 체포됐다. 6월 21일에는 총서기 향충발(向忠發)도 체포되어 23일 총살당했다. 그리고 간부 체포와 증거 압수, 자백 등에 의해 공산당 지하조직 상황을 파악한 국민당은 비밀경찰망을 강화했고, '백색테러'는 상해 주변에서 혹심했다. 복잡한 내부적 대립을 안고 있는 중공중앙은 상해 주변에 당 조직을 유지하는 일이 극히 곤란했다. 1931년 8월경부터 당 간부는 상해 주변을 떠나기 시작해 강서의 소비에트구로 혹은 블라디보스토크를 경유해 모스크바로 향했다.[7]

북경대학 남하시위에 앞장선 도개손

도개손은 1931년 류송운(劉松云)의 소개로 반제동맹에 가입해 본격적

---

7   우노 시게아키, 김정화 역, 앞의 책, p.95

인 항일투쟁에 나섰다. 항일투쟁 국면에서 도개손의 역할이 극명하게 드러난 것은 1931년 9·18사변 이후 북경대학의 남하시위이다. 당시 북경을 장악하고 있던 군벌은 장작림(張作霖)이었다. 장개석은 북벌을 통해 장작림의 북경을 압박했다. 은밀히 장작림을 지원하던 일제는 장개석의 국민당 쪽을 선택했고, 1928년 6월 4일 더 이상 이용가치가 없다고 판단한 장작림을 암살했다. 이것이 이른바 장작림 폭살사건이다. 이후 일본에 적개심을 가진 장작림의 아들 장학량은 장개석의 국민당 정부와 합류(1929년)하자마자 만주에서 일본상품을 배척하고 제국주의적 이권을 다시 회수하려는 운동을 일으켰다.

중국의 이러한 국권회복운동을 좌시할 수 없던 일본은 아예 만주를 침략할 계획을 세웠다. 일제 관동군은 9월 18일 밤 10시 30분경 유조호(柳條湖)에서 만주 철도 선로를 폭파했다. 일제는 이를 중국 장학량 지휘하의 동북군 소행이라고 발표한 후 만주침략을 시작했다. 이것이 이른바 9·18 만주사변이다.

그러나 장학량 군대는 북경에 집중하고 있었기 때문에 만주에서 일본 관동군의 공세를 막을 수 없었다. 게다가 남경(南京)에 있는 장개석은 장학량에게 일본에 대항하지 말 것을 요구했다. 결국, 일본 관동군은 침략 5일 만에 산동(遼東), 길림성(吉林省)의 대부분 지역을 장악했다. 게다가 조선에 주둔하던 일본군까지 북진하여 만주 남부를 점령함으로써 11월에 이르러 일제는 동북 3성 대부분을 점령했다.

일본의 이러한 동북 침략에 무저항과 타협으로 일관하는 국민당에 대한 중국인들의 반감은 날로 고조됐다. 특히 대학생들의 국민당에 대한 비난이 쇄도했다. 이때 발생한 것이 북경대학의 남하시위다. 북경대 학생들은 이런 상황에서 일제의 침략을 그냥 두느냐 마느냐를 놓고 치열하게 논쟁이 붙었다. 북경대 학생들은 미온적인 청원만로는 안 되고 시위를 벌이자는 강경파(남하시위파)와 청원하자는 온건파(남하청원파)로 나뉘었다. 북경대 학생회는 삼원대예배당에서 양쪽 주장에 대한 토론회를 열었고 양쪽의 주장은 첨예하게 대립했다. 이 상황에서 도개손의 역할은 두드러졌다. 김연상은 다음과 같이 당시의 상황을 정리했다.

도개손 역시 비분강개해 상대의 주장을 예리하게 반박하며 청원무용론을 주장했다. 더불어 "오직 시위만이 장개석에게 군중의 의지를 보여주어 복종하게 할 것"이라고 말했다. 북경대 학생들은 남하시위를 위해 전국적인 활동을 시작했고 도개손은 적극적으로 활약했다.

하지만 1931년 11월 북경대학생들의 남하시위는 많은 좌절과 파괴 공작에 직면했다. 도개손은 이 사실에 대단히 분개해 "애국이 죄라는 것은 맞는 말이다. 동지들, 이 사실은 하나도 틀리지 않다. 우리들의 시위는 핍박을 받을 것이다. 하지만 앞으로 향해 전진할 뿐 후퇴란 없다"라고 시위대를 독려했다.

시위행렬은 성현가 중앙교육부 문 앞에 다다랐고 그곳에 미리 잠복 중이던 국민당군에 포위됐다. 순식간에 주먹과 발길질이 오가고 곤봉질이 난무했다. 이 와중에서 도개손 역시 머리카락이 뜯겨 나가고 입술이

(출처: 북경대학교 학생회)

북경대학 남하시위

터졌다. 결국 국민당군경 특무대는 열차편으로 시위학생 183명을 밤새 효릉위(孝陵衛) 병영으로 압송했다. 그 중에 유일한 여학생이 있었는데 바로 도개손이었다.

시위학생들은 효령위 병영에 구금됐고 전체 학생들은 단식으로 항의하기로 결정했다. 3~4일 후 결국 학생들은 구금에서 풀려나 북경으로 돌아왔다. 이 시위 내내 도개손은 강인하고 과단성이 있었으며 또 낙관적인 모습을 보였다. 그녀는 끌려간 효릉위에서 줄곧 국민당의 병사들을 상대로 애국주의 교육을 실시했다. 석방 이후 분이 풀리지 않은 10여 명의 학생들은 국민당 시당부로 달려갔고 도개손의 지휘에 따라 사람들을 분노케 했던 비열한 간판('국민당 시당부'라는 간판)을 산산조각 내버렸다. 겨울 날씨라서 거리에는 사람이 거의 없었지만 모두들 가슴에 승리의 희열을 안고 북경대 숙소로 돌아왔다. 대학으로 돌아온 학생들은 개별적으로 남경시위에 참가했고, 시위는 다른 대학으로 이어져 전국이 들끓었다. 중앙교육부는 부득불 전국의 대학과 중학교 겨울방학을 당겨서 시행했다. 장개석 역시 한 발 후퇴해 국민당은 정책을 전환할 수밖에 없었다. 남하시위 이후 도개손은 북경대 일부 진보적 학생들과 함께 〈북대신문〉을 발행했다.[8]

---

8 김연상, 「도개손」, 앞의 자료.

김찬과 도개손의 운명적 만남

도개손은 북경대 최초로 이과계에 진학한 여학생에서, 다시 항일 투쟁의 불을 지핀 북경대 최초의 남하시위를 주도한 여대생으로 변신한 것이다.

여기서 관심은 도개손과 김찬의 만남이다. 여기에는 김찬의 조카, 즉 김찬의 큰형님 환의 딸인 김영애가 있다. 중국 이름은 서언(徐彥)이다. 김연상은 "사촌누나가 북경대에 다니면서 중국공산당에 가입하는 등 어머니와 친구 사이였다"고 말했다. 당시 도개손이 북경대 이과계열 최초의 여학생으로 유명했으니, 김찬의 조카 김영애 역시 뛰어난 여성이 었을 것이다.

김영애가 두 사람을 언제, 어떻게 소개했는지는 불분명하지만 두 사람의 시공간적 공통점은 북경이다. 김찬이 북경에서 노하중학교에 다닐 때 김영애가 공덕학교 다니는 도개손을 소개했을 가능성이 있다. 이미 노하중학 시절부터 항일 투쟁의지를 키워온 김찬과, 진보적 집안에서 성장한 도개손은 '사회주의 항일투쟁'이라는 공통의 관심에서 일치했을 것이다. 김찬은 연약해 보이면서도 의지가 굳은 도개손에게 반했고, 도개손은 잘생기고 항일의지가 강한 조선인 학생 김찬에게 호감을 느꼈을 것이다. 두 사람은 교복을 입고 북경 공원을 걸으며 첫사랑의 애틋함을 나눴으리라.

이런 관계는 김찬이 노하중학교 재학 중 중국공산청년회에 가입해 활동하면서 계속 이어졌을 것이다. 도개손은 대학 재학 중인 1931년 반제동맹에 가입하고, 특히 9·18 만주침략에 항거하면서 본격적인 항일운동에 뛰어들었다고 밝히고 있다. 하지만 이전부터 이미 반제국주의, 항일운동에 어떤 형태로든 참여하고 있다고 보는 편이 정확하다.

도개손이 가입한 '북평반제동맹'은 1930년 2월에 성립된 조직으로 1930년대 중국공산당 북경지하당의 지도를 받는 혁명 대중단체였다. 이 단체의 활동 목표는 제국주의와 국민당을 반대하는 것이었다. 그런데 9·18 사변이후 '반제동맹당단' 서기가 바로 조선인 한위건이었다. 한위건은 리철부라는 이름으로 중국에서 인정받는 인물이다. 조선에서 의학을 공부한 인물로, 이론과 그의 주변에는 조선인 공산주의 청년들이 모여들어 활동했다. 그 중 대표적인 인물이 주문빈이었다. 주문빈은 1927년 봄부터 중국공산당 통주노하중학지부 비서직을 담당했다. [9]

주문빈이 바로 김성호로 김찬과 한 마을에서 이웃으로 살았고, 김찬은 선배 김성호의 지도로 통주 노하중학에서 중국공청단에 가입해 활동했다. 따라서 공청단에서 활동하던 김찬은 1930년 자연스럽게 '북평반제동맹'에 가입해 활동했고, 여기서 도개손과 인연을 계속 이어나갔을 것으로 보인다. 아들 김연상은 두 사람의 만남에 대해 이렇게 기록하고 있다.

도개손과 김문철(김찬)은 대략 1930~1931년 북경에서 알았던 것으

---

9   손염홍, 앞의 책, p.212~213

로 보인다. 북경대 학생 호문장(扈文章)은 학창시절부터 도개손 뒤를 따라 다녔지만 도개손은 그의 구애를 거절했다. 호문장은 천진(天津)단 시위 서기가 되고 조직을 떠났다가 다시 중용되어 중앙조직 부장이 됐지만 그 이후로 어떻게 됐는지 알 수 없다. 천진에 있을 때 도개손은 솔직히 자신의 대상은 김문철이며 이것 때문에 신경이 쓰인다고 말하기도 했다.[10]

10 김연상, 「도개손」, 앞의 자료.

3장

혁명가 김찬

5

–

1931년 조선,

–

혁명적 노동운동가로 활동하다

1931년 5월 28일 밤, 30세의 한 처녀가 평양 을밀대에 올랐다. 5월 말이지만 대동강의 밤바람은 차가웠다. 처녀는 "어제 회사 측에서 노동자 49명 전원을 해고하겠다면서 경찰을 불러 농성하는 노동자들을 모두 끌어냈다"고 말했다. 이젠 더 이상 갈 곳도, 물러날 수 없었다. 그저 죽기로 작정을 했다.

처녀는 광목 한 필을 시장에서 샀다. '평원공장의 횡포를 고발하고 그대로 을밀대에 목을 매리라'고 생각했던 것이다. 그녀는 적어도 왜 자신이 목을 맸는지는 세상에 알리고 싶었다. 한밤중에 을밀대 지붕으로 올라가기란 쉽지 않았다. 달빛에 을밀대를 돌며 이리저리 궁리해도 을밀대 지붕은 높았다. 마침 사가지고 온 광목이 있었다. 광목 한쪽 끝에 돌을 묶어 낮은 쪽 지붕으로 던졌다. 다행히 돌은 지붕 넘어 쪽에 걸렸다.

1931년 **강주룡 을밀대 농성** 〈동아일보〉 1931년 5월 31일 사진. 강주룡의 을밀대 농성은 우리나라 최초의 노동자 고공농성으로 평가되고 있다.

반대편 광목을 을밀대 기둥에 묶고 당겨봤더니 힘을 줄 만했다. 처녀는 광목 한쪽을 몸에 묶고 을밀대 지붕으로 올라갔다. 피곤에 지친 처녀는 지붕에서 잠깐 잠이 들었다. 먼동이 트고, 사람들이 몰려들었다.

처녀는 큰 소리로 자신의 처지를 설명했다.

"우리는 평원고무공장 노동자입니다. 우리 49명 노동자는 임금 감하를 크게 여기지 않습니다. 하지만 이것은 결국 평양의 2천3백 명 고무공장 노동자의 임금 감하 빌미를 줄 것이므로 우리는 죽기로써 반대하는 것입니다. 나는 평원고무 사장이 이 앞에 와서 임금감하 선언을 취소하기 전까지는 결코 내려가지 않겠습니다. 끝까지 임금 감하를 취소치 않으면 나는 근로대중을 대표하여 죽음을 명예로 알 뿐입니다. 그러하고 여러분, 구태여 나를 여기서 강제로 끌어낼 생각은 마십시오. 누구든지 이 지붕 위에 사다리를 대놓기만 하면 나는 곧 떨어져 죽을 뿐입니다."[1]

경찰에 끌려간 처녀는 자신의 행위는 쟁의행위의 하나로 경찰에서 단식투쟁을 하겠다고 선언했다. 결국 경찰은 6월 1일 새벽에 그녀를 풀어주었다. 그는 서른한 살의 강주룡이었다.

결국 평원고무공장 사측은 6월 8일, 임금을 삭감하지 않겠다는 약속을 했다. 하지만 강주룡은 혁명적 노동조합에 참여했던 것이 드러나 구속됐다. 강주룡은 1년여 동안 옥중투쟁을 벌인 끝에 1932년 6월 7일, 병보석으로 풀려났으나 두 달 만인 8월 13일에 평양 서성리 빈민굴(68-28호)에서 숨졌다. 8월 15일, 남녀 동지들이 그의 시신을 평양 서성대 묘지에 묻었다.

일제의 극심한 착취로 극한에 몰린 조선의 농민과 노동자

김찬이 고향 진남포에 다시 온 것은 1931년 1월이다. 고향을 떠난 지 꼭 10년만이었다. 고향을 떠날 때보다 공장 굴뚝은 훨씬 많아졌지만 몇몇 공장은 가동이 멈춘 지 오래되어 스산해 보였다. 길거리에는 실업자

---

1 〈동광〉, 1931, 7월호.

가 넘쳐났고, 유랑을 하거나 굶어 죽는 사람도 속출했다. 노동자의 3분의 1이 실업자로 전락했다는 신문 기사도 나왔다. 그러나 고향을 떠날 때와는 달리 10년 전에 없던 평원선 열차가 새로 다니고, 시 외곽에는 철도를 확장하는 공사가 계속되고 있었다. 이런 경제대공황에도 철도 공사가 강행되고 있다는 것은 그만큼 일제의 수탈이 더욱 노골화되고 있다는 증거였다.

> 파국적인 경제공황과 일제의 침략전쟁과 관련된 식민지 약탈정책의 강화는 조선의 사회경제적 형편을 극도로 악화시켰다. 공황은 다수 기업소의 폐쇄, 실업 노동자들의 미증유의 격증, 노동임금의 20~30%의 감하, 노동시간의 연장과 살인적인 노동 강도의 강요 등을 초래했다. 이로 말미암아 노동자들의 생활은 더욱 더 악화되었다.[2]

만주침략의 병참기지가 된 조선에서는 극도의 노동착취가 이루어졌다. 노동시간은 하루 12~14시간이 다반사였다. 공장의 시설도 열악하고 보호장비도 변변치 않아 사상자가 속출했다. 조선인 노동자들은 일본인 노동자 임금의 절반 이하 수준으로 차별을 받았다.

공장이라고는 하나 두세 군데의 큰 공장을 제외하면, 거의가 이름 그

---

2 김인걸 · 강현욱, 『일제하 조선 노동운동사』, 1989, 일송정, p.92

대로 오두막집이었다. 변소가 설치되어 있는 곳은 아무데도 없었다. 직공의 대다수는 교육의 혜택을 전혀 받지 않은 자들이다. 한두 개 공장을 제외하면, 아무런 교육시설이 없다. 남자직공의 임금은 특수한 숙련을 요하는 인쇄공 등을 제외하고는 일급 50~60전에서 1원 40전~1원 50전 사이였다. 그 중에는 이 작은 일급마저 시간급으로 받는 자도 있었다. 이들 여공의 가정 대부분은 문자 그대로 극빈하여 아무것도 가진 것이 없었다. 일급 30전으로 7~8명을 부양하는 직공들이 대부분이었다.[3]

쥐꼬리만 한 일급도 현금으로 지급되는 경우는 그래도 나은 편에 속했다. 일급도 현금으로 주지 않고 전표로 지급하는 곳이 허다했다. 노동자들은 전표를 환전하기 위해 1원당 2전 5리의 수수료를 지불해야 했다. 게다가 노임에서 도로수선비까지 갈취했다.[4]

이러한 극도의 고용불안 상태는 노동자의 삶을 막장으로 몰고 갔다. 자살하는 사람과 굶어 죽는 사람이 급증했다. 조선인 노동자의 생활상도 상해에서 봤던 참혹한 중국 여성노동자의 모습과 다르지 않았다.

1925년 이후 자살자가 점차 증가하여 1930년에는 2,161명이, 1931

---

3 산업노동조사소, 〈산업노동시보 1931, 10월호〉, p.81 / 小林英夫, 「1930년대 전반기 조선노동운동－평양고무공장 노동자의 제네스트를 중심으로」 / 편집부 엮음, 『1930년대 민족해방운동』, 거름, 1984, p.245 재인용

4 小林英夫, 앞의 책, p.243~244

년에는 2,243명으로 늘고 있다. 1930년에 관해 그 내용을 보면 조선인이 압도적 다수를 점하고 있는데, 그 원인은 생활 곤궁 또는 박명에 대한 한탄(531명), 가족 또는 친족의 불화(343명), 장래의 일을 고민하여(156명) 등 경제적 이유가 압도적 다수를 차지하고 있다. 기아에 대해서도 상황은 마찬가지이다. 1930년 시점에서 국적별로 보면 일본인 1건, 조선인 254건이었다.[5]

일제는 식민지에서 혹독한 수탈이 가져올 반작용을 우려하여, 조선 주둔군을 증강하고 헌병과 경찰기구를 확대했다. 사람들은 일제가 앞으로 무슨 일을 벌일지 모른다고 수군거렸다. 결국 일본은 1931년 9월 18일, 만주사변을 통해 중국침략을 시작했다. 새로운 전쟁에 돌입한 일제는 조선인에게 더욱 혹독한 수탈과 탄압을 가했다. 일체의 언론 출판, 집회의 자유를 억압했다.

일제의 수탈과 착취가 더해갈수록 조선에서 노동운동, 농민운동의 역량은 더욱 더 고조됐다. 극한까지 몰린 조선노동자와 농민들은 달리 선택의 여지가 없었다. 여기에 노동자, 농민 속으로 파고들어 혁명적 노동조합을 만들라는 상해, 더 나아가 모스크바의 새로운 전략이 먹혀들고 있었다. 하지만 노조 대부분이 어용노조이거나, 공장 내 혁명 역량을 엮어낼 치밀한 전략과 결정적 지도자가 없었다.

---

5 小林英夫, 앞의 책, p.245

이 시기 '조선노동총동맹'을 비롯한 적지 않은 노동단체들이 급속히 혁명화되는 노동자들의 진출에 수응하지 못하고 있다. 이러한 노동단체들은 주로 소브르주아 개량주의 지도하에 있었기 때문이다. …… 이 시기 공산주의자들과 선진적 노동자들은 합법적 노동조합들의 개량주의적 상층을 반대하며 혁명적 노동조합 결성을 위한 적극적 투쟁을 전개하였다. …… 합법적 활동과 비합법적 활동을 솜씨 있게 연결하는 것은 혁명적 노조와 좌익이 사업을 할 수 있는 전제조건의 하나였다. 그러므로 그들은 노동자 강습, 야학 및 기타의 합법적 단체들을 조직해야 했다.[6]

노동자 혁명을 주도하기 위해 고향 진남포로

김찬을 진남포로 보낸 것은 공장내 혁명 역량을 전략적으로 엮어내는 것이었다. 김찬은 상해를 떠나면서 김단야의 지시를 곰곰이 되씹었다.

공산주의자를 자임하는 사람들은 공장, 광산, 철도, 부두 등 노동자들이 집중된 곳에 먼저 취업해야 한다. 공장세포는 무엇인가? 공장세포는 공산당의 기본조직이다. 공장세포는 공산당과 노동자 군중을 연결하는 고리이니 공산당은 오직 공장세포 기초를 가지는 때라야 능히 자기

6 '공장내 야체이카를 어떻게 조직할 것인가', 〈코뮤니스트〉, 1931. 5 / 안재성, 『잡지시대를 철하다』, 돌베개, 2012, p.123~124에서 재인용

의 강령과 정책을 전 조선 민중에게 전파하고 자기편으로 전취할 수 있을 것이다. 역으로 당은 능히 노동 군중의 요구를 파악, 규정하며 또 그들을 투쟁에로 조직하며 동원하여 지도할 수 있을 것이다.

공장세포적 형태의 조직만이 실로 프롤레타리아 전위대의 진정한 혁명적 전투적인 기본조직이라는 것은 우리의 목전에 전개된 생생한 역사적 제 사실이 너무도 밝혀 증명하여 주는 바 아닌가?

조선공산당이 파산을 부른 원인 중에 이 공장세포를 가지지 못하였던 것이 그 가장 중요한 이유 중의 하나가 아니 될 수 없다. …… 이에 우리는 조선공산당 재건설 과정에 당면하여 이 공장세포 조직을 그 가장 중요한 임무로 세우게 되는 것이다.[7]

더 이상 소브르주아에 머물지 말고 공장 노동자 농민 속으로 들어가라는 지시는 바로 코민테른의 '12월 테제' 그것이다. 김찬은 조선에서 12월 테제를 실행하기 위한 전위대였다. 이들의 계획은 우선 공산당 조직은 공장세포 조직에서 시작한다는 대원칙을 세우고 제일 먼저 공장에 취업, '코뮤니스트 독서반'을 만드는 데 매진한다. 다음 단계는 공장 독서반에 들어온 노동자를 조직가와 지도자로 키우면서 이를 지역 당 조직과 연계한다. 마지막으로 이렇게 공장과 지역이 연계된 지역 중 인천이나 평양 · 부산 · 함흥 · 서울 · 원산 같은 곳에 시위원회를 세우고

7　최규진, 『조선공산당 재건운동』에서 재인용

마침내 당 조직을 재건한다.

코뮤니스트 그룹의 당 재건 계획은 현장에 뿌리내린 '공산주의자 단위'를 기초로 당을 재건하겠다는 의지였다. 이런 코뮤니스트 그룹의 실무 총책임자는 김단야였다. 박헌영은 모스크바에 남아 잡지 〈코뮤니스트〉 제작을 돕고, 코민테른과 연계하는 역할을 분담했다. 박헌영은 나중에 상해로 와서 김단야와 합세한다.

김찬은 고향 진남포에서 합법·비합법적인 방법을 모두 동원해 비밀 독서반을 만들고, 나아가 혁명적 노동조합을 결성하라는 임무를 받았다. 특히 비밀독서반은 단체행동 시 '공장 안에 있는 노동자들의 모든 운동을 책임지는 투쟁의 지도기관'이 될 수 있어야 했고, 당 야체이카를 대비하는 조직이기도 했다. 이 독서반의 구체적 임무는 다음과 같다.

첫째, 선전 사업을 하며 그 아래 '지역 독서반'을 두고 자신을 확대해야 한다. 노동자들은 작업 부문에 따라 접촉할 기회가 다르고 때로는 특수한 요구가 있기 때문에 모든 독서반은 공장 안의 작업 부문을 토대로 조직해야 한다.

둘째, 노동조합 건설에 힘쓴다. 노동조합이 있는 곳에서는 산업별 원칙에 따라 다시 조직하고 공장위원회나 공장대표회 등을 만들어 투쟁해야 한다. 노동조합이 없는 곳에서는 반드시 노동조합을 만든다. 국가기업처럼 합법으로 노동조합을 만들 수 없는 곳에서는 비합법으로 만들며 합법성을 얻으려고 투쟁해야 한다. 또 파업과 선전선동을 지도하는 일도 독서반의 중요한 임무 가운데 하나이다.

　셋째, 공장신문을 공개적으로 발행하고 투쟁해야 한다. 비밀출판을 통해서라도 발행해야 하며 먼저 '산 신문' 말로 하는 신문의 형식을 띨 수도 있다. 이러한 독서반의 활동은 '진정한 볼셰비키 공산당을 건설하는 데 필요한 터 닦기 사업'이기도 했다.[8]

　김찬은 진남포에 오자마자 억양기리에 방을 얻었다. 자신이 태어나서 살던 바로 그곳이었다. 김찬이 고향 진남포에 돌아오자 그를 아는 사람들은 의아한 눈으로 봤다. 그는 몸이 아파서 신병 요양 차 고향에 돌아왔다고 둘러댔다. 그리고 득신학교 후배이며 여동생의 친구인 김양순, 김화옥 등을 만나며 조용히 주어진 사업에 몰두했다.

　김찬은 우선 억양기리 자신의 방에서 2개의 조직을 운영했다. 하나는 보통학교를 진학하지 못한 14~16세 청년과 여성을 대상으로 보통학교 과정을 지도했다. 외형적으로는 야학이었지만 본질은 혁명적 노동조직을 위한 비밀독서반이었다. 이 비밀독서반에는 최인섭, 류길선, 이광호, 방인기, 최병학, 이창호 등 학생들이 있었다.[9] 김찬은 이들을 미래의 조선 사회주의 건설에 중요한 역군이 되도록 키웠다.

　또 하나의 조직은 기존 노동자들의 조직화, 의식화를 통해 혁명적 노동조합을 만드는 작업이었다. 다행히 자신의 득신학교 후배 중 적지 않

8　최규진, 앞의 자료.
9　〈김찬 예심결정서〉

은 사람들이 진남포청년동맹을 만들어 활동 중이었다. 진남포청년동맹 원은 이미 독서실에 '청년에게 호소함', '자본주의의 기구' 등의 제목을 단 팸플릿 등을 통해 사회주의 사상에 공감하고 있었다. 이들은 당장이 라도 노조를 만들 수 있는 역량을 갖추고 있었다.

이때, 김찬의 혁명적 노동조합 교육은 매우 효과적으로 이루어졌다. 김찬은 1931년 5월, 동지인 장성철과 함께 평양에서 활동하던 최인준 (崔仁俊)을 만났다. 최인준은 강원도 철원 출신으로 평양 광성고보와 경 성 보성고보 재학 중 공산주의에 동화되어 활동하다 퇴학당한 사람이 었다. 그는 동생 최의준(崔義俊)에게 많은 영향을 받았다. 최인준은 퇴 학 후 본격적으로 공산주의 활동을 결심하고 진남포로 온 것이다.[10]

이때 김찬은 김형선이 지난 2월 상해에서 경성에 성공적으로 들어와 활동 중이라는 소식을 전해 들었다. 김형선은 고향 마산을 바탕으로 혁 명적 노조를 결성, 경남도당 재건에 힘을 기울였다. 당시 마산에는 이승 협(李承燁)이 도피해 있었다. 이승협은 김단야의 권유로 조선공산당에 입당해 6·10 만세운동에 같이 가담했다가 체포될 정도로 김단야의 사 람이었다. 김형선은 이승협과 함께 1931년 조선공산당 부산지부를 결 성할 정도로 가까웠다.

---

10 최인준은 진남포에서 노동운동을 하다 검거됐다. 그 후, 사상전향을 통해 석방돼 고 향 철원으로 돌아와 농업에 종사했다. 그러다 1932년 11월 27일 관내 공산주의자 일제소 탕 때 용의자로 검거됐다. 김찬과 그의 행적은 당시 철원경찰서 수사부장인 오쓰키카즈(大 月一)의 수기「철원 사상범 포물첩」에 자세히 언급되어 있다. 지중세 편역,『조선 사상범 검 거 실화집』, 돌베개, 1984, p.228

김찬은 상해에서 떠날 때 김형선에게 조선에서의 활동지시를 받기로 되어 있었다. 김형선은 코뮤니스트 그룹 조선활동에서 전체 조직을 책임진 탁월한 조직가였다.

김찬, 최인준, 장성철과 모여 진남포에서 혁명적 노조활동을 어떻게 할 것인가에 대해 진지한 토론을 나눴다. 김찬은 불황으로 기존에 있는 노동자마저 해고당하고, 임금을 삭감하는 상황에서 외지인의 정식 공장취업이 어려운 이곳 분위기를 전달했다. 김찬은 최인준이 도로수리 공사장 노동자로 일하면서 조직 활동을 하는 것이 좋겠다는 의견을 냈다. 이에 최인준도 흔쾌히 동의했다.

김찬은 특히 여성노동자의 의식화에 신경을 많이 썼다. 남존여비사상이 뿌리 깊은 조선사회에서 여성권리 신장은 매우 중요했다. 당시 코민테른과 중국공산당의 지시도 그랬지만 사회주의 혁명에서 여성의 역할은 매우 중요했다. 실제 조선 공장에서 일하는 노동자의 상당수는 여성이었다. 작업이 단순한 반복노동인 데다 인건비가 남성에 비해 쌌기 때문이다.

김찬이 활동했던 독서모임을 통해 결혼하는 부부도 생겨났다. 당시 결혼서약문을 보면 김찬을 비롯한 노동운동가들의 생각을 엿볼 수 있다. 1931년 11월 임종철, 김제순 두 사람의 결혼식장에서 낭독한 선언문은 다음과 같다.

두 사람은 오늘 결혼을 하며 다수 동지와 일반 내빈의 앞에서 맹서한다. 이 결합은 종래의 허식과 맹목적 전통의 강제결혼을 따르던 구각(옛 껍데기) 형식적 결혼을 벗고 일반 생물계의 원칙에 의하여 이성으로써 결합하는 동시에 현하 사회적 가족제도 하의 기본단위인 가정을 확고히 하고 서로 사랑하여 공경하고 이해하며 고락 중에서도 피차 위안, 상부 상조, 각자 의의를 존중하여 남녀평등에 있어서 무산계급의 일부대로서 착취, 압박에서 헤매는 농민 대중을 위하여 결실하게 투쟁할 것을 동지 의 앞에서 서약한다.[11]

여성노동자들에게 매우 선진적인 결혼서약이 아닐 수 없다. 동지 장 성철은 장임순(張任順)과 장희보(張熙輔) 두 여동생이 있었다. 두 여동생 은 독서반에서 함께 공부했다. 김찬은 장임순에게 진남포 삼성정미소 에 취직해 여성노동자들을 일깨우고 여성동지들을 모아 혁명적 노조를 조직하는 임무를 부여했다. 다행히 장임순은 삼성정미소 취업에 성공 했다.

평양에는 김찬의 선배격인 정달헌(鄭達憲)이 이미 활발히 활동하고 있었다. 정달헌은 1930년 소련에서 평양에 들어와 그해 12월에 평양의 조선질소비료주식회사 흥남공장에서 혁명적 노조 결성을 위한 연구회 를 조직했다. 정달헌은 이 연구회를 통해 1931년 평양적색노동조합을 결성했다.

---

11   지중세, 앞의 책, p.229

이런 가운데 1931년 5월, 평양 평원고무공장 강주룡의 고공농성은 여성 노동운동 분위기를 크게 고조시켰다. 특히 이즈음 고무공장은 여성노동자의 열악한 노동력을 바탕으로 성장했다고 해도 과언이 아니었다. 조선인 고무공장 여성노동자들의 임금은 일본인 남성 노동자의 4분의 1 수준이었다. 고무공장에는 30대 전후 기혼여성이 많았는데, 고약한 고무 냄새와 뜨거운 열기 속에서 아기를 업고 일할 정도로 노동조건이 열악했다.

그러나 노동자의 이익을 대변해야 할 노조는 어용노조였다. 노동자들은 새로운 투쟁 지도부를 만들어 단체행동에 돌입했다. 회사 측이 새로운 직원을 고용해 조업을 시작하자 이에 항의하는 공장점거 농성에 돌입했다. 8월 23일부터 29일까지 16번에 걸쳐 총인원 5,000여 명이 매일 공장 점거투쟁을 벌였으며 8월 26일까지 63명이 구속됐다. 이 과정에서 여성노동자들도 50~300여 명씩 투쟁대를 조직해 공장을 점거했고, 30명 이상이 구속됐다. 결국 9월 4일, 평양고무공장 노동자들의 파업투쟁은 2백여 명의 해고자를 남긴 채 막을 내렸다.

김찬이 강주룡의 고공농성에 직접 연관되어 있다는 증거나 증언은 없다. 그러나 이때 김찬이 진남포와 평양 인근에서 혁명적 노동조합 결성을 위한 독서모임과 노동조합 운동을 전개하고 있었다는 점을 보아 분명 관계가 있었을 것이다. 김찬이 1932년 4월 김형선으로부터 받은 '붉은 5·1절', '일본의 조선침략을 반대한다' 등의 삐라와 〈코뮤니스트 4호〉 등을 평양 대동, 평안, 세창 등 각 고무공장 직공과 승호리역 부근

1930년대 오노다 시멘트 공장 모습 (출처: 日本地理大系, 朝鮮篇, 改造社, 昭和 5年)

오노다(小野田) 시멘트 공장 등에 배포하는 등 이 지역에서 독보적으로 조직 활동을 했다는 점에서 어떤 형태로든 강주룡의 고공농성과 연관되어 있었을 것이 분명하다.[12]

더구나 앞에서 언급한 것과 같이 당시 조선에서 모든 혁명적 노동조합 활동은 바로 김단야와 김형선 라인의 코뮤니스트 그룹이 주도하고 있었다. 코민테른도 이를 유일한 조직활동으로 인정하고 있던 상태였다. 따라서 김찬이 김형선으로부터 건네 받은 〈코뮤니스트〉를 진남포는 물론 평안남도 평안부, 평북 운전 북진 금광갱부, 심지어 신의주까지

---

12 〈김찬 예심결정서〉

배포한 것으로 보아 김찬의 활동반경이 진남포에 국한되지 않고 매우 넓었음을 알 수 있다.

1931년 6월, 김찬은 진남포청년동맹 일원으로 활동하던 박춘극을 진남포 삼화공원에서 만났다. 박춘극은 김찬의 1년 후배로 득신학교 재학 중 이미 잡지 〈성(星)의 국(國)〉을 강독할 정도로 의식이 깨어 있었다. 두 사람은 사회주의 건설에 관해 진지하게 토론했다. 그리고 두 사람은 조선에서 사회주의 실현을 위해 함께 매진하기로 의기투합했다. 김찬은 박춘극에게 진남포청년동맹 내에서 사회주의 선전에 노력하고, 진남포청년동맹 이외의 청년들에게도 동지를 규합할 것을 지시했다.

진남포와 평양을 오가며 혁명적 노동조합 결성

6월 하순경 김찬 자신도 진남포를 최인준에게 맡기고 평양 인근 선교리에 있는 미국계 전분회사인 콘스타치사 직공으로 취업해 노동자 활동을 시작했다. 콘스타치사는 미국 뉴욕에 본사가 있는 미국계 회사로 일본과 합작해 옥수수로 전분을 만드는 회사였다. 대우가 좋은 편이어서 취업을 빌미로 돈을 챙기는 사기꾼이 생길 정도로 큰 인기였다. 당시 신문에는 콘스타치사에 일자리를 얻어준다며 노동자 20명에게 15원 내지 20원을 사취하다 검거된 사건이 자주 있었다고 보도하고 있다.[13]

---

13   〈동아일보〉, 1931. 4. 17

하지만 이 콘스타치사도 1930년 12월 불황을 이유로 노동자 1,200명을 해고하는 등[14] 노동조건이 열악해지고 있었다. 김찬이 이곳에서 상시 노동자로 근무한 것은 아닌 것 같다. 김찬이 7월 5일 최인준과 함께 진남포 제철공장 직공으로 취업했다는 사실로 보면 아마도 일당을 받는 임시직 직공 신분이었을 것이다.

김찬은 진남포와 평양 인근을 오가며 혁명적 노동조합을 결성하는 임무를 띠고 분주히 활동했다. 그해 7월 김찬과 박춘극은 진남포청년동맹원인 김화옥 등과 만나 보다 본격적인 활동에 대해 논의했다. 김화옥은 득신학교를 졸업하고 오산고등보통학교에 진학했으나 가정 형편상 학업을 중단한 상태였다. 김화옥 역시 진남포청년동맹 활동을 통해 이미 사회주의 사상에 크게 공감하던 터였다.

이들은 "조선의 사회주의 건설을 위해 먼저 노동자가 단결하여 이를 담당해야 한다. 따라서 노동자의 단체 즉 노동조합을 결성하기를 기획하고 노동계급에서 동지 획득을 위하여 사회주의를 선전할 것"을 협의했다. 이날 모임에서 박춘극은 부두노동자를 맡고, 김찬과 김화옥은 공장과 가두를 맡아 사회주의 선전을 하기로 역할을 분담했다.[15]

이들의 주된 활동은 핵심 세포를 통한 조직 활동과 함께 공장 주변과 길거리에 각종 격문과 삐라를 제작해 뿌리는 선전활동이었다. 삐라의 제목은 '일본 제국주의를 타도하자', '소비에트 동맹을 옹호하자', '중국

---

14 최규진, 앞의 자료.
15 〈박춘극, 김화옥 예심결정서〉

혁명을 지지하자', '혁명적 노동자들에게 격함' 등이었다.

이런 작업을 통해 혁명적 노동조합이 만들어지면 보다 본격적인 기관지를 발행, 노동자를 조직화 하는 작업으로 이어졌다. 이미 공장지역이 많고, 혁명적 노동조합이 탄생한 신의주, 흥남, 부산, 평양 등에서 〈공장신문〉, 〈노동자신문〉, 〈교통 노동자〉, 〈붉은 신문〉, 〈적색 구원뉴스〉 등의 비밀 출판물이 발간됐다. 강주룡이 근무하던 평원고무공장은 역량이 커져 〈공장신문〉이 발행되고 있었다. 당시 소설가 김남천은 이 체험을 「공장신문」이라는 소설로 그려냈다.

김찬은 평양 인근 콘스타치사를 오가면서 평양부에 있는 숭실학교 학생들과도 접촉을 시도했다. 그해 12월 포섭한 사람이 안종각(安種珏)으로 김찬은 노동계와 학원을 연계하는 사업을 폈다.[16] 김찬은 노동계 뿐만 아니라 학원계까지 활동을 확대하고 있었던 것이다.

이들 코뮤니스트 그룹은 1931년 중반까지 국내에 9개의 '공장 핵'을 건설했다. '공장 핵'은 부산에 셋, 인천과 서울에 둘, 그리고 평양과 청진에 하나씩 있었다. 〈코뮤니스트〉 배포자들은 서울 · 부산 · 마산 · 대구 · 인천 · 신의주 · 평양 등에 있었다. 이들 배포자를 통해 기업 안에 '독서반'이라는 비합법 단위를 마련했다.[17]

여기서 진남포에서 활동한 김찬의 '공장 핵'은 거론되지 않는다. 하지만 김찬은 김단야와 김형선으로 이어지는 코뮤니스트 그룹에서 가장

---

16 〈김찬 예심결정서〉
17 최규진, 앞의 자료.

핵심인물이며 진남포는 물론 평양, 평북, 신의주까지 〈코뮤니스트〉를 배포했다는 점에서 중요한 '공장 핵'으로 볼 수 있다. 김형선의 범죄사실을 보면 "삐라 수천 부를 비밀리에 인쇄하여 김찬으로 하여금 평양에까지 송달하고"라고 되어 있다.[18] 또 북한에서 발간된 『일제하 조선노동운동사』에는 혁명적 노조가 조직된 지역을 다음과 같이 꼽고 있다.

> 일제의 야수적 만행에도 공산주의자들과 혁명적 노동자들의 적극적인 활동에 의하여 주요산업 중심지인 청진, 흥남, 함흥, 신의주, 평양, 남포, 서울, 인천, 부산 등지와 기타 지역에서 혁명적 노조들이 조직되어 노동자 대중 속에 깊이 뿌리박고 활동하였다.[19]

이는 김찬이 활동한 진남포에도 혁명적 노조가 결성됐음을 확인하는 것이다. 김찬은 뒤이어 진남포에 온 오기만, 한국형(韓國亨), 심인택(沈仁澤) 등과 함께 1932년 10월 적색노동조합 부두위원회를 조직하는 데 성공했다.[20] 또 1934년 조직된 남포좌익노동조합은 남포부두를 비롯한

18 〈조선중앙일보〉, 1934. 3. 30
19 김인걸 · 강형욱, 앞의 책, p.161
20 국가보훈처 〈오기만 공훈록〉. 황해도 연백 출신인 오기만은 김단야로부터 김찬과 똑같은 임무를 부여받고 6개월 후인 1931년 6월 진남포에 와서 김찬과 같이 활동했다. 그의 공적서에는 진남포상공학교 적색비밀결사를 조직하고, 평양에서 면옥노동자 총파업을 선동하는 등 시공간적으로 김찬과 함께 활동했다. 1933년 상해로 도피한 것도 비슷하다. 그도 1934년 4월 체포되어 그해 12월 경성지방법원에서 징역 5년을 선고받고 서대문형무소에서 옥고를 치르다 중병으로 1936년 형집행정지가 되어 출옥했으나 곧 순국했다. 2003년 건국훈장 애국장이 추서됐다.

제련소와 기타 지역에 산하조직을 가지고 활동을 시작했다.[21]

김찬의 여동생, 항일투사 김순경

진남포에서 김찬이 활발히 활동하던 중 경성에서 연락이 왔다. 김형선으로부터 온 서울에서 보자는 전갈이었다. 1931년 9월 초에 김찬은 경성으로 올라왔다. 근 5년만에 온 경성이었다. 경성역에서 내린 김찬은 서소문을 지나 배재중학교를 거쳐서 정동 길을 걸었다. 경신중학교에 이른 김찬은 학교를 한 번 둘러봤다. 김찬은 1926년 노하중학교를 졸업하고 이 경신중학교 고등과를 잠시 다닌 적이 있었다. 형편상 북경으로 돌아갔지만 김찬은 경성의 유학 중단이 아쉽다고 생각했다.

김찬은 정동 길을 10여분쯤 더 걸어 홍파동 언덕 위에 있는 한 양옥집 앞에 섰다. 붉은 벽돌로 잘 지은 양옥집 대문에는 '홍파동 2번지 홍어길(洪魚吉)'이라는 문패가 선명했다. 이 집은 단재 신채호 선생의 조카 신향란의 집으로 홍어길은 그 남편이었다.

여기에는 알려지지 않은 사연이 있다. 중국에 있던 신채호는 배화여학교 선생이던 조카 향란이 같은 학교 선생 홍어길과 혼인하려 한다는 얘기를 듣고 몰래 조선에 들어와 결혼을 반대했다. 왜냐하면 홍어길 집안은 수구파 집안이었기 때문이다. 그러나 조카 향란은 숙부의 충고를

21 김인걸 · 강형욱, 앞의 책, p.185

서울 홍파동 홍어길의 집 김찬과 김형선이 만났던 이 집은 현재 홍난파 기념관으로 꾸며져 있다.

(출처: 원희복)

듣지 않았다. 신채호는 울면서 자신의 손가락 하나를 자르며 "이제 너는 우리 집안 사람이 아니다"라며 경성을 떠났다고 한다. 이것이 신채호가 남긴 조선에서의 마지막 일화이다.

하지만 수구파 후손인 홍어길의 집이 김찬과 김형선을 비롯한 조선공산당 요원들의 접선 장소로 이용됐다는 것은 의미가 있다. 여기에는 북경에 있는 신채호와 조카의 관계가 계속 유지됐을 가능성이 크다. 집 주인 홍어길도 나중에 경찰에 연행됐다. 이후 이 집은 홍어길의 조카인 음악가 홍난파가 살았으며 현재 '홍난파 기념관'으로 꾸며져 있다.

경성에서 만난 김찬과 김형선 두 사람은 반가움과 기쁨으로 격하게 껴안았다. 상해에서 만난 뒤 몇 개월 만이던가. 김형선은 그동안 김찬이 진남포에서 이루어놓은 성공적인 성과에 대해 크게 치하하고 격려했다. 김찬은 자신의 지도선을 다시 만났다는 것이 더 기뻤다.

김형선은 미국계 제분회사에 취업하여 노동자들에게 사회주의 선전을 훌륭히 수행하고 있는 김찬의 활동에 대해 진지하게 경청했다. 두 사람은 자주 만나기로 하고, 통신연락장소를 경성 원남동 백성사 앞으로 변경했다.[22]

김찬과 김형선이 접선장소를 변경한 이유는 정확치 않지만 이는 매우 시기적절했다. 며칠 후, 바로 이 장소에서 김찬의 여동생인 김순경이 일본 경찰에 체포됐기 때문이다. 여기서 김찬의 여동생 김순경에 대해 잠깐 언급할 필요가 있다.

신의주 고등계 형사대는 수일 전부터 경성에 출장하여 사방으로 활동 중이던 바 서대문서의 응원을 얻어 작 11일에 시내 홍파동 2번지 홍어길 씨의 집에서 중국 북평에서 유학 중이다가 다니러 와 있던 김순경 양과 주인 홍씨까지 검거하여 서대문서에서 잠시 취조를 마치고 신의주로 압송하였다 한다.[23]

김찬이 홍파동 홍어길의 집에서 김형선을 만난 지 며칠 후, 바로 그

22 〈김찬 예심결정서〉
23 〈동아일보〉, 1931. 9. 13

집에서 김찬의 여동생이 일제 경찰에 체포된 것이다. 김찬이 동생 김순경과 함께 움직였는지, 아니면 만났는지 여부는 드러나지 않는다. 김순경이 체포된 이유는 불분명하지만 당시 신문을 통해 파악된 경위는 두 가지다.

하나는 일제의 표현대로 '적색문화운동' 관련이다. 사건의 발단은 평안북도 정주에 있는 오산고등보통학교를 졸업하고 일본에 유학 중이던 김용덕(가명)이 귀국해 후배들과 함께 학교 뒷산에서 〈우리의 오산〉이라는 격문 2,000매를 만들어 학생들에게 배포하다 적발됐다. 이때 정주 오산고등보통학교 교무주임이 바로 함석헌(咸錫憲)이다.

일제 경찰은 김용덕을 연행해 취조한 결과 일본 나프(NAPF, 전국무산문화협회연맹 – 에스페란토어로 'Nippona Artista Proleta Federacio'의 약자이며 공산주의 예술운동을 주창하는 그룹이다. 한국에서는 카프가 결성되어 활동했다)가 여름방학을 맞아 수십 명의 나프계 조선 학생을 조선 각지에 파견하여 적색문화운동을 한다는 자백을 받아냈다. 일제 경찰은 일본은 물론, 조선 전역에 비상을 걸고 대대적인 학생 검거에 나섰다.

〈신의주 특신〉

수일 이래 평북도경찰부 고등과는 아연 긴장하여 극비밀리에 모 중대사건의 수사를 개시하였다. 지난 8일에는 김덕기 고등과장이 배 형사부장을 대동하고 정주에 출장하여 정주경찰서에서 검거한 정주 오산고등보통학교 교무주임 함석헌 씨와 동교학생 수명을 엄중 취조하는 동시에 고등과와 신의주경찰서로부터 형사 두 명을 급히 불러 정주경찰서 형사 3명을 합하여 3대로 나누어 제1대는 멀리 동경 대판에 밀파하고 제2대는 평양 경성 인천방면에 밀파, 제3대는 충남 경북에 밀파하여 대대적으로 사건수사를 개시하였다.[24]

이 과정에서 김순경이 경성 홍어길의 집에서 신의주경찰서 형사에게 체포된 것이다. 하지만 이 사건은 크게 비화되지 않았다. 당시 평북도경찰부 김진기(金眞基) 고등과장은 "나프와 관계가 있는지 없는지는 아직 명확히 말할 수 없다. 오산고등보통학교에서 등사판으로 인쇄한 것은 내용이 그렇게 험하지 않으나 비밀 출판한 것은 법에 위반되어 적당한 처분을 하게 될 것"이라고 말했다. 오산학교 함석헌 교무주임도 석방됐다. 『함석헌 평전』은 당시를 이렇게 기록하고 있다.

1931년 일본이 만주를 침략함에 따라 한반도 전역은 점차 전면 전쟁을 위한 군사기지로 변해갔다. 여기에 대응하여 좌파가 주도하는 조선인들의 항일운동도 활발해지고 있었다. 이런 상황이고 보면 오산학교의 역사 교사이자, 민족주의자이며 〈성서조선〉의 주요 필자인 함석헌이 일본 경찰에게 '요시찰 인물'로 주목과 감시를 받는 것은 당연한 일이었다. 느닷없이 공산주의자 혐의를 쓰고 체포된 일도 있었는데, 함석

---

24 〈동아일보〉, 1931. 9. 13

헌의 집에 잠시 머물렀던 오산학교 후배 두 사람이 공산주의 독서회 회원이던 탓이었다. 함석헌이 잡혀간 곳은 일본 헌병대였다. 그들은 이렇다 저렇다 말도 없이 등이건 다리건 가리지 않고 함석헌을 숫소 생식기로 만든 가죽으로 때렸다. 몸에 소가죽 채찍이 쩍쩍 달라붙어 피부가 갈라지고 피가 터졌다. 그러나 그는 자기가 왜 헌병대에 끌려왔고 왜 맞아야 하는지 이유를 전혀 알 수 없었다. 밤이 새도록 맞고 난 다음 날이 되어서야 함석헌은 자기가 잡혀 온 까닭을 알 수 있었다. 경찰은 함석헌이 공산주의자라는 혐의를 입증할 재간이 없었고, 그래서 그는 일주일 만에 풀려 나온다.[25]

당시 신문기사와 회고록이 맞아 떨어진다. 공산주의 독서회원은 곧 적색문화운동 혹은 코뮤니스트 그룹의 독서반일 가능성이 크다. 김순경은 평북도경찰부로 연행되지 않고 신의주경찰서로 연행됐다. 이것은 '안창호 밀서 사건'과의 관련이다. 사건의 개요는 평양부 창전리에 사는 김모 씨가 상해에 있는 안창호에게 밀서를 보낸 것이 발각된 사건이다. 김모 씨는 그해 5월까지 중국 상해에서 국민군에 가입해 중위까지 지내다 밀정 혐의를 받았던 인물이다. 그는 자신이 안창호에게 편지를 보낸 것은 밀정 혐의를 벗기 위한 계책이라고 주장했다. 일제 경찰은 이 사건을 수사하기 위해 전국적으로 형사대를 급파하는 등 수사했지만, 그 결

---

25 김성수, 『함석헌 평전』, 삼인, 2011, p.132~133

과는 분명치 않다. 김순경 역시 이 사건으로 어떤 처벌을 받았는지 드러나지 않았다.

김찬의 여동생 김순경이 '적색문화운동'에 관련됐든, 아니면 '안창호 밀서 사건'에 관련됐든 그녀의 항일투쟁 활동은 분명하다. 이후 김순경은 중국인 남편 장문열과 함께 항일운동을 하다, 모스크바로 소환되어 함께 처형되는 또다른 비운의 주인공이 되었다.

6

1932년 진남포,

삼성정미소 파업을 조종하다

김찬이 진남포에 온 지 1년이 됐다. 김찬은 비밀 독서모임을 계속하는 한편 스스로 미국계 제분공장 콘스타치사와 진남포 제철공장에 직공으로 위장 취업해 동지를 규합하고 있었다.[1] 그러나 전반적으로 노동운동 여건은 어려워지고 있었다. 노동자의 반발이 심할수록 노동탄압도 교묘하고 극심해졌다. 대부분 지역에서 새롭게 혁명적 노동조합을 조직하기는커녕, 기존에 있던 의식 있는 노조마저 해체되는 상황이었다.

1930년대 이후 합법영역에서 노동운동이 침체하면서 일제는 노동조

---

1 〈김찬 예심결정서〉에 따르면 김찬은 1931년 7월 5일 최인준과 함께 평양 대동문 밖 공원에서 모란대까지 동행하며 사회주의 사회실현을 목적으로 (남포)제철공장 직공으로 들어가 친구를 획득하고 그들에게 사회주의를 선전했다고 밝히고 있다.

합을 비롯한 각 사회단체들의 회관을 폐쇄하였으며, 이에 따라 회관을 다시 건립하기 위하여 노동운동가들을 중심으로 사회단체 회관기성회가 결성되자 이것조차 금지했다. …… 노동운동에 대한 일제의 개입은 노골적이고 무차별적으로 되었다. 이처럼 이 지역 노동조합은 파업에 대한 지원과 같은 정상적인 조합 활동은 말할 것도 없고 조합의 존립 자체가 위협받는 열악한 상황에서 운동을 전개했다. 1930년대에 들어서면서 강제로, 혹은 일제의 설유(說諭)에 의해 전국 각지의 노동조합들이 명칭을 변경하거나 혹은 해산 당하는 사례들이 빈번하게 나타났다.[2]

일제하 노동운동사에 빛나는
삼성정미소·남포제련소 동맹파업 주도

그나마 다행스러운 것은 김찬이 유지하는 비밀 독서반이 꾸준히 유지되고 있었다는 점이다. 그리고 이곳에서 노동운동을 배운 젊은이들은 공장으로 취직해 노조에 가입하거나 노조의 성격을 바꾸는 등 저변을 확대하고 있었다. 김찬은 진남포에서 혁명적 노동조합 기반을 차근차근 쌓아가고 있었다. 그것은 김찬이 심혈을 기울인 청년 및 여성 노동자에 대한 접근이 유효했기 때문이다.

하지만 언제까지 암중모색만 하고 있을 수는 없었다. 그동안 축적된

역량을 발휘할 필요도 있었다. 김찬은 진남포 후포리(後浦里)에 있는 삼성정미소를 주목했다. 삼성정미소는 직공이 150여 명이 넘는, 진남포에서 조선인이 경영하는 정미소로는 큰 규모에 속했다. 동지인 장성철의 여동생으로 비밀독서반에서 공부한 장희보와 장임순 자매가 이곳에서 노조간부로 활동하고 있었다.

삼성정미소는 인근 지역 정미소보다 임금을 적게 주는 등 임금착취로 직공들의 불만이 높았다. 이로 인해 3년 전인 1928년 7월, 무단 해고에 항의하는 직공들이 동맹파업을 벌인 적이 있었다. 하지만 사측과 일제 경찰의 강경대응으로 적지 않은 직공이 일자리를 잃고, 파업 주동자들은 구속되면서 끝났다.

그때를 기억하는 직공들은 이번 파업투쟁에 선뜻 동참하기를 꺼렸다. 파업에 돌입하려면 직공들에게 완벽한 승리를 확신시켜야 했다. 하지만 이번에도 동맹파업 조건은 그다지 좋지 않았다. 게다가 삼성정미소 노조원들은 10대 후반에서 20대 초반의 어린 여성이 대부분이었다. 어린 여성 노조원들의 단결력과 투쟁력을 검증하기 어려웠고, 게다가 추운 겨울이어서 장기간 파업 투쟁이 어렵다는 점도 부담이었다. 그만큼 파업을 시작할 수 있느냐의 여부조차 불투명했다.

하지만 김찬을 비롯한 배후 지도부는 언제까지 투쟁을 연기할 수 없었다. 파업투쟁은 곧 항일운동이요, 독립운동이던 당시 전국적으로 파업투쟁 소식이 계속 들어오고 있었다. 노동자 의식이 성숙된 진남포에서 항일파업의 기치를 들지 않을 수 없었다.

드디어 1월 6일 아침, 김찬은 장임순과 장임보를 통해 여자직공 100명을 배후에서 조정하여 동맹파업에 돌입했다. 파업 주동은 두 남매와 장응필(張應弼), 홍건두, 고필범 등 남자 직공도 합세했다. 파업지도부가 내건 요구조건은 세 가지였다.

첫 번째는 다른 정미소는 임금이 최하 35전에서 90전인데, 이곳은 25전에서 55전에 불과하다, 그러니 다른 정미소와 임금 수준을 맞춰줄 것. 두 번째는 공장 형편으로 쉬게 되더라도 임금은 줘야 한다는 것. 세 번째는 처음 취직 후 10일간 견습이라는 이유로 임금을 주지 않는 것을 시정해 달라는 것이었다.[3] 모든 직공들이 절감하는 임금 인상과 노동조건 개선을 앞세운 파업이었다.

다행히 파업 참가자는 점점 늘어났다. 30여 명의 직공이 파업에 추가로 동참하여 파업 참가자는 130명으로 늘었다. 노조는 구체적으로 임금 15전을 인상할 것과 어린아이를 가진 직공은 오전·오후 두 번의 수유 시간을 내어줄 것을 요구했다. 노조원들은 요구조건의 즉시 이행을 요구하며 정미소 공장을 둘러싸고 농성에 돌입했다.

하지만 정미소 사장, 이종섭(李鍾燮)도 완강했다. 사측은 노조의 요구를 일축하는 동시에 파업돌입 다음날 직공 50명을 새로 채용했다. 공장을 재가동시킨 사장은 "파업직공 전체를 해고하겠다"고 호언했다.

10대 여직공들은 매서운 1월 추위를 맞으며 공장을 둘러싸고 농성을

---

3 〈동아일보〉, 1932. 1. 8

남포제련소 파업 직공단
〈동아일보〉 1932년 1월 12일 사진. 여직공들이 추위에 떨며 공장을 에워싼 채 농성하고 있다.

계속했다. 하지만 추위와 굶주림에 맞닥뜨린 노조원들은 사기가 떨어졌다. 이대로 가면 동맹파업은 실패로 끝날 것이 뻔했다. 공장 주변에서 서성거리던 노조원에게는 두려움과 분노가 어우러졌다. 김찬의 지도하에 파업지도부는 대책회의를 가지고 투쟁 방법을 논의했다. 이대로 작업장을 떠나 공장 외곽을 봉쇄하는 것만으로는 파업의 성과를 내기 어렵다고 판단했다. 이때 누군가 "공장을 점거해 가동을 중지시키자"고 제안했다.

저녁 4시 30분경 직공들은 "동맹파업 끝, 무조건 취업"을 외치며 공장 안으로 들어갔다. 하지만 이것은 공장에 들어가기 위한 위장 전술이었다. 노조원들은 공장 안으로 들어가자마자 새로 입사한 직공들을 한쪽으로 몰아세우고 작업장을 점령했다.

노조원들은 "우리는 목적을 관철할 때까지 공장을 떠나지 않고 단식 투쟁에 돌입한다"고 선언했다. 단순한 공장 외각 봉쇄 방법에서 기계가 있는 공장을 점거하여 공장가동을 중지시키는 적극적인 투쟁 방법으로 전환한 것이다. 파업지도부는 사측의 회유에 대비해 규찰대를 운영하면서 밤새워 직공들을 독려하고 파업본부를 수시로 옮기는 등 매우 치밀하고 조직적인 파업을 계속했다. 당시 언론은 삼성정미소 파업상황을 이렇게 전했다.

> 파업단 측에서는 고주(雇主)의 수단에 빠져 취업하는 직공들을 제지 또는 단속하기 위하여 규찰대를 조직하고 요소마다 대원을 배치하여 밤을 새워가며 감시하는 일방 파업단 본부를 극비밀리에 이곳저곳으로 이동하여 가면서 긴밀한 연락을 취하는 등 조직적 행동을 행하고 있다. 목적을 관철하기까지 공고한 결속으로써 지구적 투쟁을 계속할 결심이라고 한다.[4]

파업이 장기화될 조짐을 보이자, 일제 진남포경찰서 고등계가 움직이기 시작했다. 파업주동자 장희보, 안보비 등 6명의 직공이 경찰에 연행됐다. 직공들의 연행과 취조는 극비리에 이루어졌다. 경찰이 개입하자 일부 직공들이 흔들리기 시작했다. 몇몇 직공들은 조업에 복귀했다.

---

4 〈동아일보〉, 1932. 1. 12

그러자 상급노조격인 근우회진남포지회에서 중재에 나섰다. 1월 12일, 근우회 집행위원 3명이 공장을 방문해 사측과 조정에 나섰다. 직공들은 조정에서 "우리가 요구한 모든 조건을 사측이 확실히 보장하면 조업에 복귀하겠다"고 밝혔다. 근우회는 이런 분위기를 사측에 전달했으나, 사측은 냉정하게 "무조건 조업복귀"만을 주장했다. 조정은 성과가 없었다.[5]

당시 언론은 삼성정미소 동맹파업을 거의 매일 속보로 보도했다. 그만큼 의미 있는 파업이었던 것이다. 경찰은 노조간부를 연일 연행하여 경찰에 연행된 직공의 수는 수십 명이 넘었다. 직공들이 점령했던 공장은 다시 회사 측으로 넘어갔다.

하지만 15일 새벽, 직공 50여 명이 다시 공장을 점령했다. 곧이어 진남포 경찰이 들이닥쳐 직공을 연행했다. 처절한 공장 점거와 경찰의 해산이 반복됐다. 경찰은 파업의 배후를 밝히기 위해 파업에 참가한 직공들의 집을 수색했다. 19일 새벽 두 시, 진남포경찰서 고등계 형사들이 〈동아일보〉 진남포 지국을 비롯해 주요 인물들의 집을 수색했다.

진남포 삼성정미소 파업은 사내 주모자 일부를 검거하고 27일 직공들의 조업복귀로 마무리되면서 사실상 노조의 패배로 끝났다. 장응필, 장임순 등 파업지도부가 경찰에 연행됐으며, 파업직공 수십 명이 경찰의 조사를 받았다.[6]

5 〈동아일보〉, 1932. 1. 14
6 〈동아일보〉, 1932. 1. 29

하지만 일제 경찰은 파업의 배후를 밝혀내지 못했다. 김찬이 이후에도 진남포에서 계속 활동한 점으로 보아 그는 안전했던 것으로 보인다. 당시 일제 경찰이 혹독한 고문으로 공장파업의 배후까지 밝혀내기 위해 혈안이 되었다는 점을 보아 연행됐던 파업지도부의 투쟁의지가 매우 높았음을 알 수 있다.

삼성정미소 파업이 일제하 노동운동사에서 높이 평가받는 것은 파업 오래 전부터 비밀 모임을 갖고 요구조건과 규찰대 및 비밀 파업 지도부 운영 등의 파업 전술, 파업 자금 등을 면밀하게 계획했다는 점이다. 이로 인해 20일에 이르는 장기간 투쟁으로 이어질 수 있었다. 삼성정미소에서 선보인 파업단 본부를 계속 옮기는 전술은 당시로서는 새롭고 적극적인 전술로 평가됐다.

일제 경찰의 탄압이 가중해지고 파업의 지구성이 예견되는 조건에서 파업 지도부는 새로운 적극적 전술을 강구하였다. '파업위원회'는 무작정 한 곳에만 집결해 있는 것은 여러모로 보아 이롭지 못할 것이라는 데로부터 전술을 일부 바꾸어 규찰대의 중요 역량만을 공장에 남겨두고 나머지는 3~4개소에 분산 집결하여 보다 영활한 방법으로 투쟁할 수 있게 하였다.[7]

---

7 김인걸 · 강현욱, 앞의 책, p.187

또 단순한 작업장 이탈이 아닌, 공장을 점거하는 적극적인 투쟁방법으로 파업 성과를 높였다는 것이다. 실제 일제의 노동탄압이 노골화되면서 파업은 폭동양상을 띠는 방향으로 바뀌고 있었다. 당시 언론은 '신춘 노동쟁의 폭동 성질 띤 파업'이라는 제목의 기사에서 진남포의 삼성정미소 공장점거 파업을 예로 들면서 "웅기 하천공사장 인부들의 미곡 창고 파괴절치 같은 것은 폭동의 성질을 띤 맹파로 조선노동운동 변천의 일면상"이라고 평가했다.[8]

노동운동이 일제에 대한 조직적 저항운동으로 변하고 있었던 것이다. 게다가 삼성정미소 동맹파업은 1931년 봄 대규모 노동투쟁의 시작을 알리는 신호탄이었다. 그래서 이 삼성정미소 파업은 일제하 노동운동사에서 매우 의미 있는 파업으로 기록되고 있다.

> 이 시기 노동자들의 진출들에서 폭동적 성격이 강화된 것은 거의 일반적인 것으로 되었다. 1월초 제주도 해녀 500명은 악질적인 '조합장'을 포위하고 그를 응징하였으며, 역시 1월에 파업한 남포 삼성정미소 여성 노동자들은 공장주를 포위하고 임금인상 등을 요구하였으며 규찰대를 조직하여 파업 노동자들을 수호하는 일방, 정미소까지 점거하고 파업깨기꾼들과 격렬한 전투를 전개하였다.[9]

---

8 〈동아일보〉, 1932. 2. 6
9 김인걸 · 강현욱, 앞의 책, p.173

특히 그가 직공으로 취업해 동지를 규합했던 남포제련소 파업은 일제하 노동운동사에서 단연 돋보이는 평가를 받고 있다.

> 1935년 7월에 전개된 남포제련소 1,200명 노동자들의 파업은 그의 규모와 조직성, 완강성 등으로 보아 1930년대 전반기 파업투쟁의 단연 첫 자리를 차지하는 것이다.[10]

삼성정미소 파업과 마찬가지로 남포제련소 파업 역시 사전 파업 요구조건과 파업 전술, 파업 자금 등을 정교하게 계획했다. 남포제련소 파업은 김찬의 구속(1932년 9월)과 신의주 형무소 복역기간(1934년 출옥) 중 발생해 그가 직접 지도할 수는 없었다. 하지만 남포제련소 파업 양상은 김찬이 지도했던 삼성정미소 파업과 그 투쟁양상이 매우 비슷하다. 또 그가 직접 직공으로 취직해 지도하고 규합했던 축적된 노동 역량이 1935년 파업 역량으로 나타났다는 점도 부인할 수 없다.

---

10 김인걸 · 강현욱, 앞의 책, p.184

7

–

1932년 경성,

–

위기일발 도피하다

이곳은 경성부 훈정동 4번지, 황일헌이라는 자의 집이다. 정문과 후문이 있는 당당한 가옥으로 특히 김형선이 야간에 방문할 때마다 민봉근은 파수꾼 역할을 한 용의자의 집이라고 한다. 한편으로 대정 14년 조선공산당과 고려공산청년회 조직에 관한 음모도 이 집, 박헌영의 방에서 이루어졌다. 그만큼 조선사회주의운동사에서 유서 있는 집이다.

절반쯤 열려 있는 대문을 열고 정원에 들어간 우리들은 실내 분위기를 엿보는데 왼편에 25~26세 가량으로 보이는 한 여성이 서 있는 것 아닌가? 복장과 인상으로 보아 앞서 아지트에서 도망친 김형선의 동생 김명시가 아닌가 싶었다. 수사원들은 기뻐서 가슴이 뛰었다. 집주인의 승낙을 얻어 방을 빌려 그 여자의 신원조사를 시작했다.

"나는 김단야의 처인 고명자(당시 27세)이다. 병 때문에 약 2주 전 아

김명시(좌) 고명자(우)
고명자(출처: 동아일보 1931. 2. 1 사진)와 김명시는 모
스크바 공산대학 동창이다.

버지를 따라 충남 강경에서 상경해 알고 지내는 사이인 이 집에 기숙하
고 있다."

여인은 김단야의 처, 고명자였다. 조선사회운동의 주요 인물로 생각
나는 인물이다. 뿐만 아니라 김형선이 방문한 사실을 종합해 수사원들
은 더욱 긴장됐다. 이에 수사관(S)는 고명자를 종로서로 연행하여 조사
하니 김명시(김명시와 고명자는 공산대학 동창)는 5월 4일 밤 동지들의 체포
로 주위가 위험하다고 연락해 와서 고명자가 상해로 탈출하라고 여비
40원을 주어 출발하게 했다는 의외의 진술이 나왔다.

이에 즉시 택시 영업자, 인력거 영업자, 기타 인물에 대해 행적을 조
사해 보니 시골 사람처럼 변장하고 경의선을 도보로 해서 신의주 방면
으로 떠났다는 사실이 드러났다. 실로 이가 끊기는 듯 억울한 일이다.
국경에는 이미 신의주를 중심으로 물샐틈없이 수사대가 배치됐다. 그러
나 기다리고 기다려도 이러한 인물은 나타나지 않았다. 다시 내사하여
보니 그들은 벌써 신의주에 잠입하여 박은형(朴殷馨)의 집에 잠복하고

있는 사실이 판명됐다. 때를 놓치지 않고 사복 경찰관을 총동원하여 그 집을 포위하고 수색한 결과, 목적의 인물은 그림자도 없었다. 또 실망하는가. 그러나 집안의 말에 의하면 오늘 아침 7시에 시골 여자로 변장하고 바가지를 머리에 이고서 도보로 백마강역 부근 차모의 집으로 간 여인이 있음을 알았다.

K경부 부대는 이것을 추격했다. 그 부락에 도착해 각 집을 수사하고 있는 중 어떤 농가의 문 앞에 어린애를 업고 사람들이 왕래하는 것을 구경하는 25~26세 가량으로 보이는 여자를 발견했다. 수사관들은 그 앞을 지나쳤으나, "어린애를 업고 있는 여성! 김명시와 같은 인상이 아닌가." K경부는 직감적으로 수상함을 느꼈다.

이에 엄밀하게 추궁한 결과 그녀는 모스크바 공산대학 졸업생, 조선공산당과 중국공산당 여성투사로 상해에서 잠입한 김명시였다. 그러나 김형선 등은 박은형의 도움으로 5월 13일 엄중한 경계망을 탈출해 이미 국외로 도주한 때였다.[1]

코뮤니스트 그룹의 김찬, 평양과 진남포 파업 주도

1932년 4월 경성부 원남동에 김찬이 나타났다. 김찬은 언제나 그랬지만 일제 경찰의 눈초리를 의심해야 했다. 지난번 김형선과의 만남에

---

1 지중세 편역, 앞의 책, p.211~213, 조악한 문장을 원문을 훼손하지 않는 범위에서 현대적으로 정리했다.

서 접선지점을 바꾼 것은 정말로 천운이었다. 김찬은 미행자가 있는지 주변을 살핀 후 창경원 부근에 있는 한 중국집으로 들어갔다. 주인의 안내로 쪽문을 밀고 비밀 방에 들어가니 그곳에 김형선이 있었다. 김형선은 언제나 그렇듯 따뜻한 미소로 그를 맞았다. 잠시 후, 김명시도 같이 참석했다. 김명시는 김찬보다 4살 위였다. '백마를 탄 여장군'이라는 평가를 들었지만 상해에서 김찬에게는 언제나 따뜻한 정을 주는 누님이었다. 김찬은 침통하게 동생 김순경이 일제 경찰에 구속됐다는 사실을 얘기했다. 김형선과 김명시는 김찬의 어깨를 두드리며 위로했다. 이미 일제 경찰의 수사를 받아본 두 사람은 일제 경찰의 고문이 얼마나 혹독한지 누구보다 잘 알고 있었기 때문이다.

김형선은 5월 1일 메이데이를 앞두고 본격적인 대일투쟁을 계획하고 있었다. 원래 계획대로 〈코뮤니스트〉를 조선에 반입해 이번 메이데이를 맞아 각종 유인물과 함께 배포하는 대규모 선전전을 감행하기로 한 것이다. 처음에는 일제가 메이데이 행사에 대해 크게 통제하지 않았다. 그러나 점차 노동자들이 집단으로 모여 가두시위를 벌이고 불온삐라가 살포되자, 1929년부터 메이데이 행사를 전면금지했다. 메이데이 행사는 야유회나 다과회로 대체됐다. 그나마 야유회에서 붉은 깃발을 흔들며 '만국의 노동자여 단결하라'라고 외칠 수 있는 것은 메이데이, 이날 뿐이었다.

하지만 메이데이에 불온책자와 삐라를 직접 뿌리는 작업은 매우 위험한 일이었다. 명백한 증거를 남길 뿐만 아니라, 다른 형사사건과 달리

공산주의 유인물은 일제 경찰이 끝까지 추적했기 때문이다. 만에 하나 잘못되면 지금까지 어렵게 구축해 놓은 지하조직을 송두리째 날려버릴 수도 있는 위험한 일이었다.

김찬은 이 공작이 상부, 즉 상해에 있는 김단야와 박헌영의 지시를 넘어 '국제선'인 코민테른의 지시라는 것을 잘 알고 있었다. 여기서 코뮤니스트 그룹 실행 본부격인 상해의 움직임을 살펴볼 필요가 있다.

김단야와 박헌영은 〈코뮤니스트〉를 매달 발행해 그것을 조선 전역에 배포할 계획을 세웠다. 이들은 〈코뮤니스트〉 출판 · 국내 배포망 형성 · 독자반 구성 · 노동자 통신란 등을 두어 현장과 정치 그리고 공장과 전국을 연결하여 당을 재건하겠다는 뜻을 가지고 있었다. 김단야, 박헌영 등은 이 기관지를 통해 선전과 선동 그리고 조직 활동을 연결시키려 했다. 코뮤니스트 그룹은 기관지 〈코뮤니스트〉 말고도 노동자 · 농민을 위한 팸플릿과 소책자를 발간하여 노동자 · 농민의 부분적 요구와 생활 조건, 그리고 투쟁과 관련된 슬로건을 전달하고자 했다.[2]

김단야는 김형선, 김명시, 김찬을 먼저 조선으로 보내 혁명적 노조를 조직하는 임무를 부여하는 한편, 잡지 〈코뮤니스트〉 발행 준비에 매진했다. 당시 상해를 비롯한 중국 대도시에서 국민당군과 특무의 극심한 탄압으로 중국공산당의 활동은 매우 어려웠다. 중국공산당도 활동을 중

---

2   러시아국립사회정치사문서보관소, 〈문서군 495〉, 목록 135, 문서철 179/ Lee - Chun(박헌영), 「To the Korean of the ECCI」, 1931, p.1 / 최규진, 『조선공산당 재건운동』에서 재인용.

단하는 마당에 그 산하에 있는 조선공산당 활동은 말할 나위가 없었다.

    1931년 3월 김단야는 상해에서 〈코뮤니스트〉 창간호를 발행했다. 김단야는 "공장 · 광산 · 철도 · 부두 등 계급투쟁의 분화구 속으로! 그 속에서 선전하라, 조직하라, 투쟁의 불을 지르라!"는 창간 선언문을 직접 썼다. 하지만 1호를 출판했을 때는 국내와 연결망을 만들지 못했다. 김단야는 1931년 5월이 되어서야 안동과 신의주에 접촉점을 마련했다는 보고를 받았다. '연결자'는 독고전이었다.

    김단야는 부인(고명자)을 통해 〈코뮤니스트〉 등사판 1호와 2 · 3호 150부를 이불과 베개에 숨겨서 국경으로 보냈다. 6월 초에 그녀는 안동현에 와서 독고전에게 건네주고 상해로 돌아왔다. 김단야는 김형선에게 〈코뮤니스트〉가 전달되었다는 편지를 받았다.[3]

    1932년 1월, 박헌영이 모스크바에서 상해로 와서 김단야와 합세했다. 김단야는 천군만마를 얻은 심정이었을 것이다. 하지만 계속해서 〈코뮤니스트〉를 상해에서 발행해 조선으로 실어 나를 수는 없었다. 인쇄도 그렇지만 운반하기가 여간 어렵지 않았다. 상해 상황이 점점 더 어려워지고 있었기 때문이다.

---

3 러시아국립사회정치사문서보관소, 〈문서군 495〉, 목록 135, 문서철 194/ 김단야, 「Report on the publication of journal "Communist" for Korea」, 1934, p.5~6 / 최규진, 『조선공산당 재건운동』에서 재인용.

1932년 6월 23일, 상해에서 중국공산당 총서기가 체포되어 총살됐다. 중국공산당 지하조직망을 파악한 국민당군의 대대적인 공산당 색출작업이 계속됐다. 거리에는 검속과 백색테러가 다반사로 이어졌다. 국민당군의 공산당 색출작업은 상해를 넘어 봉천(奉天), 대련(大連), 심지어 저 멀리 할빈까지 번졌다. 한 통계에 의하면 상해 공산당이 12개 구 위원회 3,000명에서 1934년 초에는 6개 구, 1935년 초에는 4개 구, 300명 정도만 남을 정도였다.

중국공산당에 빌붙어 있는 조선공산당 한인지부도 불안하기는 한가지였다. 특히 1932년은 최악의 해였다. 통계에 따르면 "1926년 이후 1932년을 정점으로 10년간 약 18,000명의 조선인이 치안유지법 위반으로 체포되었고 이중 5,000여 명이 기소됐다"[4]고 밝히고 있다.

1932년 4월, 윤봉길 의사가 상해 홍구 공원에서 폭탄을 던진 의거가 일어나자 일제 경찰의 탄압은 더욱 극심해졌다. 중국에서 조선인에 대한 감시와 탄압이 더욱 극심해졌음은 물론이다. 〈코뮤니스트〉의 제작과 운반은 더욱 어려워졌다. 박헌영이 윤봉길 의거를 "민중의 계급적 각성과 연대가 뒷받침되지 않은 극소수에 의한 폭력행위"라며 부정적으로 평가한 것도 이런 분위기 때문이다. 두 사람은 〈코뮤니스트〉를 조선 안에서 인쇄하는 방안을 논의했다.

1932년 3월 3일, 상해에 있던 김형선의 여동생 김명시는 김단야로부

---

4 스칼라피노 · 이정식, 한홍구 역, 『한국공산주의운동사1』, 돌베개, 1986, p.267

터 〈코뮤니스트〉제1, 제2, 제3호 합본호와 제4호를 가지고 경성으로 들어가 김형선을 만날 것을 지시받았다. 김명시는 자금 2백 원을 받으며 〈코뮤니스트〉를 조선 내에서 인쇄하는 방안을 모색하라는 지시도 함께 받았다. 3월 19일에 상해를 출발한 김명시는 육로로 안동현을 거쳐 30일에 경성으로 들어왔다. 안동현에서 경성으로 잠입하는 경로는 이봉춘이 맡았다.

경성에 들어온 김명시는 고양군 숭인면 돈암리 민봉근(閔鳳根)의 집을 아지트로 활동 중이던 오빠 김형선을 만났다.[5] 우편국 직원으로 활동하던 민봉근은 상해에 있는 김단야의 지시로 김형선의 조선에서 활동과 국내 활동반경을 아는 연락책이었다. 민봉근의 집은 동소문 밖 평산 목장 앞에 있는 초가집이었다. 부근은 송산, 좌측 뒷쪽 산중에는 붉은 칠을 한 절이 있어 은밀한 지점으로 활용하기 좋았다.

김형선은 민봉근의 집에 방을 하나 얻어 생활하며 원산과 인천, 마산, 부산, 전북 등을 오가며 조선에서 혁명적 노동조합을 구축하는 데 매진하고 있었다. 특히 김형선은 이런 가운데 조선공산당 부산시당 복구에 성공하는 등 놀라운 조직능력을 과시했다.

상해에 있는 김단야는 활동할 새로운 인물을 모색하여 계속 조선으로 보내고 있었다. 후에 검거된 변진풍(邊鎭豊)도 홍남표의 소개로 김단야를 만나 1932년 조선에 들어왔다. 조선에서 김형선은 그를 전라북도

---

5 〈김명시, 단일공산당 사건 예심결정서〉, 〈동아일보〉, 1933. 6. 3~6. 25

책임자로 임명해 군산에서 활동했다.[6]

이들의 활동은 특히 원산과 진남포, 부산, 인천 등지에서 상당한 성과가 있었다. 당시 조선인 공산주의자 운동에서 가장 탁월한 성과였다. 이것은 일본 경찰도 인정하고 있었다.

> 만주에 근거를 둔 한인 공산주의자들이 실패에 실패를 거듭하고 있는 동안 상해에서는 노련한 공산주의자 김단야의 지도로 별도의 운동이 시작되고 있었다. 중국공산당 상해지부의 지원을 받던 김단야는 공산주의 선전물로 노동자, 농민을 교양하라는 사명을 띤 소수의 요원을 국내로 파견했다. …… 상해에서 잠입한 이를 소수 분자들은 평양 부근의 철강업 노동자 내부에 적색노동조합을 조직하려고 노력하는 한편, 서울 인천 등 도시에 공산주의 선전물을 반포하는 등의 활동을 전개했다.[7]

훗날 김단야가 코민테른에 보고한 자신의 활동성과를 보면 다음과 같다. 조선에서 이 활동의 실제적 조직가와 행동 책임자는 김형선이었다. 그리고 이중 평양과 진남포 일대의 파업 성과는 다름 아닌 김찬의 성과라고 할 수 있다.

> 코뮤니스트 그룹은 일제가 저지른 반(反)중국 대량학살에 대한 인천

---

6 〈동아일보〉, 1936. 5. 2, 변진풍은 김형선 검거로 붙잡혔으나 기소유예로 풀려났다.
7 스칼라피노 · 이정식, 앞의 책, p.260에서 재인용.

시위, 대구에서 반전 선전과 선동 그리고 부산에서 일본 병사들을 상대로 선동하는 등의 활동을 했다. '비합법 단위'에서 전단 2만 부를 만들어 살포하기도 했다. 그밖에 인천정미소 파업에서 파업위원회를 만들었으며, 파업방해를 막으려고 실업자위원회도 두었다. 마산부두노동자 파업을 성공으로 이끌었고, 평양시멘트공장 일본 노동자 파업과 동해방적공장 파업에 개입했다. 또 진남포 정미소 파업에 개입하여 성공으로 이끌었다. 코뮤니스트 그룹은 창원·진영·영천 등의 농민투쟁에 개입했다. 특히 영천 소작인투쟁에는 신의주에서 활동하고 있던 조직원을 파견했다. 그밖에도 코뮤니스트 그룹은 밀양 철도노동자 파업에도 정열적으로 참여했으며, 목포 조직에서는 제주도 해녀투쟁에 능동적으로 참여했다. 인천에서는 1932년 메이데이 캠페인 계획에 맞추어 성냥공장 노동자 350명의 메이데이 투쟁을 지도했다.[8]

김명시는 자신이 김단야로부터 받은 지시를 오빠 김형선에게 설명했다. 〈코뮤니스트〉를 제작해 조선 전역에 배포할 곳이라면 전적으로 신임하는 조직이어야 했다. 김형선이 가장 믿을만 한 곳은 인천이었다. 인천의 경우, 대중사업에 끊임없이 참여해 5개의 '공장핵'과 6개의 공장반을 건설했다. 그리하여 코뮤니스트 그룹은 "적어도 인천에서는 당 재건을 위한 조직적 준비가 끝났다"고 코민테른에 보고할 정도였다.[9]

8   김단야, 앞의 자료, p.4 / 최규진, 『조선공산당 재건운동』에서 재인용.
9   러시아국립사회정치사문서보관소, 〈문서군 495〉, 목록 135, 문서철 185, 「instruction to

김명시와 김형선은 인천조직을 가동, 삐라와 〈코뮤니스트〉를 인쇄하는 작업을 성공적으로 끝냈다.[10] 비록 등사한 것이지만 붉은색, 청색으로 눈에 잘 띄는 종이에 수천 장을 만든 것이다. 붉은색과 푸른색의 삐라는 '일본 제국주의를 타도하라', '조선의 절대적 노동자 농민의 정부를 수립하라', '지주의 토지를 몰수하여 농민에게 무상으로 분배하라'는 내용을 담고 있었다. 무엇보다 삐라 말미에는 '조선공산당'이라는 글자가 선명했다. 해체됐던 조선공산당의 명칭이 다시 인쇄되는 순간이었다.

김찬과 김형선, 김명시 세 사람이 한 자리에 모인 것은 실로 오랜만이었다. 상해를 떠나고 처음이었을 것이다. 세 사람은 많은 얘기를 나누었고 특히 김찬은 김명시로부터 최근 상해 소식을 들었다. 김찬은 가족이 있는 북경과 상해 소식이 궁금했다. 국제정세와 특히 중국 내 기류와 조선인 사회 분위기도 들었다.

김찬은 김명시, 김형선으로부터 '붉은 5·1절', '일본의 조선침략을 반대한다'는 삐라 300매와 잡지 〈코뮤니스트〉 10부를 받았다. 김형선은 이를 5월 1일 메이데이를 기해 진남포와 평양, 신의주 일대까지 살포할 것을 지시했다. 그리고 효율적인 살포 방법도 상의했다. 한 곳에서 인쇄된 삐라가 전국적으로 발견되면 일제는 필사적으로 그 배후를 추적할 것이 뻔했기 때문이다. 다양한 의견 중 우편을 통해 노동자와 농민 개개인에게 직접 배달하는 것이 좋겠다는 의견이 나왔고 서로 이 방법

---

our organisation in IN-CHUN」, 1932, p.1 / 최규진, 『조선공산당 재건운동』에서 재인용.
10   〈코뮤니스트〉 인쇄 및 배포과정은 〈김명시, 예심결정서〉에 자세히 나와 있다.

에 대해 공감했다. 주소는 신문에 나온 사람들의 주소를 무작위로 이용하기로 했다.

삐라와 〈코뮤니스트〉를 전달받은 김찬과 김형선은 서로 조심하자며 뜨거운 악수를 나눴다. 삼엄한 일제 경찰의 눈을 피해 불온서적과 삐라를 대낮에 운반하는 것도 어려운 일이었다. 특히 일제 헌병과 경찰이 경쟁적으로 감시의 눈을 번뜩이는 경성역을 이용하기는 어려웠다. 김찬은 진남포로 돌아오면서 어떻게 이 삐라와 잡지를 배포할 것인가를 대해 다시 고민했다. 삐라와 잡지 배포의 배후가 드러나면 체포를 각오해야 했다. 자신의 체포는 곧 고문과 자백으로 인한 동지들의 추가 검거, 결국 조직의 와해로 이어짐을 의미했다.

4월 30일, 진남포에 돌아온 김찬은 안종각, 박춘극 등의 동지들과 삐라와 잡지를 안전하고도 효율적으로 배포할 방안에 대해 다시 논의했다. 역시 배포 방법은 편지처럼 우송하는 방법이 가장 안전하다고 판단했다. 삐라 배포 과정에서 위험을 줄이고, 삐라를 받은 사람이 신고하지 않는 한 발각될 염려도 적었기 때문이다.

이들은 인근 대동·평안·세창 각 고무공장 노동자와 오노다 시멘트 공장은 물론, 멀리 있는 평북 운천군 북진 금광, 신의주 주민에게도 우송하기로 했다. 주소는 신문에 실린 재만동포 기증자 주소를 이용했다. 김찬은 또 숭실중학교 학생 주소를 입수해 삐라와 잡지 〈코뮤니스트〉를 우송했다. 이들은 하루 종일 삐라를 편지 봉투에 넣어 우체통에 넣었다.

코뮤니스트 그룹 김명시, 고명자의 체포

1932년 5월 1일. 메이데이인 이날은 평상시와 다를 바 없었다. 일제 경찰의 삼엄한 감시망 아래 메이데이 행사는 불허됐고, 야유회나 체육 대회로 대체됐다. 외형적으로 평온했던 분위기와는 달리 인쇄된 붉은 색, 청색 삐라가 속속 가정에 우송됐다. 삐라를 받은 일부 가정이 경찰에 신고하자 일제 경찰은 발칵 뒤집혔다. 동일한 삐라가 진남포는 물론 경성, 인천, 부산 등 전국 각지에서 발견됐기 때문이다. 특히 일제 경찰이 놀란 것은 대담하게도 삐라에 '조선공산당'이라고 자신의 조직을 넣어 인쇄했기 때문이다. 이는 뿌리 뽑힌 것으로 여겼던 조선공산당 조직이 전국적으로 암약하고 있음이 확인된 것으로 일제 경찰은 적지 않은 충격을 받았다.

이 사건의 수사 및 취조과정에 대해 일제 경찰이 남긴 수기를 보면 당시 일제 경찰의 수사가 매우 신속하게 이루어졌음을 알 수 있다. 메이데이 다음날인 5월 2일, 일제 경찰은 이 삐라 살포의 배후를 파악해 경찰을 경성으로 집결시켰으며, 5월 3일 주동자가 접선한다는 사실까지 파악한 것으로 되어 있다. 여기에 인용하는 이 수기에는 일제 경찰의 자화자찬 요소도 있음을 감안해야 한다.

1932년(소화 7년) 5월 1일 소위 메이데이 전후에 걸쳐 붉은색, 푸른색 색지에 '붉은 5 · 1절' 및 '일본 제국주의와 만주점령을 반대하라'는 제 목의 말미에 '조선공산주의'라고 기명했다. 내용은 극히 과격한 등사

판쇄 격문을 전 조선에 배포한 사건이 있었다. 이것은 평북경찰부에서 탐지 내사 중 상해에 거주하는 조선인 공산주의자와 조선 내 공산주의자와의 협동공작인 것을 확인했다. 그네들이 집요하게도 이와 같은 적극적 활동을 개시하는 이상, 치안상 단연 간과할 수 없어서 내사를 진행했다. 내사한 결과 주요 인물은 모두 경성에 잠입해 상해와 연락하여 전 조선적으로 활동하는 것이 판명되어 곧 검거계획을 수립하였다. 이 계획 때문에 경성에 있는 주요인물의 체포가 선결문제로 그 방법은,

　　(1)가두연락으로 유출한 뒤 행할 것

　　(2)연락 장소(체포 장소)는 경성 OO병원 앞

　　(3)일시는 5월 3일 오후 7시

　　(4)이에 담임은 H 부장이 담당할 것

　　이렇게 결정하고 수사원에 대해 과장으로부터 주의가 있었다. 5월 2일, 경성행 기차를 타고 기차 안에서 내일의 난관을 돌파할 것에 대한 불안을 느끼며 협의하게 되었다. 5월 3일, 오후 6시경 경성 OO병원 정문 좌측에 모자를 쓰지 않고 잡지를 읽고 있는 청년을 본 부장은 '저것이 상해 동지로부터 경성 동지에게 가두연락하는 자태이다' 하고 생각하였다.[11]

이날 경성에서 김형선의 조선 내 연락책인 민봉근(閔鳳根)이 체포됐

11　지중세 편역, 「조선 내 주의자와 상해 조선인 주의자와의 협동공작 전모」, p.208 ~209, 평북경찰부 경부보 스에나가 하루노리(末永淸憲) 수기.

다. 체포된 민봉근은 혹독한 고문으로 곧 자신의 배후를 자백한 것으로 보인다. 민봉근은 신의주 경찰서에서 조사를 받다가 고문 후유증으로 신의주도립병원으로 옮겨져 사망했다. 스물한 살의 젊은 민봉근이 고문으로 사망했다는 것은 일제 경찰의 고문이 얼마나 혹독했는지 반증하는 것이다.

다행히 김명시와 김형선은 민봉근이 연락도 없이 귀가하지 않자, 눈치를 채고 택시로 도피했다. 김명시와 김형선은 종로구 훈정동에 숨어 있는 김단야의 처, 고명자에게 달려가 이 소식을 전했다. 김형선과 김명시는 빨리 도피해야 한다고 설득했지만 고명자는 잠깐 일을 보고 곧 뒤따라가겠으니 먼저 떠나라며 여비 40원을 줬다. 하지만 고명자도 앞서 기술한 대로 일제 경찰에 체포됐다. 게다가 고명자는 김형선과 김명시가 상해로 도피하기 위해 신의주로 떠났음을 실토하고 말았다.[12]

김형선과 김명시는 시골 사람으로 변장하고, 한밤 중 경의선 열차 길

---

12 이후 고명자가 이 사건과 관련해 어떤 처벌을 받았는지는 불분명하다. 김찬을 비롯해 김형선과 김명시 모두 검거 후 재판을 받았지만 유독 고명자는 기소되지 않았다. 이후 고명자는 친일잡지 〈동양지광〉에 황국신민 정책에 동조하는 기고를 하는 등 친일적 성향을 보였다. 하지만 해방 후에는 조선부녀동맹 서울시 부위원장, 1946년 2월 민족주의민족전선(민전) 서울시 지부에 참여했다. (강만길·성대경 엮음, 『한국사회주의운동 인명사전』, 창작과비평사, 1996)
1946년 고명자는 박헌영 중심 남노당의 분파주의적 당 운영을 비판하고, 사회노동당에 참여했다. 또, 1948년 평양에서 열린 전조선정당사회단체 대표자연석회의에서 여운형의 근로인민당 대표로 참여했다. 이후 1950년 5월, 남조선특수부 조직 사건으로 체포된 후 기록에서 사라진다.
고명자에 대해서는 이성우, 「사회주의 여성운동가 高明子의 생애와 활동」, 〈인문학연구〉 통권 84호, 충남대학교인문과학연구소, 2011년 9월 참고.

을 걸었다. 경성역에서 열차를 타려고 했으나 삼엄한 경찰 경비망으로 포기한 것이다. 두 사람은 무작정 밤길을 걷고, 지나가는 우마차를 얻어 타고 북으로 향했다. 두 사람은 일단 신의주로 가서 거점의 도움으로 국경을 넘을 생각이었다. 5월 10일, 김명시와 김형선은 신의주 연락책인 박은형의 집에 겨우 도착했다.

잠시 몸을 추스른 두 사람은 삼엄한 경계망이 쳐진 국경을 넘기 위해 다각도로 모색했다. 하지만 신의주 국경은 경계가 삼엄했다. 당시 수사 경찰의 검거 수기를 보면 상해로 통하는 전국의 모든 길목을 차단한 것으로 되어 있다. 이는 일제 경찰이 이 사건의 범인을 검거하기 위해 얼마나 전력투구했는가를 알 수 있는 대목이다.

중국대륙과 시베리아 벌판을 누비며 여장군 소리를 듣던 조선공산당 혁명가 김명시는 이렇게 체포됐다. 이렇게 김단야의 처 고명자, 김명시까지 체포되면서 전국에서 활동하던 이른바 코뮤니스트 그룹은 결정적 위기에 몰렸다. 김명시가 체포되자 곧이어 경기도 부천에 있던 인쇄소가 발각되었다. 이후, '인천지역 단위' 인천시위원회 책임자인 김종렬을 비롯해서 많은 조직원이 체포됐다.[13]

그나마 조선에서 조직 총책임자 김형선이 도피에 성공했다는 것은 다행스런 일이었다. 만약 김형선이 체포됐다면 경성은 물론 부산, 원산 등 그동안 조선에서 쌓았던 노력이 모두 물거품이 될 뻔했다.

---

13   최규진, 『조선공산당 재건운동』, 앞의 자료.

경성의 연락책 민봉근이 일제 경찰에 체포됐다는 소식은 진남포에서 활동하던 김찬에게도 전달됐다. 김찬에게도 도피 지령이 떨어졌다. 김찬은 재빨리 주변을 수습하고 중국으로 도피 길을 모색했다. 김찬은 삼엄한 신의주 국경을 피해 5월 중순, 북경에 도착했다. 김찬이 진남포에서 북경으로 도피한 정확한 경로는 알려지지 않았다. 신의주의 삼엄한 경비와 일제 경찰의 긴박한 추격 끝에 김명시가 신의주에서 체포된 것으로 보아 김찬 역시 힘들게 국경을 넘었을 것이다. 후에 김찬이 검거되고 일제 경찰은 "1차 검거에서 놓친 진남포 출신 김찬"이라고 적시한 것을 보면 일제 경찰은 김찬의 검거에도 주력했음을 알 수 있다. 아마 김찬은 진남포에서 밀항선을 타고 중국 연태(烟台)로 가서 북경으로 갔을 수도 있다. 당시 이 루트는 상해임시정부 요원들이 이용했던 밀항루트였기 때문이다.

북경에서 재회한 연인들

위기일발 북경으로 도피한 김찬은 오랜만에 부모님과 형님 등 가족을 만났다. 그리고 연인 도개손도 만났을 것이다. 도개손은 1932년 여름방학 이후 학교를 완전히 그만두고 공산청년단(공청단)에 가입, 항일구국활동에 매진하고 있었다. 공청단은 28세 이하 청년 당원들이 가입하는 중국공산당 산하기관으로 김찬 역시 공청단에서 활동했다. 공청단은 14세 이하 유소년조직인 '중국소년선봉대'를 지도하는 역할도 있었다. 김찬의 여동생 김순경도 공청단에서 활동하고 있었다. 김연상은 당시 그의 활동을 이렇게 정리했다.

도개손은 은대균(殷大鈞), 이조서(李兆瑞)의 소개를 통해 공산청년단에 입단한 후 1932년부터 본격적으로 일하기 시작했다. 그녀의 업무는 학교 안팎에 있는 진보세력을 발굴하고, 그들을 조직·편성해 집회나 시위에 참여시키는 것이었다. 또 주민들에게 항일구국(抗日救國) 홍보를 위해 신구극단(新球劇團)에 가담해 청화(淸華)대학에서 항일을 주제로 한 연극을 선보이기도 했다. 도개손은 장신점(長辛店) 기관차공장 및 조양문(朝陽門) 밖 피복공장에서 동북 3성에서 온 난민을 위한 모금활동에 참여했고 밤늦도록 골목과 거리 곳곳에서 분필로 표어와 구호를 적어가며 항일운동에 나섰다. 이때 특수요원(경찰)의 경계심을 풀기 위해 재력가 집안의 귀한 아가씨처럼 예쁘게 치장하기도 했다. 도개손은 하루 종일 항일구국운동을 위해 동분서주하느라 두 눈은 붉게 충혈되기 일쑤였고 머리는 정돈할 틈조차 없었다. 어떤 때는 길거리에서 군고구마로 허기를 달래고 검은 가죽구두는 닳고 색이 바라 거의 뚫어지기 일보직전이었다.[14]

도개손의 열정과 능력은 금방 상부의 눈에 띄었다. 도개손은 1932년

---

14   김연상, 「도개손」, 앞의 자료

7월 유정(劉靖)의 뒤를 이어 공청단 북평(북경)시위원회 선전부장이 됐다. 그때 한위건은 하북성위 선전부장과 조직부장을 맡고 있었다.

도개손과 김찬, 두 사람이 재회한 것은 이즈음이다. 김찬과 도개손은 서로의 항일투쟁을 이야기하며 밤을 지새웠을 것이다. 한 사람은 조선에서의 항일투쟁과, 또 한 사람은 중국에서의 항일투쟁 이야기였다. 비록 국적은 달랐지만 두 사람은 동일한 목표를 가지고 있음을 확인했다. 항일투쟁에 대한 동지적 의식은 진지한 사랑으로 이어졌을 것이다.

그러나 김찬은 금세 도개손과 헤어져 상해로 가야 했다. 김형선이 무사히 상해로 도피해 조직을 다시 추스르고 있고, 김단야가 다시 조선에서 사업을 재개할 것이라는 연락을 받았기 때문이다. 김찬은 8월에 다시 상해로 돌아갔다. 두 사람은 꿈같은 3개월간의 재회를 이렇게 마무리할 수밖에 없었다.

상해에서 김단야, 박헌영, 김형선과의 재회

1932년 8월초, 일제와 중국 국민당의 탄압으로 상해 중국공산당 중앙은 거의 괴멸되는 상황이었다. 이런 상황에서 중국공산당에 속한 조선공산당의 어려움은 말할 것도 없었다. 이런 분위기에서 김단야와 김형선, 김찬은 다시 만났다. 이 자리에는 박헌영도 같이 있었을 가능성이 크다. 그렇다면 김찬은 이때 처음으로 박헌영과 대면했을 것이다. 박헌영은 1932년 1월, 상해에 와서 김단야와 합세했기 때문에 김찬이 상해에 있을 때는 만나지 못했다. 박헌영은 3월에 발간된 〈코뮤니스트〉 4호부터 글을 싣기 시작했다. 김찬은 박헌영이 쓴 〈코뮤니스트〉 4호 '과거 1년과 조선공산주의자의 당면 임무'라는 글에서 처음 박헌영을 접했을 것이다.

김단야는 먼저 무사히 조선에서 탈출한 두 사람을 격려했다. 하지만 김단야, 김형선, 김찬은 매우 침통할 수밖에 없었다. 이번 사업에서 김단야는 아내 고명자가, 김형선은 여동생 김명시가 일제 경찰에 체포됐기 때문이다. 김단야는 자신의 처 고명자는 물론, 자신이 신임하는 김형선의 동생 김명시까지 이번 공작에 희생된 것에 신체의 일부가 떨어져 나가는 고통을 느꼈을 것이다.

김찬은 자신에게 누님처럼 대해주던 고명자와 김명시가 체포됐다는 소식을 듣고 침통해 했다. 아무리 꿋꿋한 혁명가이지만 일제의 고문이 얼마나 혹독한지 잘 알고 있었기 때문이다. 김단야와 김형선 역시 처와 여동생이 그 혹독한 일제의 고문을 이겨내기를 그저 기도하는 수밖에 없었다.

김단야와 박헌영은 김형선과 김찬으로부터 조선의 상황을 논의하고 조직의 문제점을 면밀히 점검했다. 조선에서 조직이 와해된 것은 국경 접선책인 독고전의 변절에서 비롯된 것으로 밝혀졌다. 독고전의 변절이 민봉근의 검거로 나타났고, 일제 경찰의 혹독한 고문으로 고명자와 김명시의 체포로 이어진 것이었다.

하지만 무엇보다 어렵게 이루어놓은 조선에서 사업이 이렇게 망가지는 것이 안타까웠다. 이번 검거로 부산과 인천 조직이 파괴됐다. 가장 확실하게 만들어 놓았다고 코민테른에 보고했던 인천시위원회가 무너진 것이다. 상해와 연락하는 곳과 '공장핵' 모두가 일제 경찰의 치밀한 감시로 활동이 거의 제한됐다. 마산 등의 지역단위마저 일제 탄압으로 곧 무너졌다.[15]

하지만 김단야는 여기서 사업을 중단할 사람이 아니었다. 그는 "일제의 총검이 소비에트를 겨누고 있기 때문에 조선은 중대한 역할을 할 것이며, 대중투쟁이 고양되는 조선은 공산주의자들에게 토대를 제공하고 있다"고 코민테른에 보고했다. 그리고 그는 또다시 코뮤니스트 그룹과 똑같은 방식으로 당 재건운동을 계속할 것을 코민테른에 제안했다. 김단야는 조선에서 하는 사업에 필요한 사람을 모두 모스크바에서 충원하고, 속성훈련 과정을 두어 기관지 출판에 필요한 인원을 보충하여 상해에서 기관지를 다시 낼 것을 제안했다.[16]

그해 9월, 김형선과 김찬이 다시 조선에 입국한 것도 김단야의 이런 집념 때문이었을 것이다. 이번에는 이전과 전략을 달리하기로 했다. 불특정 다수를 대상으로 배포하는 방식이 아니라 팸플릿 등을 중심으로 동지를 획득하는 한편, 전국의 주요 도시에 이들 동지(오르그)들을 파견하여 전국적 당 조직의 기초를 마련하는 데 활동의 중점을 두기로 하였

---

15   최규진, 『조선공산당 재건운동』, 앞의 자료.
16   최규진, 『조선공산당 재건운동』, 앞의 자료.

던 것으로 추정된다.[17]

결국, 김단야는 그 임무를 수행하기 위해 김형선과 김찬을 다시 조선에 보내기로 결정했다. 김형선과 김찬은 이미 얼굴까지 알려진 상태로 이 결정은 일면 위험하고 무모한 시도였다. 게다가 일제는 특별시국경계령을 내리고 대대적인 공산주의자 검거에 나서고 있었다. 일제 경찰이 사진을 확보했다면 어설픈 변장으로는 일제 경찰과 헌병의 눈을 피할 수 없었다.

김단야 역시 이들을 다시 조선에 들여보내는 것을 놓고 심각한 고민을 했을 것이다. 하지만 대체할 만한 다른 마땅한 사람을 찾기 어려웠다. 게다가 현 상황에서 이는 코민테른에 의한 거의 유일한 조선공산당 재건작업이었다. 이미 〈코뮤니스트〉 5호, 6호를 발행했지만 조선에서 배포하지 못하고 있었다. 김단야는 무엇보다 어렵게 이룩한 조선에서 노동자, 농민조직을 포기할 수 없었다. 김형선과 김찬 두 사람이 같이 조선에 입국했다는 것은 김찬의 역량을 높이 인정하고 있음을 반증하는 것이다.

---

17 김경일, 『이재유 연구』, 창작과비평사, 1993, p.122~123

8

1932년 선천,
45일간 고문을 이겨내다

엄동설한에 전신을 발가벗겨 한 팔은 뒤로 젖히고 다른 팔은 앞으로 올려서 두 엄지손가락을 한데 비틀어 매어 의자에 올려 세운다. 그 뒤 내 손목을 천장에 달아매고 의자를 빼낸다. 나는 벗은 몸으로 매달리게 되었다. 그들은 이제 채찍을 들고 좌우에 서서 나를 심히 난타했다.

나는 미리부터 각오했다. 전신의 신경이 죽으면 아무리 맞더라도 감각이 마비될 것이 아닌가. 과연 그러했다. 그 얼마 뒤에 나는 신경이 마비되어 일절 아픈 것도 알지 못하고 그저 매달려 매를 맞을 뿐이었다. 만일 조금이라도 요동하면 내 팔과 손가락이 끊어질 듯이 아찔아찔하고, 어깻죽지가 뒤로 물러나는 것 같아서 꼼짝달싹을 못했다.

시간이 흐름에 따라 내 얼굴 모양은 형편없이 일그러졌다. 아마도 시체의 몰골이 되어갔던 모양인지 경관들은 "저놈의 상판이 보기 싫으니 얼굴을 가려" 하더니 물 축인 종이를 가져다가 내 얼굴에 붙였다. 그런 꼴로 나는 여러 시간 매달려 있었다. 그들은 내가 숨이 끊어지지 않았나 해서 피우던 담뱃불을 내 배에 지져보는 것이었다.

　지금와서 생각해 보아도 소름이 끼친다. 먼저 두 엄지손가락을 앞뒤로 묶어서 천장에 달아매는 것이요, 그 다음에는 거의 다 죽어가는 사람을 뉘어놓고 콧구멍에 양잿물을 쏟는 것이었으며, 혹은 두 손가락 사이에 막대기를 끼운 다음 손가락 끝을 비틀어 매고 좌우로 훑어 내려 피부가 멍들고 근육이 떨어져 나가게 했다.

　뿐인가. 선반을 나직하게 매고 머리털을 선반에 비틀어 매어놓고 그대로 꾸부린 채 어정쩡하게 서 있게 한다. 전신에 땀이 배고 앉지도 서지도 못하고 그대로 꾸부린 채 어정쩡하게 서 있게 하여 전신에 땀이 배고 다리와 허리와 목덜미의 근육이 팽창해져서 도저히 견디기 어려운 고문을 일삼았다.

　때때로 의복을 벗겨놓고 철판 마루에 알몸뚱이로 굴리면서 구두 신은 흙발로 사람을 축구공 차듯 하기도 했다. 석탄불에 달군 철봉으로 뼈가 울리게 난타하는 고문 방법은 사람을 생죽음으로 모는 매질이었다. 이러한 갖은 야만적인 악형을 14일간이나 당한 끝에 심문조서라는 여러 장으로 된 서류를 만들어서 서명 날인을 강요하여 검사국에 넘기는 것이었다.[1]

1　1911년 '105인 사건'으로 검거된 곽임대의 증언 / 곽임대, 『못 잊어 화려강산』, 대성문화사, 1973 / 박원순, 『야만시대의 기록』, 역사비평사, 2006, p.47~48에서 재인용.

김찬, 일제에 검거되다

9월 초, 김형선과 김찬 두 사람은 상해를 떠나 북경에 도착했다. 김찬은 이곳에 있던 가족과 만났을 것이다. 혁명 동지이자 연인 도개손과도 잠깐 재회했다. 비록 두 사람의 조국은 달랐지만 그들의 의지와 영혼은 하나였다. 김찬은 연약한 도개손의 건강이 걱정되었다. 그 작은 몸으로 극악한 일제 경찰과 국민당 특무의 감시를 피해 험란한 혁명을 꿋꿋이 수행하고 있는 도개손이 한편으로는 몹시 안쓰러웠다.

도개손은 김찬이 걱정이었다. 다행히 첫 번째 검거를 피해 화를 면했지만 얼굴과 신분이 알려진 상태에서 다시 조선으로 들어가는 것은 무척 위험한 일이었다. 도개손도 12월 새로운 임무를 부여받고 천진으로 가도록 되어 있었다. 두 사람은 곧 닥칠 새로운 임무에 대해 밤새워 얘기를 나눴다. 어쩌면 두 사람은 더 가까운 곳에서 항일운동을 할 수 있게 됐다고 기뻐했을 수도 있다. 그리고 밤새워 서로의 사랑을 확인했을 것이다. 두 사람은 건투를 기원하며 짧은 만남을 마무리했다.

김찬의 〈예심결정서〉에 따르면 김형선과 김찬 두 사람이 북경을 떠난 날짜는 9월 11일이다. 북경에서 조선 신의주에 오려면 당당히 압록강 철교를 열차를 타고, 혹은 걸어서 건너거나 몰래 도강하는 방법밖에 없었다. 두 사람이 어떤 방법으로 국경을 넘어 조선에 들어왔는지는 알 수 없다. 그밖에는 밀항선을 타고 진남포나 인천으로 오는 방법도 있었다. 하지만 그 어느 것도 삼엄한 일제의 경찰, 헌병 감시망을 뚫어야 한다는 점에서 쉬운 일이 아니었다.

국경을 넘어 신의주에 도착한 두 사람은 돈 많은 사업가로 위장했다. 김형선과 김찬은 따로 시차를 두고 모르는 사이인 척하며 각자의 말을 타고 남쪽 경성을 향해 내려왔다. 다행히 신의주 국경을 무사히 넘어 60여 km 떨어진 선천까지 올 수 있었다.

그러나 김찬은 선천군 심천면 고군영 주재소 앞 도로에서 일제 경찰의 불심검문에 걸리고 말았다. 일제 경찰은 김찬의 검거 경위와 취조 실태를 수기로 남겼다. 김찬 검거가 얼마나 중요하고, 또 치열했으면 이렇게 수기로 남겼을까. 조금 길게 인용해 보자.

1932년 9월 20일 오후 2시경, 평안북도 선천군 심천면 고군영 주재소 앞 도로를 흰 털의 조선 말이 방울 소리를 내면서 마부와 지나갔다. 말 위에는 27~28세쯤 되어 보이는 조선 옷을 입은 남자가 타고 있었다. 좀 있다가 다시 밤 빛깔의 말 한 마리가 22~23세가량 된 살찐 조선 청년을 태우고 통과했다. 그런데 그 청년은 머리를 숙이고 침착하지 않았다.

'조사할 필요가 있다!'라고 머릿속으로 생각했다. 그때 마침 시국특별경계령이 내려 주요 도로, 기타 차마 발착소에는 순찰을 돌고 있었다. 말을 타고 가는 청년을 불러 세우면서 앞서 지나간 여행객도 주재소에 데려와 신원조사를 했다.

"나는 정주군 곽산의 박창근이라고 한다. 신의주에 장사 때문에 볼 일이 있어서 갔다가 돌아오는 길이다. 이 사람은 오는 도중에 차련관 여관에서 함께 있던 사람인데 서로 전혀 모르는 사이다."

살찐 사람이 이렇게 말하니 이번에는 다른 사람이 말했다.

"나는 황해도 사리원에 사는 최계섭이다. 안동까지 일이 있어 갔다 오는데 원래 배와 차는 멀미가 나기 때문에 도보 또는 말을 탄다. 이 사람하고는 차련관에서 함께 오는 도중인데 전혀 모르는 사람이다."

그러나 이들이 어딘가 좀 이상해 보여 조사를 계속했다. 최라는 사람이 갑자기 복통을 호소하며 토하기 시작했다. 그래서 전에 머물던 곳에서 쉬게 하고 몸이 나으면 취조할 생각이었다. 박을 계속 추궁하자 진남포 출신의 김찬이 본명이고, 부친 시대로부터 북경에서 민족운동에 관계했다고 실토했다. 그리고 최는 도중에 함께 일행이 된 사람으로 아무런 관계가 없다고 부인했다.

그런데 복통으로 잠시 쉬게 했던 최가 약 한 시간 후 옷과 은시계, 현금 40여 원, 모자 등을 주인에게 맡기고 산보하는 것처럼 하고 도주했다는 보고가 왔다. 도주한 이 남자는 1932년 5월 평북도의 검거 당시 외국으로 탈출한 조선공산당 김형선이었다. 김찬은 김형선의 유일한 동지로서 활동 중 북경으로 도주하여 그곳에서 다시 김형선과 만나 조선에서 공작을 정비할 목적으로 대담하게 조선에 들어오던 길이었다. 당시 김형선의 사진을 입수해 두었다면 이와 같은 실패는 없었을 것이다.[2]

여기 일제 경찰의 수기와 〈예심결정서〉에는 약간의 오차가 있다. 〈예

2 지중세 편역, 앞의 자료, p.214~218

심결정서〉에는 김찬이 9월 15일 선천 여관에서 밀고로 검거됐다고 밝히고 있는데, 수기에는 20일로 되어 있다. 또 수기에는 불심검문을 통해 김찬을 검거한 것으로 묘사되어 있지만 김형선의 〈예심결정서〉에는 다음과 같이 기록되어 있다.

> 김형선은 작년 여름 북평(북경)에서 다소의 운동자금을 휴대하고 조선공산당 재건을 목적으로 압록강을 건너 입국한 뒤 경성과 인천에서 동지를 규합하여 진남포 부두, 평양 콘스타치 회사를 중심으로 적색노조 조직에 활동하던 김찬 등과 연락을 취하여 공작에 활동하는 한편, '코뮤니스트 팜플레트', '붉은 5 · 1절'이라는 삐라 등을 인쇄하여 조선 각지에 배부하였다.
>
> 그 후 그들의 내용이 발로되어 평북경찰부의 활동이 시작된 후 일시 북평으로 피신하였다가 다시 김찬과 함께 잠입하여 도보로 경성에 이르는 도중 밀고로 인하여 김찬은 체포되었으나 김형선은 교묘히 피하여 경성에 들어와 계속 활동 중인 김명시가 또 체포되고, 당원들이 속속 피검되므로 이때까지 피신하였던 것.[3]

당시 신문기사는 분명 김찬이 경성에 오는 도중 밀고로 체포됐다고 밝히고 있다. 수기를 쓴 평북경찰부가 밀고로 검거했다고 스스로 밝히

---

3 〈동아일보〉, 1933. 7. 18

기 어렵다는 점을 고려할 때, 밀고로 체포됐다고 보는 편이 더 정확할 것이다. 김단야가 모스크바에 보고한 문건에도 독고전의 밀고로 사업이 발각됐다고 밝히고 있다. 또 김찬의 검거일은 9월 20일이 아닌 9월 15일이 정확하다. 그래야 자백을 시작한 10월 25일까지 45일간이 맞아떨어진다.

김찬의 신분이 쉽게 드러난 것은 이 일대가 자신이 활동했던 공간이었기 때문일 것이다. 그는 진남포 출신인 데다 평양 뿐 아니라, 평북 심지어 신의주까지 활동했기 때문에 선천에서 그의 얼굴은 알려질 수 있었다. 주로 마산과 인천, 경성에서 활동했던 김형선은 이곳에서 얼굴이 알려지지 않아 아프다는 핑계를 대고 도주할 수 있었던 것이다.

9월 15일 경찰에 붙잡힌 김찬은 곧 신의주에 있는 평북경찰부로 이송됐다. 그러나 김찬은 경성에서 김형선과 연락하던 사실은 물론, 메이데이를 전후해 평양을 중심으로 삐라를 살포한 사실 등 자신의 범죄 사실을 철저히 부인했다. 그를 취조했던 경찰 수기에 따르면 "제1차 검거에서 탈출하여 북경으로 도망하여 김형선과 다시 연락하고 함께 조선에 들어온 사실 등 명백한 범죄임에도 불구하고 최초로부터 철두철미하게 부인했다"고 기록하고 있다.

여하한 증거물건을 제시하여도 하등 효과가 없었다. 그리하여 할 수 없이 한 방책을 강구하여 김이 입선(入鮮) 도중 선천에서 숙박하던 여인숙 주인을 초치하여 대질심문하기로 하였다. 이번에는 김형선과 같은 길로 선천까지 온 사실을 자백하리라고 믿었다.

그러나 이것도 역시 부인, 2~3일 전에 자신이 투숙한 여관 주인을 안
전에 두고 있으면서 더욱이 주인은 자기 집에 체재한 것이 틀림없는 사
실이라고 증언했음에도 이 사람은 전혀 모르는 사실이라고 끝까지 부인
하는 것이다.[4]

김찬은 검거 직후부터 자신의 행위 자체를 전면 부인하는 방법을 택
한 것으로 보인다. 이것은 일면 무모한 전략이라고 할 수도 있었다. 여
관 주인의 증언 등 사실관계가 분명한 것을 일제 경찰의 면전에서 부인
하기란 웬만한 각오 아니면 힘들기 때문이다.

혹독한 고문이 뒤따랐을 것이 뻔했다. 당시 고문은 일본 헌법과 법률
에서 엄격히 금지되었지만 특히 사상범에 대한 고문은 다반사로 자행
되었다. 일제 경찰의 고문은 상상을 초월할 정도로 잔인하고 또 셀 수
없이 사례가 많다. 취조 도중 일제 경찰의 고문으로 정신 이상처럼 위장
했던 박헌영의 고문 내용도 유명하다.

우리들 중 누군가가 체포되기만 하면 그는 곧바로 예비심문이 이어
지는 경찰서의 비밀장소로 끌려가게 된다. 일제 경찰은 연행된 사람으
로부터 증거를 수집하기 위해 냉수나 혹은 고춧가루를 탄 뜨거운 물을

---

4 지중세 편역, 앞의 자료, p.214~215

입과 코에 들이붓거나, 손가락을 묶어 천장에 매달고 가죽 채찍으로 때리거나, 긴 의자에 무릎을 꿇어앉힌 다음 막대기로 관절을 때리거나 한다. 7~8명의 경찰들이 큰 방에서 벌이는 축구공 놀이라는 고문도 있다. 이들 중 한 명이 먼저 '희생양'을 주먹으로 후려치면, 다른 경찰이 이를 받아 다시 또 주먹으로 갈겨댄다. 이 고문은 가련한 '희생양'이 피범벅이 되어 의식을 잃고 바닥에 쓰러질 때까지 계속된다.[5]

제2차 공산당 사건으로 검거된 조선공산당 책임비서 강달영은 하도 고문이 고통스러워 머리를 책상에 부딪쳐서 자살하려고 할 정도였다.

강달영이 수감 중에 겪은 고초는 경찰이 가하는 물리적, 심리적 폭압에만 기인하지 않았다. 내면세계의 와해로부터도 고통을 받았다. 귀중한 동지들의 안전을 지키지 못했다는 자책과 회한이 그의 정신을 파괴했다. 안팎의 억압은 그의 자의식을 해체하고 말았다. 결국 그는 미쳐버렸다.[6]

5 박헌영이 모스크바에서 발간된 국제혁명가후원회(모프로) 기관지 〈모프르의 길〉에 투고한 글, 1929 / 임경석, 『잊을 수 없는 혁명가들에 대한 기록』, 역사비평사, 2008, p.49에서 재인용.
6 임경석, 앞의 책, p.115~116

45일간 일제의 고문을 견디다

일제 경찰의 고문이 오죽 극심했으면 강달영을 고문한 경찰에 대해 1927년 10월 16일 일본인 변호사 2명과 한인 변호사 5명(김병로, 이인, 김채영, 허헌, 한국종) 등 7명이 종로경찰서 고등계 주임경부 미와 와사부로(三輪和三郞)와 조선인 경부보 김면규 등 4명을 '폭행능학독직죄'로 고소하기도 했다. 이 사건은 당시 식민지 조선의 최고 공안기관이며 식민통치 최전방이라 할 종로경찰서의 주요 일본인 경찰간부 모두를 고문죄로 고소한 것이기 때문에 세상에 엄청난 충격을 주었다.[7]

이런 일제 경찰의 고문을 견딘다는 것은, 그야말로 처절한 사투였을 것이다. 조봉암이 프랑스 조계에서 일본 영사관 경찰에 체포된 이후 20여일 만에 조봉암과 연계된 조직이 줄줄이 체포됐다. 이것은 조봉암이 20여 일간 고문을 견뎠다는 것을 의미한다. 그때 강문석, 이종설, 김승락, 장동선, 이무성 등이 검거됐다. 이들은 평북경찰부로 이송되어 조사를 받았다. 이중 김승락(金承絡)은[8] 일제 경찰의 고문으로 신의주형무소에서 옥사했다.

앞서 이 사건의 처음 구속자 민봉근 역시 경찰 수사를 받다가 일제의 고문으로 사망했다. 일제 경찰은 민봉근의 사망 사실을 계속 숨겨오다 재판정에서 김찬 등 피고들의 주장으로 드러났다. 이 사건과 관련된 피

---

7 박원순, 앞의 책, p.40~41
8 32세로 순국한 그는 2010년 건국훈장 애족장이 추서됐다. 국가보훈처.

의자 2명이 고문으로 사망했다는 것은 일제가 이 사건의 배후를 밝히는 데 얼마나 집착했는가를 알 수 있는 대목이다. 일제 치하에서 단일 사건으로만 2명이나 고문으로 사망할 정도의 사건은 별로 없었다. 김찬은 그런 잔인한 고문을 무려 45일이나 견딘 것이다.

앞서 말한 대로, 그를 심문했던 일제 경찰이 자백 순간을 수기로 남길 정도였다. 그를 심문했던 평북경찰부 스에나가 하루노리(末永淸憲)의 수기를 보면 그는 이미 체포된 김단야의 처 고명자, 김형선의 여동생 김명시 등으로부터 진술과 기타 증거품이 있어 취조가 쉬울 것이라 생각했다고 한다. 하지만 김찬은 그들의 예상을 깨고 윗선인 김형선과의 관계에 대해 자백하지 않았다. 그가 그토록 혹독한 고문을 견디며 배후를 숨겼던 것은 상해에 있는 김형선과 김단야, 박헌영의 안전한 도피 시간을 벌기 위한 것임은 물론이다.

그를 취조했던 평북경찰부는 "검거하여 45일 만에, 곧 1932년 10월 25일에 이르러 김은 입을 열어 자기 범죄의 일체를 진술했다. 종래 다수 사상범 중 검거 후 45일까지 자기 범행을 전면 부인한 인물은 김찬 외에 유례가 없을 것"이라고 토로했다.[9]

보통 일제하 공산주의 운동을 하다 체포되면, 곧이어 차상위 조직이 검거되는 양상을 보인다. 한 예로, 1926년 6월 6일 밤부터 체포된 제2차 공산당 사건 관련자 박래원(朴來原)은 불과 하루도 못 버티고 자백했

---

9 지중세, 末永淸憲 수기, 앞의 책, p.215

다. 결국 이튿날 공청(고려공산청년회) 책임비서 권오설이 체포되고 말았다. 1926년 7월 17일 체포된 강달영은 혹독한 고문을 5일간 견디며 22일 새벽에 자백(조직의 암호문 일부를 풀었다)했다. 결국 전국적으로 49명의 동지들이 체포됐고 강달영은 자책감으로 자살을 시도한 끝에 결국 미쳐버렸다.

하지만 1932년 10월 25일 김찬이 자백한 이후 그 윗선이 체포된 사례는 12월 16일 상해 프랑스 조계에서 체포된 홍남표 외에는 없다. 같이 활동했던 김형선(1933년 7월 15일 인천에서 체포)은 이듬해 2월 다시 경성에 잠입해 이재유를 만나 활동을 재개했을 정도다. 박헌영이 일제 경찰에 체포된 것은 한참 후인 1933년 7월 상해 조계에서다.

여기서 김찬이 어떻게 45일간 고문을 견뎠는지 엿볼 수 있는 대목이 있다. 김찬을 취조했던 스에나가 하루노리의 수기를 보면 "각자 독방에 수용해 엄중히 감시하는데 취조 때면 서로 말을 맞추고 나온다. 그 점이 의심스러워 면밀히 동정을 살핀 결과 그 비밀을 밝혀냈다. 그것은 감옥의 차입구 공간을 이용해 손가락으로 공서(空書)하는 방식으로 입을 맞춘 것"이라고 기록했다. 취조 경찰은 이런 사실을 확인하고, 차입구 공간을 폐쇄함으로써 취조가 용이해졌다고 밝히고 있다. 검거됐을 때를 대비해 감옥에서 소통 방법까지 준비했다는 점은 이들이 매우 치밀했음을 의미한다.

10월 25일, 김찬의 자백이 시작됐지만 김찬은 철저히 자신의 윗선을 김형선까지만 자백했다. 그의 〈예심결정서〉에는 김형선을 상해공원에서 우연히 만났고, 경성에서 김형선으로부터 〈코뮤니스트〉를 받아 배포했다는 점만 강조했다. 김단야와 박헌영 등 다른 사람의 이름은 일절 거론되지 않았다.

김찬의 진남포 집을 수색한 일제 경찰은 서적과 편지 등을 압수했다. 여기서 발견된 서신 등에 의해 12월 16일, 평북경찰서는 진남포청년동맹원 김명우와 장성철, 그리고 장임순, 장희보 등 정미소 여직공을 추가로 검거했다.[10] 김찬이 진남포 삼성정미소 파업을 배후에서 조정한 진상은 이렇게 해서 드러난 것이다.

김단야는 김형선과 박헌영이 구속되자 조선에 대한 사업을 중단하고 모스크바로 떠날 수밖에 없었다. 이로써 중국을 통해 코민테른의 지도를 받는 이른바 조선공산당 국제선은 모두 끊겨버렸다.

---

10 〈동아일보〉, 1932. 12. 19

9
1933년 신의주형무소,
혹독한 겨울과 싸우다

내가 있었던 모든 감옥의 감방에는 침대는 물론 의자도 없었고 맨바닥에 가마니만 깔려 있었다. 방안의 온도는 보통 영하 5~6도였다. 하루평균 10시간 이상 주로 어망을 짜는 노역에 시달렸다. 수인들은 방한 효과가 전혀 없는 아주 얇은 겉옷 한 장을 입고 지냈다. 산책 시간은 전혀 없었고 목욕도 일주일에 한 번밖에 할 수 없었다. 독서가 허용되는 책은 불교나 기독교 등의 종교서적과 일본인들이 발행하는 팸플릿 정도였다.

편지와 면회는 2달에 한 번 허락해 주었다. 음식으로는 콩으로 만든 맛없는 수프에 종종 소금에 절인 배추가 나왔다. 감옥의 규율을 위반하는 사람에게는 책을 압수하며 독방에 집어넣고 급식을 줄였다. 이외에도 손발을 묶고 짐승처럼 매질을 했다. 경찰서를 거쳐 오는 정치범들 가운데 건강한 상태로 감옥에 들어오는 사람은 아무도 없었다. 그들은 감옥에서 형편없는 음식과 힘겨운 노역으로 건강을 결정적으로 해치게 된다. 이로 인해 박순병, 백광흠, 박길양과 권오상 같은 프롤레타리아 용사들이 감옥에서 사망했다. 나는 현재 완전히 자유롭고 안전한 몸이 되었지만 지금도 조선의 감옥에서는 수백 명의 젊은 동지들이 고초를 겪고 있다.[1]

나는 붉은 수의를 입자마자 독방생활이 시작되었고 독방에서 소위 '작업'이라는 것을 하게 되었는데 그것은 딴 것이 아니라 바늘을 가지고 걸레를 깁는 일이었다. 사방 한 자 정방형 되는 걸렛감을 가지고 바늘로 가로 세로 누벼 놓는 일이었다. 먼저도 얘기했지만 나는 동상으로 손가락이 여러 개 잘려버렸다. 그러니 그 손가락을 가지고 바늘을 쥔다는 것은 난사 중에 난사였다. 더욱이 신의주의 겨울은 으레 영하의 추위이고 독방은 바깥보다 더 춥다. 거기서 그 손가락을 가지고 바느질을 한다니 그것은 실상 전혀 말이 안 되는 일이었다.

또 경험이 있는 분은 다 아는 일이지만 동상을 당한 부분은 특히 추위를 타서 엄히 경계하고 보호하지 않으면 즉시 피부 빛이 퍼렇게 되고 감각을 잃게 되며 조금만 그 시간이 길게 되면 거듭 동상화해서 피부가 부풀어 오른다.[2]

---

1   박헌영, '코민테른 산하기관 모쁘르', 국제혁명가위원회 기관지 〈모쁘르의 길〉 / 이정, '우리의 길 혁명이냐, 죽음이냐!', 『박헌영 전집/제1권 일제시기 저작편/죽음의 집에서』 / 〈모쁘르의길〉, 1929, 제17호.

2   조봉암, 「내가 걸어온 길」 / 정태영 『조봉암과 진보당』, 후마니타스, 2006, p.298

조선공산당 재건 및 재승인 사건

김찬은 신의주에서 경찰 조사를 받으며 재판에 임했다. 여기서 김찬이 45일 동안 자백하지 않은 사실이 다시 한 번 확인된다. 김찬은 진남포와 평양 등지에서 사회주의 활동과 적색노조 작업을 했는데 배후는 없으며, 자신이 주범이라고 주장한 것이다. 당시 언론보도를 보면 그 사실이 드러난다.

> 검거 취조 5개월 만에 김찬 등 14명 송국/평북경찰부에서 신의주법원에, 조선공산당 재건사건/자금을 휴대/잠입 중 피체/수개월 동안 류치한 뒤에야/김찬임이 판명 활동
>
> (신의주) 김찬 등 14명에 관한 조선공산당 재건사건은 작년 9월 중순에 평북경찰부의 맹활동으로 관계자들의 검거가 개시되어 취조를 하야오던 바, 지난 30일 치안유지법 위반 죄명 하에 14명 중 4명만 신체구속으로 신의주 검사국에 송치하고 곡전(谷田) 검사의 취조를 받게 되었는데 그들의 주소 성명은 다음과 같다.
>
> 본적-평남 진남포
> 주소-중국 하북성(河北省) 평북(平北) 금어호동(金魚湖洞) 15
> 무직 김찬(25) 일명 김계오(金啓悟) 박춘극(23) 안종열(22) 김양순(24) 김형선(33) 김형갑(22) 최인준(22) 문석준(39) 윤상남(28) 김정옥(27) 양재경(23) 장성철(24) 장희보(34) 장임순(31)

주범 김찬은 일찍부터 평양 진남포 등지에서 인텔리와 노동자층에서 사회주의 동지를 규합하고 사회주의 운동에 활동하여 적색노조 결성을 획책한 적이 있고 작년 '노동자데이'에 격문을 만들어 평양 진남포에 산포하는 등 사회주의 운동에 활동하다 멀리 중국 북경에 가서 해외에 있는 조선공산당원들과 협의하고 조선공산당 재건운동에 사용할 자금을 휴대하여 안동을 경유해서 국경을 넘어 조선 내에 들어와 철도편을 피하고 도보로 경성방면으로 가는 도중, 선천 모 여관에서 평북경찰부에 작년 9월 15일 체포됐다.

그러나 평북경찰서는 그를 김찬으로 알아보지 못한 채 수개월 동안 취조를 하다가 우연히 그가 조선공산당 재건운동 목적으로 월경 입국한 김찬임을 알게 되자 아연실색하여 일간 김찬이 거주했던 진남포를 비롯한 평양 경성 철원 등지까지 검거선풍을 일으키게 되어 전 14명 중 목하 신의주지방법원 예심법정에서 취조를 받고 있던 조선공산당 재건사건의 김명시(26)의 오빠 김형선 등 3명을 제외한 11명을 검거하였다가 저간 김찬 등 4명을 제하고 7명은 석방하였다.[3]

일본 경찰은 사상범을 잡은 후 혹독한 고문을 통해 범죄 사실과 배후를 자백 받은 후(없는 범죄를 조작해 만들기도 하고) 기소하는 방법을 택했다. 김찬은 1933년 1월 30일, 경찰에 붙잡힌 지 5개월 만에 치안유지법

---

3 〈동아일보〉, 1933. 2. 1

〈동아일보〉 1933년 6월 3일자(좌) 김찬을 조봉암, 김단야와 함께 조선공산당 재건사건의 주범으로 보도하고 있다. 〈동아일보〉 1933년 6월 2일자(우) 김찬의 사진과 함께 그의 활동을 자세하게 보도하고 있다.

위반과 출판법 위반 등으로 신의주 검사국에 송치됐다. 이미 붙잡힌 김명시도 함께 송치됐다.

일제는 1931년 상해에서 붙잡혀 조사를 받던 조봉암과, 그해 11월 상해에서 구속된 홍남표, 이미 신의주에서 체포된 김명시도 이 사건과 관련되어 있다고 판단해서 신의주검사국으로 압송해 병합 심리를 시작했다.[4]

결국 이 사건은 조봉암, 홍남표와 이미 구속되어 신의주지방법원에서 심리를 받고 있던 김명시 등 6명과 함께 병합심리를 하게 됐다. 이들을 심리한 인물은 악명 높은 타니다(谷田) 검사가 맡았다. 조봉암이 손가

---

4 〈동아일보〉, 1933. 2. 22

單一共產黨再建事件 豫審決定書全文 〔一〕

單一共產黨再建事件 豫審決定書全文 〔七〕

〈동아일보〉 1933년 6월 3일자(좌) 당시 언론은 이 사건의 예심결정서 전문을 연재했다.
〈동아일보〉 1933년 6월 23일자(우) 그 중 김찬과 관련된 대목.

락을 자를 수밖에 없게 만들었던 고문의 당사자다. 심리 역시 신의주지
방법원에서 악명 높은 오다쿠라(小田倉) 예심판사가 맡았다.

이 사건은 조선공산당에서 매우 굵직한 인물들을 한 법정에서 심문
하는 사건으로 연일 언론에 보도됐다. 2월 23일, 언론은 이 사건을 '조
선공산당 재건 및 재승인 사건'으로 명명해 보도하기 시작했다. 김찬은
5월 3일에야 조서가 꾸려지는 예심이 종결됐다. 당시 〈동아일보〉는 김
찬을 비롯한 이들의 〈예심결정서〉 전문을 연재할 정도로 매우 비중 있
게 다뤘다. 이날 발표된 이 사건의 〈예심결정서〉에는 조봉암, 홍남표,
김명시, 김찬 4명을 이 사건의 주범으로 명시하고 있다. 특히 '조선 당
재건을 획책 공산주의의 3거두 홍남표, 조봉암, 김찬 래역과 그 활동경

로'라는 제목의 기사에서는 김찬을 행적을 자세히 보도하고 있다.[5]

또 〈동아일보〉 6월 3일자에는 '김찬, 조봉암, 김단야 등 3파 합류로 맹활약'이라는 제목의 기사를 싣고 있다. 제목으로 보아 김찬은 조봉암, 김단야, 홍남표 등과 거의 대등한 주범 취급을 받았던 것이다. 특히 이 〈예심결정서〉에서는 이 김찬을 제1차 공산당 사건의 '김찬'(본명 김락준)이 아니라는 점을 분명히 하고 있다.

조선공산당의 거두 박헌영, 김형선의 검거

김찬을 비롯한 조봉암, 홍남표, 김명시 등이 신의주형무소에서 혹독한 고문을 받고 있을 무렵, 상해로 도피했던 김형선은 대범하게 다시 경성으로 들어왔다. 실패해도 포기할 줄 모르는 김단야의 의지도 대단하지만 몇 번씩이나 검거의 위기를 넘기면서도 조선공작을 계속한 김형선 역시 대범한 인물이 아닐 수 없다.

김형선은 6월 함흥에서 막 출감한 이재유를 만나 조직 재건을 논의했다. 그는 변홍대를 통해 이재유를 만났다. 이재유는 자체적으로 경성에서 노동운동을 하고 있었다. 그는 토종 공산주의자로 이른바 '국제선'이라고 일컬어지는 상해 혹은 코민테른과 직접 연계를 갖고 있지 않았다.

1933년 6월 20일, 김형선은 이재유와 만나 대학로 동소문을 나와서

---

5 〈동아일보〉, 1933. 6. 2

돈암동 베비 골프장까지 걸으며 대화를 나눴다. 두 사람은 서로 처음 만난 사이로, 김형선은 감옥에서 막 출감한 이재유에게 자신이 코민테른의 직접 지시를 받는 유일한 국제선이라고 소개했다. 또 김형선은 잡지 〈코뮤니스트〉의 발간과 배포에 대해 논의하고, 이재유에게 함남에서 활동을 권유했다. 이에 대해 이재유는 코민테른 지시는 따르겠으나, 상해에서 발행하는 〈코뮤니스트〉를 국내에 배포하는 것은 늦고, 또 대중적 기반이 없다고 비판했다. 그리고 함남보다 경성에서 활동하겠다는 의사를 피력했다. 김형선은 이재유의 이런 입장을 듣고, 또 양해했다.[6]

조선공산당 재건의 조직가 김형선은 7월 15일에 경성에서 검거되고 만다. '조직과 도피의 천재' 김형선의 도피극 역시 대범했다. 7월 14일 밤, 경기도 경찰부와 경성경찰, 인천경찰부에는 비상이 걸렸다. 중요한 범인이 나타났다는 정보였다. 각 경찰서와 주재소 경찰들이 총동원되어 인천에 포위망을 쳤다. 그리고 15일 새벽, 20세의 홍운표를 검거했다. 원래 김형선이 나타난다는 정보였는데 홍운표가 검거된 것이다. 김형선은 이미 포위망을 친 인천을 탈출해서 경성에 잠입하는 데 성공했다.

경성까지 비상이 걸려 일제 경찰의 경계가 삼엄했다. 김형선은 경성에서의 활동도 위험하다고 판단하여 다시 버스를 타고 영등포로 향했다. 영등포에서 걸어서 오류동까지 갔다가 다시 기차로 갈아타고 소사

6   김경일, 『이재유 연구』, p.124~125

김형선 (출처: 국사편찬위원회)

를 거쳐 다시 인천~상해로 가려는 계획이었던 것이다. 그러나 걷는 방향이 어긋나 그만 김포로 들어가 버렸다. 조그마한 반도 형태의 김포는 포위될 가능성이 높은 지역이다. 고민 끝에 그는 다시 경성으로 들어가기로 했다. 오전 11시, 김형선은 대범하게 자동차를 몰고 경성에 들어가기 위해 한강 다리를 건넜다. 그의 대범한 탈출은 성공하는 듯 보였다. 하지만 경성에 들어와 한강 인도교를 건너기 직전에 노량진 쪽에서 검거되고 말았다. 당시 그의 검거장면을 신문은 '백주에 자동차 몰아/경성 잠입타가 피체/주범 김형선 체포경로/활사와 같은 극적 광경'이라는 제목으로 이렇게 기록하고 있다.

김포에서는 독안의 든 쥐가 될 염려를 품었던지 다시 김포에서 경성으로 오는 승합자동차 408호로 경성에 재차 침입하다가 미리부터 비상경계망을 치고 있던 영등포경찰서 황산봉 형사가 전기 자동차를 정지시키고 승객들을 일일이 불심심문하는 차에 힘 안 들이고 잡으려던 김원식이라는 김형선을 체포·포박하여 곧 영등포 본서로 압송한 바 이곳에서는 미리부터 수사방면에 지휘 격으로 출장하였는 경찰부 고등과 수사주임 삼륜(三輪) 경부의 호위 오토바이로 경찰부로 호송됐다.[7]

종로경찰서 고등과 수사주임 미와(三輪) 경부가 직접 지휘하여 김형선을 검거한 것이다. 백주 대낮에 대담하게 자동차를 몰고 경성에 들어오다 잡힌 김형선의 검거 소식은 당시 대대적인 뉴스였다. 김형선의 검거로 인해 신의주에서 재판을 받고 있던 김찬 사건도 다시 검토됐다. 김찬 사건의 이면에 김형선이 있음이 밝혀진 것이다. 심지어 "전기 신의주지방법원 공판에 걸려 있는 단일공산당재건운동의 실질상의 리더는 조봉암, 홍남표, 김명시가 아닌 실로 이 김형선이었던 것이다"라며 김형선이 최고 주범이라고 보도하기까지 했다.[8]

김형선의 검거는 상해에 있던 김단야, 박헌영도 위험해졌음을 의미했다. 결정적 단서는 김형선과 같이 붙잡힌 홍운표의 집에서 나왔다. 당시 언론에서는 박헌영의 검거 경위를 이렇게 밝히고 있다.

---

7 〈동아일보〉, 1933. 7. 16
8 〈동아일보〉, 1933. 7. 18

'홍운표 가택수색으로 의외에 소재판명/박헌영 돌연 피검된 경과/김
형선 취조진행'

지난달 15일 노량진에서 김형선을 검거하고 그의 연루자 등 다수를
검거한 후 엄밀한 취조를 진행하고 있는 경기도 경찰부 고등과에서는
상해에서 김형선의 연루로 박헌영까지 삼륜(三輪)경부가 직접으로 취조
를 진행하고 있다.

박헌영 검거 전말은 김형선이 체포되고 홍운표가 체포된 뒤 그들의
가택을 수색한 결과 상해에서 발송한 서신에 의하여 박헌영이 상해 불
국조계에 있음을 알고 경기경찰부에서 그 즉시로 상해영사관 경찰서로
수배를 하였던 바 때마침 박헌영이 자기 숙소에서 나오는 것을 지난달
17일 밤에 어렵지 않게 검거한 것이라 한다.[9]

여기서 일제 경찰이 검거하려던 사람은 박헌영이 아니라 김단야였다
는 것은 널리 알려진 사실이다. 당시 김단야는 박헌영과 함께 상해에서
〈코뮤니스트〉를 편집하고 있었기 때문이다. 일본영사관 경찰의 〈체포
경위 보고서〉에는 다음과 같이 기록되어 있다.

김단야라고 생각되는 일명 이두수(李斗秀)라는 인물이 이번 달 5일 오
전 7시부터 8시 반경 사이에 공동조계 북경로 강서로 교차로 부근에서

---

9   〈동아일보〉, 1922. 8. 8

한 동지와 연락을 취하기로 한 것을 이곳 조선총독부 파견원이 탐지하고 체포 방법을 신청, 공동조계 공부국 경찰과 연락을 하여 그 응원을 얻어 당일 같은 날, 같은 시각, 같은 장소 부근에 잠복했다. 오전 7시 45분경 위의 공동 조계 강서로 북경로 모퉁이로부터 약간 북쪽에서 이두수라고 인정되는 인물을 발견하고 그를 체포하는 한편, 공부국에 연행하여 당관(當館)에 인도를 받아 엄밀하게 취조함에, 그 사람은 김단야가 아니라 박헌영이었다고 한다. [10]

일제 경찰이 박헌영을 김단야로 착각한 이 사건은 코뮤니스트 사건의 주도자가 김단야임을 보여준다. 일제 경찰은 코뮤니스트 사건을 추적하면서 김형선과 홍운표를 검거한 후 이들과 연락한 편지를 통해 상해의 김단야를 추적하고 있었기 때문이다. 이는 잡지 〈코뮤니스트〉 창간에서부터 조선에 배포까지 김단야가 직접 지휘했음을 입증하는 것이다. 물론 박헌영은 잡지 〈코뮤니스트〉에 직접 글을 쓰는 등 간접적으로 협조하고 있었다. 김단야가 코민테른에 제출한 당시 정황 보고서에는 당시의 긴박했던 장면이 생생하게 묘사되어 있다.

이춘(박헌영)이 체포된 날, 이춘은 매우 늦은 시각에도 집에 들어오지 않았다. 이춘의 부인은 이 일로 해서 매우 겁에 질려 있었다. 이춘의 부

---

10 임경석, 『이정 박헌영 일대기』, 역사비평사, 2004, p.173에서 재인용.

인 주세죽(코레예바)이 나의 거처로 와서 이춘이 체포된 사실을 알렸다. 우리는 이춘이 체포된 사실을 알리기 위하여 함께 이춘이 접견하던 여인에게로 갔다. 우리가 이 여인이 거처하는 집에 도착한 지 5분 정도가 지나자, 체포된 이춘과 경찰들이 타고 온 자동차가 집으로 들이닥쳤다. 이 사실을 눈치 챈 나는 그 집이 매우 번잡했고, 잡동사니들이 여기저기 늘어져 있었기 때문에 몰래 도망칠 수 있었다. 이춘은 경찰들이 엉뚱한 집으로 데려온 점을 추궁하며 자신을 구타하는데도, 나를 검거하지 못하도록 노력했다. 나는 다음 골목을 돌아 인력거를 잡아타고 도망쳤다.[11]

김단야, 김형선, 김명시, 김찬―코뮤니스트 그룹의 계보

일제 경찰은 11월이 다 되어서야 '김단야―김형선―김명시 및 김찬'으로 이어지는 이번 코뮤니스트 그룹 사건 전체 계보를 밝혀냈다. 일제가 이 사건에 주목하고 흥분한 것은 이 사건이 과거 공산당 사건과는 사뭇 양상이 달랐기 때문이다. 과거에는 공산당 조직을 만든 후 코민테른의 승인을 받았지만 이번은 코민테른이 직접 김단야를 통해 지시한 사건이기 때문이다.

…… 이때까지 해외와의 연락이 없이 조직된 공산당들은 대개 공산

---

11 임경석, 「이춘 동지의 체포에 대한 김단야 동지의 보고」, 『잊을 수 없는 혁명가들에 대한 기록』, 역사비평사, 2008, p.174~175에서 재인용

당 건설 이후 코민테른의 승인을 받으려는 것이나 금번 공작 중이던 것은 코민테른에서 직접 김단야에게 조선공산당 재건의 지령을 받아 그가 조선 내의 동지를 규합하여 당 재건을 지휘하였다고 한다.

함흥 공산당 사건의 리더인 정백도 김단야를 통하여 프로핀테른와 관계를 맺었었으며 방금 신의주에서 공판 개정 중인 김명시 등의 조선 단일공산당 사건과 지난여름 김형선(김명시의 오빠)의 국제공산당 재건 활동도 모두 코민테른의 지시로 김단야가 지휘하였던 것이었다. 금번 사건 관계자로 김형선이 체포된 직후 그 뒤를 이은 것이라고 한다. 그러므로 이때까지 상해에 있던 운동자들이 중국공산당원으로서 조선공산주의운동에 활동하는 것과 금번의 국제공산당원으로서의 활동과는 그 색채가 다른 것이다.[12]

일제 경찰의 수사는 일면 정확했다. 이 사건은 코민테른에 의해 지시되고 조정된 당시 유일한 사건이었기 때문이다. 일제 경찰은 이번 기회에 코민테른과 직접 연결되는 박헌영을 비롯해 김단야의 처 고명자, 조선에서 공산당 재건 조직책임자 김형선과 그의 동생 김명시, 그리고 김찬 등을 검거했다. 여기에 상해에 있던 조봉암과 홍남표까지 검거했다. 조선공산당의 국제선과 중국공산당 한인지부까지, 김단야를 제외하고 이른바 조선공산당 해외조직이 완전히 궤멸된 것이다. 이후 조선공산

---

12 〈동아일보〉, 1933. 11. 16

당 재건활동은 국내파인 이재유, 이현상, 김삼룡의 이른바 경성트로이카로 이어진다.

신의주에서 열린 김찬의 정식재판

김찬의 정식재판은 구속된 지 1년 만인 1933년 9월 25일, 처음 열렸다. 원래 9월 15일에 첫 공판이 열릴 예정이었으나 25일로 연기됐다. 아마 경성에서 검거된 김형선과 상해에서 검거된 박헌영과의 연관성을 검토하느라 늦었을 것이다.

첫 공판은 9월 25일 오전 11시 신의주지방법원 1호 법정에서 열렸다. 이 사건은 여론의 관심으로 많은 사람들이 재판을 지켜보려고 나와 법정이 혼잡했다. 신의주 경찰과 일본 헌병까지 출동하여 법정 안과 밖을 삼엄하게 경계하는 가운데 재판이 시작됐다. 주심판사 기쿠치(菊池), 다케이시(竹石) 쓰카모토(塚本) 양 판사 배석, 검사는 다니다(谷田)였다. 변호사는 조선인 최창조(崔倉伊)가 입회했다. 이 재판이 얼마나 중요했고, 또 관심을 끌었는지 당시 언론은 재판과정을 거의 중계하듯 상황을 그대로 전하고 있다.

피고 16명이 착석하자 재판장은 먼저 김명시를 불러 심리에 들어갔다. 재판장이 주소, 성명과 직업을 물으니, 본적은 경남 마산 주소는 신의주형무소, 친부는 어려서 사별하고 호주는 조선공산당의 거두 김형선으로 자기는 그의 누이동생이며 직업은 ○○○○입니다라고 유창한 일본말로 대답하였다.

　이것이 끝나자 조봉암 등 일동은 〈예심결정서〉의 내용이 사실과 상위되는 점이 많으며 더욱 다수의 피고들과 자기들이 어찌하여 병합되었는지를 모르겠다고 진술을 개시하여 '첫째는 답변이 구구하므로 그 통제를 도모하며 정확한 답변을 하게 하여야겠으니 먼저 압수당한 재료를 돌려주고 둘째는 공판은 공개하고, 셋째는 대판(大阪)에 압송된 강문석(28)은 당시 책임서기이니 신의주로 데려올 것' 등의 요구를 진술했다.

　홍남표, 김명시, 김종렬 등은 일어서서 경찰에서의 ○○(고문—괄호 안은 저자가 보충) 사실을 들어 "민봉근의 사인을 경찰 측에서는 발표를 아니하나 그것이 무엇보다도 고문으로 그같이 된 것도 알고 있다"고 진술하니 재판장은 "후일 조사하여 주겠다"고 피고들을 진무했다. 그리고 다른 피고들로부터도 2~3개 요구가 있은 후 재판장은 9월 말경 3일간 계속 공판을 속행하겠다고 선언하고 폐정되니 오후 0시 40분이었다.[13]

　당시 신문은 고문을 은폐하기 위해 00으로 처리하고 있다. 또 당시 언론은 일제의 보도 통제로 '상해00반0동맹(上海00反0同盟)'처럼 '한인', '반제국' 등의 표현도 하지 못했다. 신의주지방법원은 많은 치안유지법 위반 사건을 처리했지만 이번처럼 거물 공산주의자를 재판해 본

---

13 〈동아일보〉, 1933. 9. 26

〈동아일보〉 1933년 12월 6일자 이 사건 첫 재판 상황을 보도한 〈동아일보〉 1933년 12월 6일자 기사. 하단 오른쪽에서 세 번째가 김찬이다.

것은 처음이어서 매우 긴장하고 있다고 당시 언론은 전하고 있다.[14]

하지만 사상범으로 재판 받은 경험이 있는 조봉암은 매우 노련했다. 피고인들은 일제히 일제 경찰의 고문 사실을 폭로하며 〈예심결정서〉는 고문에 의한 허위진술이라고 주장했다. 또 일제 경찰이 부당하게 압수한 물품을 반환할 것, 공개 재판을 할 것, 일본으로 압송된 동료를 데려올 것, 고문으로 죽은 민봉근의 진실을 밝힐 것 등 네 가지 요구조건을 제시하는 등 매우 치밀하게 대응했다.

그러나 재판장은 고문 사실을 조사했지만 아무런 증거가 없다고 강

---

14 〈동아일보〉, 1933. 11. 15

변했다. 또 공판 공개는 수감의 태도에 따라 금지할 수 있다고 주장했다. 일제는 고문 사실이 드러날 것을 우려해 비공개 재판을 자주 했다. 조봉암은 다시 피고 대표자를 선출해 심리할 것을 요구했지만, 재판장은 "그리할 수 없다"고 일축했다. 이에 조봉암은 "그렇다면 우리도 답변하지 않겠다"고 반발하는 등 매우 첨예하게 대립했다.

특히 조봉암은 재판 내내 자신은 이 사건과 관련이 없다고 주장하면서 김찬 등과의 합동공판은 잘못이라고 주장했다. 조봉암은 다른 피의자와 병합 심문하느냐를 놓고 논란이 많았고, 11월 15일 재판에서는 결국 퇴정하기도 했다. 실제 조봉암은 해방 후, 자신의 회고록이나 기록 등에서 김단야와 함께 잡지 〈코뮤니스트〉 배포에 관여했다는 증언을 한 적이 없다. 따라서 조봉암은 이 사건에 깊숙이 관여하지 않은 것으로 보인다.

이런 가운데 상해에서 검거되어 경성으로 압송, 경성지방법원에서 재판을 받고 있는 박헌영과 김형선의 관련성을 따지기 위해 경성지방법원 마스무라(增村) 예심판사가 12월 10일, 신의주형무소에 방문했다. 이들은 조봉암, 홍남표, 김명시, 김찬 등을 만나 심문했다. 아마 이들은 이때 박헌영의 검거 소식을 들었을 것이다. 김찬 역시 김형선의 구속 사실을 이때 알았을 것이다.

박헌영은 경성에서 별도 재판이 진행됐고, 김형선 재판은 12월 20일에 종료됐다. 김형선의 경우, 검거된 지 5개월도 안 되어 1심 판결이 끝난 것에 비해 이 사건은 매우 길었다. 그것은 조봉암 등 사건관련자들의 법정투쟁이 치열했기 때문이다. 결국 기쿠치 주심판사는 피고들의 4가지 요구를 모두 거부하고 재판을 강행했다.

12월 18일, 오후 12시 30분부터 신의주지방법원 1호 형사법정에서 열린 공판에서 다니다 검사의 구형이 이루어졌다. 조봉암 징역 7년, 홍남표 5년, 김명시 5년, 김종열 3년, 김점권 3년, 염용섭 2년 6개월, 김찬 2년, 서병송 2년, 원봉수 1년 6개월, 박춘극 1년, 김기양 10개월, 안종각 8개월, 이계상 6개월, 김양순 8개월, 김명산 금고 6개월 등이다.

김찬이 상대적으로 적은 형을 구형받은 이유는 치안유지법 위반과 직접 〈코뮤니스트〉를 제작하지는 않았던 점이 감안된 것이 아닐까 싶다. 아니면 재판장의 말대로 행형 태도와 재판을 받는 태도가 좋았을 수도 있었을 것이다.

12월 27일 오후 2시, 신의주지방법원에서 기쿠치 재판장은 다니다 검사 입회하에 판결언도가 내려졌다. 조봉암 징역 7년, 홍남표 6년, 염용섭 5년, 서병송 2년(이상 미결통산 150일) 김명시 징역 6년, 김종열 동 5년, 김점권 동 5년, 원봉수 동 1년 반(이상 미결통산 350일) 김찬 1년 반, 박춘극 1년(이상 미결 통산 200일) 김경(전문미상) 10개월(집행유예 4년) 안종각 8개월, 김양순 8개월, 이계상 6개월(이상 3명 집유 3년) 김명산 금고 6개월(집유 3년).

이날 판결한 기쿠치 재판장은 중형을 선고한 이유에 대해 "법정에 있어서 피고들의 완강한 태도를 들어 설명한 뒤 개전의 희망이 없음"을 들었다. 이는 역으로 당당히 재판에 임했다는 이야기다. 선고가 끝난 시간은 오후 3시였다. 사건 관련자 대부분은 항소를 포기했다. 그것은 일제의 재판에 아무런 기대를 할 수 없다는 판단에서였다.

이들은 혹독한 신의주형무소 수형생활을 감내하기로 했다. 한반도의 맨 서북쪽 끝에 위치한 신의주는 매서운 추위로 유명한 곳이다. 신의주형무소는 1923년에 지어진 비교적 신식 형무소였지만 신의주의 혹독한 추위와 엄한

조봉암(오른쪽에서 첫 번째) 1959년 진보당 사건으로 사형선고를 받고 있다.

규율 등으로 많은 독립운동가들이 고초를 겪었다. 함께 재판을 받은 조봉암은 이곳에서 고문을 받다 다친 손이 다시 동상에 걸려 손가락 7마디를 잘라내는 고통을 받은 것으로 유명하다.

6년 동안 신의주 감옥에서 옥살이하는 동안 조봉암은 줄곧 독방에 있었다. 신의주 지방은 겨울이 유난히 추운 곳이고 독방은 바깥보다 훨씬 더 춥다. 그래서 고문으로 상한 손가락 7개가 동상으로 잘려 나갔다. …… 나는 자유의 구속이라는 것 외에는 추위 고생이 제일 컸다. 신의주 추위는 이름난 추위다. 그런데 수인들은 그 추위에 대해서 거의 무방비 상태다. 독방 마룻바닥 위에 얇은 거적 한 닢을 깔고 이불 한 쪽을 덮고

눕는데 밤새 몸이 떨릴 뿐이지 푸근히 녹는 일은 거의 없다. 떨다가 지쳐서 잠시 잠이 오는데 그 잠든 사이에 슬그머니 얼어 죽으면 네모난 궤짝 속에 넣어서 파묻는 것뿐이고 요행 죽지 않으면 사는 것이고 살면 징역살이를 되풀이하는 것일 뿐이다.[15]

10

—

1934년 상해,

—

국경을 초월해 사랑하다

대도하를 마친 홍군은 사천성 서부지방으로 이동했다. 1,600피트 대설산을 올랐다. 눈 덮인 대설산을 횡단하는 중에, 고지대에 적응이 되어 있지 않은데다가 얇은 옷을 입은, 적지 않은 수의 야윈 남부 사람들이 추위를 견디지 못하고 쓰러졌다. 하지만 더 오르기 힘들었던 것은 포동강(炮銅岡)이었다. 그들은 긴 대나무를 쓰러뜨려 허리까지 빠지는 진흙구덩이 위에 꼬불꼬불 길을 만들면서 이 산에 올라야 했다. 모택동이 나에게 했던 말을 빌리면 "이 봉우리에서 한 군단은 수송용 우마의 3분의 2를 잃었다. 수백 명의 사람들이 쓰러지더니 영원히 일어나지 못했다."

그러나 그들은 행군을 멈추지 않았다. 다음은 공래산(邛徠山)이 그들

의 앞을 가로막았고, 이곳에서 더 많은 인명과 짐승을 잃었다.[1]

2년만의 출옥, 다시 중국으로

1934년 10월, 김찬은 신의주형무소 문을 나섰다. 1년 6개월 징역형을 받았지만 예심 기간을 합하면 꼬박 2년 넘게 수감됐다. 그는 만기 출옥하면서 조선 밖으로 나갈 수 없다는 거주제한 조치를 받았다. 거주제한 조치는 일제가 주요 사상범에게 적용하던 일종의 추가 형벌이었다. 대부분 독립운동가들은 이 조치를 받아들여 낙향해 조용히 살았다. 일제는 이들에게 약간의 일자리를 제공하는 회유책을 쓰기도 했다.

그러나 김찬은 이를 거부하고 중국으로 돌아갔다. 아들 김연상에 따르면 "북경에 있는 큰형인 김환이 '아버지가 위독하니 집으로 돌아오라'는 전보를 쳐서 북경으로 올 수 있었다"고 한다. 그는 북경에 있는 큰형의 집에서 고문으로 몹시 상한 몸을 추스렸다. 막 출감했던 당시 사진을 보면 김찬은 짧은 머리에 바짝 마르고 수척한 모습이다. 신의주형무소의 생활이 얼마나 힘들었는지 엿볼 수 있다.

어느 정도 몸을 회복한 김찬은 다시 상해로 갔다. 마치 연어가 고향을 찾듯이 김찬도 혁명의 고향을 찾아갔다. 그러나 상해에는 아무도 없었다. 그를 따뜻하게 맞아주던 김명시도, 김형선도, 그리고 냉정했지만

---

1   에드거 스노, 신홍범 역, 앞의 책, p.201

매사 분명했던 선배 김단야도 없었다. 과거에 같이 활동하던 동지들은 변절했거나, 일제의 회유공작으로 혁명운동을 포기했다는 소문만 들렸다. 조선의 공산주의자 활동도 거의 없었다. 일본 법무성 통계에 따르면 "1933년 12월 조선에서 1934년 석방된 949명의 공산주의자 가운데 375명이 공산주의를 포기하고 회유공작으로 전향했으며, 충실한 공산주의자는 해방까지 감옥에 있었다"고 지적할 정도였다.[2]

가석방 등으로 출소한 공산주의자들 대부분은 사상전향 했음을 의미하는 것이다. 자생적인 '경성 트로이카'는 지하에서 서서히 움직이고 있을 뿐이었다. 일찌감치 중국으로 이주해 조선 내 기반이 없던 김찬은 이들과 연계할 통로가 없었다.

조선의 이들과 연계할 사람 중 유일하게 체포되지 않은 사람은 김단야뿐이었다. 김찬은 상해에서 김단야를 수소문했지만 소재를 파악할 수 없었다.

> 상해에서 한인공산주의 활동은 1934년 무렵부터 거의 존립하지 못한 듯하다. 잔존세력은 1934년에 시작된 장정 이후에 화북지역 연안으로 이동했을 가능성이 크다고 생각된다. 실제 상해가 더 이상 한인들의 활동구역이 될 수 없었고, 임시정부 계열도 이미 1932년 4월 윤봉길 의거 이후 남경으로 이동한 뒤였다. 중국공산당에 가입하지 않고 활동하던

---

2 서대숙, 앞의 책, p.194~195

1934년 출감 직후 김찬의 모습

일부의 세력, 즉 김성숙과 같은 공산주의자들도 남경으로 이동하여 중일전쟁 이래 조선민족해방동맹을 결성함으로써 그 맥을 잇기도 했지만, 실제로 큰 세력을 형성할 수는 없었다.[3]

김단야는 상해에서 조선공산당 부활의 불꽃을 살리기 위해 마지막까지 최선을 다했다. 김단야는 한용(韓鎔), 이흥민(李興敏), 조용암(趙龍岩) 등과 합세해 한인반제동맹을 재조직하는 등 한인지부의 맥을 이었다. 하지만 이는 곧 무너졌다. 김단야 혼자의 노력만으로 한인조직을 다시 살리기에는 역부족이었다.

중국공산당은 1933년 1월 8일 한인지부에 "한인반제동맹 및 호제회 분회의 부활에 노력할 것"이라고 지시했다. 이에 따라 김단야는 1월 19일, 남은 당원을 집결시켜 중국공산당 한인지부의 쇠퇴 이유를 검토했다. 그 결과, 간부의 신변위협과 피체로 인해 지도자와 활동분자가 없어져 공작이 어렵고, 군중을 지도할 수 없는 상태라고 밝혔다.[4]

김단야는 1933년 9월, 경성에 있는 여운형과 조동우에게 마지막 밀사 정태희(鄭泰熙)를 보냈다. 김단야는 모스크바 공산대학에 파견할 학

---

3 김희곤, 앞의 논문, p.166
4 〈外務省警察史 支那之部〉, p.888~893 / 김희곤, 「1930년대 초 상해지역 한인공산주의자의 동향」, 〈국사관 논총 제47집〉, p.166에서 재인용

생을 모집하고, 조선인 열성분자를 자신에게 파견해 줄 것을 요청했다. 그러나 정태희가 임무를 마치고 상해로 복귀하는 길에 신의주에서 검거되면서 무위에 그치고 말았다.[5]

정태희 밀파로 마지막 희망을 걸었던 김단야는 결국 참담한 모습으로 모스크바로 되돌아갔을 것이다. 그가 조선에 있는 여운형과 조동우에게 '사람을 키우기 위해 인재를 보내달라'고 요청한 것은 더 이상 중국에서 동지를 규합하기 어려웠기 때문이다. 또, 김단야가 중국공산당보다 모스크바 국제선과 더 밀접했기 때문이기도 했다.

상해에서 김단야는 감쪽같이 '사라진 존재'로 통했다. 김단야가 상해를 떠난 시기도 분명치 않다.

> (박헌영이 검거되고) 그로부터 6개월 뒤에 김단야는 잡지 〈코뮤니스트〉 발간 사업에서 손을 떼고 모스크바로 귀환했다. 잡지 발간 사업이 왜 중단됐는지는 아직 확실하게 알 수 없지만 중대한 정책 전환이 있었음은 틀림없는 듯하다. 김단야 뿐만 아니었다. 주세죽도 그와 함께 모스크바로 되돌아갔다.[6]

이번 조선공산당 재건사업에서 김단야는 부인 고명자를 잃었고, 주

---

5 지중세 편역, 앞의 책, p.205~207
6 임경석, 『잊을 수 없는 혁명가들에 대한 기록』, 역사비평사, 2008, p.67

잡지 〈삼천리〉에 소개된 고명자, 주세죽, 허정숙 이 세 사람은 당시 열성적인 여성 사회주의 운동가로 각각 경성트로이카로 불린 김단야, 박헌영, 임원근의 연인들이었다. (출처: 원경)

세죽은 남편 박헌영을 잃었다. 이심전심, 두 사람은 똑같은 심경이었을 것이다. 결국 두 사람은 모스크바에서 결혼했다. 박헌영과 고명자가 다시는 살아서 돌아오지 못할 것이라는 생각을 했기 때문일 것이다. 김단야는 모스크바 동방노력자공산대학 한국과장을 맡았다.

　김찬도 이른바 '국제선'의 일원이었지만 중국공산당 출신으로 코민테른의 국제선과 직접 연계를 갖지 못했다. 김찬은 중국공산당 알음을 통해 모스크바로 떠난 김단야까지 수소문했지만 여의치 않았을 것이다. 이때는 상해에서 한인공산주의자뿐만 아니라 중국공산주의자도 위험한 상황이었기 때문이다.

이즈음 중국공산당 상황은 매우 긴박하게 전개되고 있었다. 장개석의 중국 국민당은 중국공산당을 포위해 발본색원하는 이른바 위소전을 전개하고 있었다. 중국공산당은 이 시기, 절체절명의 위기에 처했다.

이때 장개석은 1933년 10월 이래 다섯 번째 위소전의 준비를 진행시키고 있었다. 새로 90만 병력과 2백 대의 비행기가 동원되었다. 총지휘는 장개석 자신이 했고, 1933년 여름에 맏아들인 폰 제이크 장군이 이것을 보좌했다. 장개석은 이번엔 공산군 유격전에 교란되지 않도록 하기 위해 철벽같은 전략을 추진했다. 소비에트구는 경제적으로 봉쇄되고 요소요소에는 토치카를 건설했으며 이러한 거점들은 자동차 도로망으로 연결이 되었다.[7]

국민당군의 치밀한 위소전으로 홍군은 계속 밀리고, 중국공산당 조직은 계속 붕괴됐다. 1934년 1월에 고립됐던 복건인민정부가 붕괴됐다. 장개석의 국민당군은 홍군의 본진이 있는 강서소비에트를 포위하고 압박해 들어왔다. 모스크바의 코민테른은 '남은 병력을 보전하라'며 강서소비에트 포기를 지시했다.

7월 15일, 홍군 선발대는 어렵게 국민당군의 포위망을 뚫었지만 중

---

7 우노 시게아키, 김정화 역, 앞의 책, 1973, p.100

국공산당 중앙은 명확한 지침을 갖지 못하고 우왕좌왕했다. 결국 포위
망을 뚫은 선발대도 궤멸되고 말았다. 9월 11일, 국민당군은 중앙소비
에트를 압박해 왔다. 10월 초순에야 중국공산당 중앙은 서쪽으로 탈출
계획을 세웠다. 10월 15일 밤부터 16일에 걸쳐 홍군의 도피, 이른바 대
장정이 시작됐다.

　중국공산당 중앙인 상해도 안전하지 않았다. 중앙지도자들은 상해에
있는 그들의 연락거점도 포기해야 했다. 장문천(張聞天)은 1933년에 강
서로 떠났고, 1934년 4~5월경에는 상해에서 50명 이상의 공산당 주요
간부들이 체포되었다고 한다. 앞서 지적했듯이 1934년 중반, 중국공산
당 중앙위원회 상해지국이 없어졌다.[8]

항일투쟁의 선봉에 선 도개손

　장개석이 '선안내, 후양외(우선 안의 공산당을 제거하고, 나중에 외부의 적
을 해결한다)'는 정책을 고수하고 있을 때 일본은 만주를 넘어 동북지역
까지 세력을 확장하고 있었다. 일본은 1933년 1월 산해관을 점령하고 5
월에는 북경을 압박했다. 그런데도 장개석의 생각은 바뀌지 않았다. 오
히려 1935년 5월 하북 지역에서 배일(排日)운동을 하는 하북성 주석 우
학충(于學忠)의 파면하고 7월 6일, 일본과 하응흠(何應欽)·우메즈가 하

8　이정식, 『만주혁명운동과 통일전선』, 사계절, 1989, p.266

매협정(何梅協定)을 체결해 사실상 하북지역을 일본에게 넘겨버렸다.

장개석의 이런 정책에 중국 국민은 분노했고, 항일투쟁에 적극 나설 것을 요구했다. 특히 1934년 12월 9일에는 북평(북경) 학생들이 제국주의 타도, 화북의 자치 반대, 내전 중지, 일치 항일, 대일 교섭의 공개, 불법 체포 반대, 지방 영토의 안전 보장, 언론 · 출판 · 집회 · 결사의 자유 등을 외치며 대대적인 시위를 벌였다. 이른바 '12 · 9 운동'이다. 북경대 학생들부터 시작된 이 시위는 항주(杭州), 상해, 무한(武漢) 등 각 도시로 퍼졌다. 상해에서는 문화계, 학생계, 노동계 등 각 분야에서 구국회(救國會)가 만들어지고, 다음 해인 1936년 5월에는 전국 각계가 연대한 구국 연합회가 조직됐다. 내전 중지, 항일 구국의 구호는 전 중국으로 확산됐다. 위기에 몰린 중국공산당도 이런 항일 분위기를 고취시키는 데 전력을 다한 것은 물론이다.

도개손은 이렇게 어려운 시기에 북경과 상해를 오가며 힘든 조직활동을 계속하고 있었다. 김찬이 조선에서 혁명적 노동조합 운동과 〈코뮤니스트〉를 배포하며 조선의 독립을 위해 치열한 항일투쟁을 할 때 도개손 역시 북경에서 반제 항일투쟁의 일선에 있었던 것이다. 중국과 조선, 비록 두 사람은 조국은 달랐지만 상황은 같았고 생각도 같았다.

열정적인 혁명 활동으로 도개손은 계속 주요 직책을 맡았다. 도개손의 능력도 능력이었지만 국민당군의 탄압으로 중국공산당과 공청단 상층부가 계속 체포, 변절했던 것도 한 원인이었다.

도개손은 1932년 7월 류정(劉靖)을 대신해 공청단 북경시위 선전부장을 맡았고, 1932년 말에는 공청단 천진시위 부녀부장, 1933년 봄 공청단 북경시위 조직부장이 됐다. 당시 공청단 북경시위 서기는 왕학수(王鶴寿)[9]였다. 도개손은 왕학수와 함께 부부로 가장해 활동했다. 당시 중국 항일투쟁 과정에서 이렇게 부부로 위장하는 경우는 많았다. 당시 같이 활동하던 사람들은 이때 도개손의 침착함에 대한 다음의 일화를 전하고 있다.

어느 날, 왕학수가 밤에 귀가하지 않자 도개손은 문제가 발생했음을 직감하고 즉각 다른 동지들에게 도피할 것을 통보했다. 아니나 다를까, 왕학수는 국민당 헌병 3단에 체포됐다. 다행히 왕학수는 자백하지 않고 3일을 버텼다. 이런 상황에서 도개손은 대범하게 왕학수의 면회를 신청해 갈아입을 옷을 전달했다. 부부임을 의심하지 않은 국민당 헌병은 왕학수를 석방했다. 왕학수가 풀려나자 주변에서는 도개손의 침착함과 대범함에 놀라는 사람이 많았다.

당시 상해 상황은 대단히 엄중하고 잔혹했다. 공청단을 지도하는 중국공산당 주요간부 50여 명이 검거되는 사태가 발생했다. 변절자가 속출하면서 조직은 무너졌다. 중국공산당 상해지부가 해체될 정도였다.

---

9   하북성 당현(唐縣) 출신으로 1925년 라역농(羅亦農)의 소개로 입당한 후, 모스크바의 중산대학에서 수학했다. 왕학수는 호요방(胡耀邦), 도주(陶鑄)와 함께 연안에서 소위 '도원결의'를 맺은 바 있다.

1932년 여름, 호란생이 공청단 강소성위 조직부장에 임명됐을 때 상해 단원은 12개 구위원회에 3,000여 명이나 됐다. 하지만 1934년 상반기에는 6개 구위, 1935년 초에는 겨우 4개 구위원회만 남았다. 단의 인원도 300명 정도로 줄었다. 2년 반 만에 일어난 엄청난 변화였다.[10]

중국공산당은 상해지부를 복구하기 위해 북경 등 화북지역에 있는 인재를 상해로 계속 파견했다. 1932년 진백위(4~5월), 곧이어 장문열, 김순경, 1933년 도개손(6월), 1934년 주림(1월), 정정부(3월), 과부, 문덕, 또 연말에는 장신달을 파견했다. 1934년에는 도개손을 따라갔던 도영손(7월)과 왕흥양(8월), 또 이일범이 북경에서 상해로 파견됐다. 하지만 중국공산당의 고향, 뿌리와 다름없던 상해 조직을 회복하기에는 무리였다.

도개손은 1933년 9월, 상해공청단 중앙에 도착해 강소성위 선전부장에 임명됐다. 다시 1934년 9월에 이일평(李一平)이 체포되자 도개손은 조직부장을 이어받았다. 1934년 10월, 원래 단 강소성위 조직부장이던 범정중(范正中)이 3월에 서주 연락원으로 간 뒤 체포되면서 변절했다. 범정중은 변절 이후에도 여전히 연락원 신분으로 상해에서 단 중앙국과 단 강소성위 국방부 직할부대 및 기관들과 연락을 취하면서 여러 사람들의 근거지를 파악했다.

이러한 정보를 모두 취득한 국민당 헌병은 10월 말에 단 중앙국 서기

---

10 김연상, 「도개손」 앞의 자료.

진백위(陳伯偉)와 조직부장 이일범(李一凡), 선전부장 황약면(黃药眠)을 체포했다. 체포된 진백위, 이일범은 결국 변절하고, 당 중앙 공작책임자 서보택(徐宝铎)마저 변절하고 말았다. 결국 1934년 연말에는 단 강소성위 서기 정정부(郑征夫)가 체포되었다. 정정부는 남경 헌병사령부에서 죽음을 맞았다. 이로써 당시 단 강소성 위에는 조직부장인 도개손 한 명만 남았다. 공청단의 모든 조직이 철저히 파괴된 것이다.

이러한 상황에서 도개손의 담대함과 조직능력이 빛을 발했다. 도개손은 순시원 경력이 있어 단의 기층조직을 잘 알고 있었고 선전부장을 맡았기에 조직을 운영하는 방법을 알고 있었다. 그는 단성위 순시원인 허아(许亚)와 진국동(陈国栋)을 찾아 어떻게 할 것인지를 자문했다. 다음은 1987년『도개손기념문집(陶凯孙紀念文集)』에서 각계 인사들의 글을 아들 김연상이 정리한 것이다.

> 허아는 다음과 같이 회고했다. "1934년 말 단성위 서기 정정부가 체포되고 나서 나는 경계령을 받았고 재빨리 이동했다. 나는 어떤 혐의도 받지 않았고 다른 단 조직 역시 별다른 문제가 없었다. 1935년 초 도개손이 내부통로를 통해 나에게 연락을 해왔다. 그녀와 나는 공청단 일을 어떻게 평소처럼 견고하게 할 것인가를 의논했다. 몇몇 동지들이 체포됐지만 당시 단성위 국방부 직할부대 및 기관, 각개 단 구위는 모두 건재했고 공작에는 큰 영향을 받지 않았다. 우리는 간행물 발간과 지부공작을 계속했다."

진국동은 이렇게 회고했다. "1934년 말 단 성위 조직부장이던 도개손은 나에게 단 성위가 파괴됐다고 알려왔고 단 성위 서기 정정부가 체포되고, 그녀는 어떤 연관도 없어 여전히 공작을 계속하면서 나에게 주거지를 옮길 것을 요구했다. 주거지는 옮겼지만 여전히 나와의 연락은 계속했다. 1935년 2~3월 도개손은 나에게 상해의 상황이 좋지 않다고 알려왔다. 그리고 단 중앙은 그녀에게 단 성위를 다시 재건할 것을 결정했다. 당시 허아가 단성위 서기를 맡고 있고 나는 조직부장이어서 서로 만나는 지점과 암호를 정했다. 그리고 허아를 만났는데 그는 단 중앙과 연락이 됐고 단 중앙은 단 성위를 다시 조직하기로 결정했다고 나에게 말했다. 또 우리 두 사람의 직책 외에 왕흥양(王興让)을 선전부장, 서건루(徐建楼)를 비서장, 손대광(孙大光)을 발행부장으로 임명하기로 결정했다."

김찬과 도개손, 조선의 독립과 중국의 항일투쟁을 하나로

이렇게 긴박한 공청단 재건 사업을 하고 있는 상황에서 김찬이 상해로 도개손을 찾아왔다. 김찬이 조카 김영애를 통해 도개손의 행방을 수소문한 것이다. 그리고 1934년 12월, 김찬은 꿈에 그리던 도개손과 재회할 수 있었다. 두 사람은 뜨거운 재회의 기쁨을 나눴다. 1932년 9월 김찬이 혁명을 위해 조선으로 떠나면서 헤어진 지 만 2년 3개월만의 재회였다. 도개손은 김찬을 보면서 살아 돌아온 것만으로 감사했다. 김찬은 가녀린 몸으로 굳세게 항일투쟁을 계속하는 도개손에게 연민을 넘어 존경심을 느꼈다. 두 사람은 다시는 헤어지지 말자고 굳게 약속했을 것이다. 김찬도 동지가 모두가 검거된 상황에서 더 이상 조국 조선에서 혁명활동을 계속할 여지가 없었다. 각자 추구했던 조선의 독립과 중국의 항일투쟁은 이제 자연스럽게 하나가 됐다. 두 사람의 혁명의지가 하나가 되면서 사랑도 자연히 하나가 됐다. 이제 두 사람 사이에는 국적도, 혁명의 목표도, 또 사랑도 하나가 된 것이다.

그러나 김찬과 도개손의 사랑과 혁명 앞에는 많은 난관이 가로 놓여 있었다. 무엇보다 김찬이 상해에 나타난 바로 그 시기에 공청단 중앙 상해국 책임자 성충량(盛忠亮)과 방송국장이 국민당 헌병에 체포되는 사건이 발생했다. 모스크바, 상해 그리고 중앙 홍군의 관계가 단절되어 당은 물론, 공청단 조직이 모두 마비되는 혼란 정세 속에서 김찬이 나타난 것이다. 김찬은 엄격한 조직의 검증을 거치긴 했으나 여전히 몇몇 사람들은 김찬에게 의심스런 시선을 보냈다.

공청단은 처음 김찬에게 〈소년진리보〉를 제작하는 임무를 부여했다. 〈소년진리보〉는 공청단 강소성위가 펴낸 간행물로 수천 부 정도를 발행했는데 일일이 손 글씨로 써서 인쇄하는 방법으로 제작됐다. 〈소년진리보〉는 1933년 초에 이일평이 편집국장, 1934년 3월에는 서건루가 편집국장을 맡았고 이후에는 왕홍양이 자리를 넘겨받았다. 그러나 계속된 일제의 탄압과 구속으로 〈소년진리보〉를 제작할 사람이 없자 도개손은 김찬에게 이 신문의 제작을 맡겼다.

도개손은 공덕학교 동창인 진단(震旦)대학 이지중(李志中)을 소개해

〈소년진리보〉 상해 도서관에 유일하게 한 부 보관되어 있는 1933년 9월 5일자. (출처: 상해 도서관)

김찬과 함께 일하도록 했다. 이지중은 나중에 회고하기를 "1936년 1월 도개손으로부터 소개받은 김만성(출감한 이후 김찬은 김만성〈金萬成〉이라는 별명을 썼다)과 연락이 됐고 얼마 후 김만성이 나를 데리고 그들이 머무는 집에서 입단시켰다. 이후 나는 〈소년진리보〉 편집위원회에 참가했는데 도개손이 편집하고 김만성이 글을 썼다"고 증언했다.[11]

김찬과 이지중이 〈소년진리보〉를 중단 없이 제작했지만 이를 지도할 상급 지도층이 없었다. 중국공산당 중앙이 붕괴했기 때문이다. 이들은 〈구국시보(救國時報)〉 지도노선과 정책을 따라 〈소년진리보〉를 계속 제작했다. 〈구국시보〉는 중국공산당이 프랑스 파리에서 발행하던 중국어 신문으로 주로 당의 정책과 투쟁 상황을 실었다. 그러나 국민당 헌병과 특무의 감시를 뚫고 〈구국시보〉를 구하는 것도 여의치 않았다. 이들은 당시 프랑스 식민지였던 베트남을 통해 〈구국시보〉를 받아보기까지 했다.

이들은 또 국내신문의 이면을 읽고 국내소식을 파악해 〈소년진리보〉에 실었다. 당시 북경대학 도서관에서 〈구국시보〉를 전달했던 도개손의 언니 도영손은 "김찬은 자료수집에 대단히 능했고, 지도를 대조하고 분석해 보도했다"고 회고했다. 게다가 〈구국시보〉의 일부 내용을 따로 인쇄해 당 내부에 돌리는 작업을 하기도 했다. 예를 들어, '8·1선언'은 공청단중앙이 백구(白區)에서 출입을 자유롭게 할 것을 제의함과 동

---

11 김연상, 「도개손」, 앞의 자료.

시에 공청단을 항일구국청년단으로 바꾸기 위한 선언이었는데 이 선언은 〈구국시보〉에서 가져온 것이다. 이들은 상해 영국 조계(英 租界)에서 거주하면서 인쇄는 사천 출신의 유요신(劉耀新) 부부에게 부탁했다. 도개손과 김찬은 이 공청단 일에 매달려 돈을 벌지 못했다. 그런 상황에서 아무런 지원 없이 〈소년진리보〉를 제작하는 것도 어려운 일이었다. 그나마 도개손 친인척들의 도움으로 생계를 유지할 수 있었다.

〈소년진리보〉는 현재 상해도서관에 1933년 9월 5일자 한 부만 남아 있다.[12] 1면짜리 신문인데 일일이 철필로 글을 써 프린트한 것이다. 주요 내용을 보면 '직접 일본과 작전하는 홍군을 지지한다'는 제목으로 "영·미·일 제국주의 군함을 복주(福州)에서 몰아냈다 …… 중국 공농홍군은 전례 없는 발전을 이루었다"는 내용이다. 또 〈소년진리보〉는 '투쟁'란에서 "파업위원회는 투쟁의 승리를 담보하자" 등의 기사로 파업투쟁을 선동하고 있다. '자본가를 거꾸러뜨리자'는 제목의 기사에는 노임 및 대우 개선 요구를 구체적으로 설명하고 있다. 이밖에 '신화예술전문학교'에서 학생을 제명한 소식을 전하며 반제국주의에 나선 학생들의 움직임과 상해에서 학생들의 반제투쟁 소식과 결의를 전하고 있다. 아울러 홍군 소식도 함께 전하고 있다.

이러한 편집내용으로 볼 때 〈소년진리보〉는 단순한 '소년' 대상의 소식지가 아닌 매우 이념 수준이 높은 대상을 위한 선전·이론지였다. 상

---

12 〈少年眞理報〉, 1933. 9. 5

해 청년운동을 전하는 내용으로 보아 주독자층도 소년이라기 보다는 청년이라고 할 수 있다.

그러나 1935년 공청단 중앙 서기 왕문덕(王文德)은 김찬을 〈소년진리보〉 제작에서 배제했다. 김찬에 대한 미심쩍은 점이 작용한 것이지만, 앞서 일본이 취한 정책으로 당시 조선인에 대한 중국인의 반감이 적지 않았기 때문이다. 그때마다 김찬의 결백함과 투쟁의지를 입증시킨 사람은 도개손이었다. 도개손은 중국인 혁명동료들의 질투와 반목에도 김찬을 옹호했다.

1935년 7월, 김찬을 의심하던 공청단 중앙 서기 왕문덕이 체포되자마자 변절해버렸다. 중앙단 서기의 체포로 중앙조직부장 장신달(張信達), 중앙교통 유서원 등이 체포됐다. 결국 이는 단 성위가 완전히 파괴된 것을 의미했다. 하지만 도개손과 김찬은 파괴된 공청단 성위를 복구하는 데 큰 역할을 했다. 왕흥양(王兴让)은 "단 성 위원회를 재건하는 데 도개손이 결정적인 역할을 했다"고 말했다.

도개손과 김찬은 마지막까지 공청단 성위를 복구하는 등 고군분투했지만 역부족이었다. 결국 1936년 9월 단 성위는 〈소년진리보〉 발행을 중단할 수밖에 없었다. 원고를 쓰고 편집하는 것에는 어려움이 없었지만 당시 신문용지를 구하고 인쇄하는 것은 매우 어려웠다. 특히 신문용지 값도 비쌌을 뿐 아니라, 구하기도 어려웠다. 인쇄소에 대한 감시도 극심했다.

마지막으로 남은 문제는 그동안 〈소년진리보〉를 만들면서 수집한 각종 문서와 자료를 안전하게 보관하는 것이었다. 문서에는 단 중앙 및 단 강소성위의 중요 문건이 많았다. 각지에서 단 중앙에 보낸 보고서는 물론 〈소년진리보〉, 〈단의 건설〉 등 간행물도 많았다. 특히 문건 중에는 백색 공포 하에서 혁명공작에서 필수적으로 준수해야 할 규칙, 즉 경계심을 높이거나, 비밀을 보호하는 일, 공개적이고 합법적인 투쟁과 비밀공작을 어떻게 분리하고 결합할 것인지, 어떻게 비밀을 지키게 하는 지 조교육 방법, 법정과 감옥에서 투쟁 방법, 어떻게 단원 수를 확대할 것인지, 단원의 교육 등의 문건이 있었다.

김찬과 도개손의 결혼, 그리고 사랑

이 문서의 마무리 작업을 수행한 것이 도개손과 김찬이었다. 도개손과 김찬은 이 상자를 이지중에게 보내면서 조계에서 은밀하게 보관하도록 지시했다. 나중에 김찬은 이 서류를 세관에서 일하는 이지중 숙부의 집에서 보관하다가 나중에 당 조직으로 보낼 것을 당부했다. 도개손과 김찬 부부는 상해에서 공청단의 마지막 정리업무까지 깔끔하게 마무리한 후, 9월 하순 북경으로 돌아왔다.

1985년 4월에 열린 상해 공청단 30년대 원로동지 좌담회에서도 "〈소년진리보〉 마무리 등 이 모든 것이 도개손이 기획한 것"이라고 증언했다. 왕흥양은 좌담회에서 "정정부가 체포된 이후 단성위의 공작을 계속하고 이후 단 성위가 재건될 수 있었던 것은 도개손의 노력이 절대적이

김찬 · 도개손 부부의 가족사진

었다"라고 증언했다. 1980년대 상해 당사가 펴낸 평가서에서 "도개손은 한 명의 기이한 인물"이라고 평가하고 있다.[13]

도개손은 이즈음 임신한 상태였다. 원래 연약한 몸에다 임신한 상태로 항일투쟁을 계속하며, 쓰러져 가는 지하조직을 재건하기란 보통 어려움이 아니었을 것이다. 도개손은 1936년 12월 5일에 아들 연상을 낳았다. 혹독한 항일투쟁 상황에서 국경을 넘은 사랑이 드디어 결실을 맺은 것이다. 두 사람은 1935년 상해에서 결혼한 것으로 되어 있다. 하지만 정식 결혼식을 언제, 어디서 했는지는 알려지지 않았다. 이러한 치열한 혁명 활동 상황에서 정식 결혼식을 하기도 어려웠을 것이고, 그리 큰 의미도 없었을 것이다.

두 사람의 사랑에서 특히 간과해선 안 될 것은 도개손의 태도이다. 도개손은 가족의 반대, 혁명 동료들의 질시어린 시선과 반감에도 무명의 한 조선인을 사랑했다. 중국의 최고 명문대를 다니던 도개손의 주변에는 편안한 삶을 보장할 명문가 집안, 미래가 보장된 능력 있는 남자들도 많았다.

하지만 도개손은 대학도 다니지 못한 한 조선의 노동운동가를 사랑했다. 그것은 '뜨거운 항일투쟁의 동지애' 그 이상의 무엇이 아니면 불가능했을 것이다. 그것은 무엇이었을까. 콕 집어 말할 수 없는 이것은 안타깝게도 결국 그 자신마저 억울한 죽음으로 이어지는 단초가 됐다.

---

13   김연상, 「도개손」 앞의 자료.

11

1936년 만주,
할빈에서 위기를 넘다

장개석의 국민당군은 모택동의 홍군을 집요하게 추적했다. 홍군은 국민당군과, 그리고 험준한 중국 자연과의 싸움을 계속해 나갔다. 홍군의 수는 점점 줄었다. 모택동이 지휘하는 홍군은 1만 명, 아니 3만 명 정도로 줄었다. 6월 15일, 모택동은 간신히 사천성 서북에서 5만 명의 제4방면군과 합류했다. 이 제4방면군 사령은 서향전(徐向前), 정치위원은 장국도(張國濤)였다. 제4방면군 병사들은 홍군이라는 생각은 했지만 정치적 훈련은 거의 되지 않았다.

6월 24일, 양군과 당 중앙지도자들은 양하구(兩河口)에서 회의를 열었다. 여기서 북상을 주장하는 모택동과 사천 서부에 소비에트를 건설할 것을 주장하는 장국도 사이에 대립이 생겼다. 그러나 당 중앙 지도자들

은 이미 확실하게 모택동 방침을 지지하고 있었다. 북상은 계속됐다.[1]

하지만 1934년 9월 초 '북상항일'의 당 방침에 장국도는 독단적으로 남하를 명령했다. 제4 방면군과 제1 방면군 일부가 북상을 중지하고 사천 서부로 되돌아왔다. 1만 명 이하의 중앙홍군만 북상을 계속했다. 이에 모택동을 따르는 사람은 주은래, 장문천, 진방헌, 유소기, 동필무, 임표, 팽덕회 등이었다. 이 때 병력은 7,000~8,000명에 불과했다. 10월 20일, 홍군은 드디어 섬서성 오기진(吳起鎭)에 도착했다.

하지만 장개석은 홍군의 마지막까지 뿌리를 뽑을 기세였다. 1935년 7월 10일이 지나 홍군은 모아개(毛兒蓋)로 들어갔다. 여기서 한 달간 휴식을 취하고 이 사이에 2회에 걸쳐 중요한 중앙정치국 회의가 열렸다. 유명한 '8·1 선언'이 채택된 것도 이때의 일이다. 이 '8·1 선언'은 '소비에트 확대 방침'에서 '항일 제1'로 전환한 것으로 중국공산당 사상 획기적인 의의를 갖는다.

복잡한 만주의 정세

일본은 만주의 식민지화를 노골적으로 추진했다. 일본 관동군은 만주를 침략, 3월 1일 만주국을 세우고 계속 화북지역으로 공세를 이어

---

1 우노 시게아키, 김정화 역, 앞의 책, p.104~105

갔다. 화북지역은 하북(河北)성, 산동(山東)성, 산서(山西)성, 차하르(察哈爾), 수원(綏遠)성 등 5성과 북경, 천진(天津) 두 시를 포함한 지역을 말한다. 일제는 북양군벌을 제2의 만주괴뢰정부로 세우려는 화북 분리공작을 추진했다. 하지만 북양군벌이 뜻대로 움직이지 않자 일제 관동군은 1933년 1월 1일 산해관, 2월 21일에는 열하성을 무력으로 공격해 점령했다. 4월에는 하북성을 침략하여 북경을 압박했다.

1936년 1월, 일본 합동참모부는 화북의 자치공작을 관동군 사령관에게 지시했다. 그러나 이러한 일본의 화북분리 공작은 중국의 항일운동을 격화시켰다. 화북지역 국민당군과 특무기관마저 반일 감정이 고조됐다. 동북의 군벌 장학량은 홍군과 정전 상태를 유지하고 있어 그나마 전면전이 벌어지지 않고 있었다.

만주에서는 항일무장 세력이 커졌다. 항일무장 세력은 10만 명이 넘었고, 그 중에는 지주와 부농 출신자들도 적극적으로 참가했다. 1935년 6월에는 항일무장 세력의 10퍼센트 정도가 공산당 영향 하에 있었다. 이들 무장부대는 동북항일연합군을 만들려는 움직임이 표면화되고 있었다. 하지만 기존 만주성위원회는 이 역할을 수행하지 못했다. 일제 경찰의 집요한 단속으로 만주성위는 거의 와해되어 이를 지도할 인물도, 역량도 없었다. 1935년 5월 이후 만주성위는 사실상 붕괴된 상태로 방치되고 있었다. 모스크바는 만주에서 중국공산당 조직을 재건할 필요를 절감했다.

12월 북경과 상해에서 시작된 학생들의 항일 애국 시위가 전국으로 확산됐다. 이른바 '12 · 9 운동'이다. 12월 말에는 학생과 지식인의 항일 조직이 결성됐고, 항일 기세는 상인과 일반시민, 부농, 지주, 자본가 층까지 확산됐다. 12월 20일 공산주의청년단 중앙은 '전국 각급학교 학생 및 청년동맹에 고하는 글'을 통해 항일에 찬성하는 모든 '구국청년들'은 공청단을 조직할 것을 선언했다.[2]

1935년 12월 북경과 상해 대학생 사이에서 유행한 것이 바로 '의용군행진곡'이다. 당시 '반일', '항일'이라는 말은 사용할 수 없었다. '의용군행진곡'은 1935년 개봉된 영화 〈풍운아여(風雲兒女)〉의 주제가다.

"일어나라! 노예가 되길 원하지 않는 사람들이여! 우리들의 피와 살로 새로운 장성(長城)을 세우자"라는 구절로 시작하는 이 노래는 고향인 동북을 상실하고 떠돌아다닌 지식인이 분기하여 나라를 구하기 위해 전쟁터로 나간다는 내용을 담고 있다. 영화 자체는 흥행에 그다지 성공하지 못했지만 섭이(聶耳) 작곡, 전한(田漢) 작사의 영화 주제가는 약동적인 곡조와 구국을 호소하는 가사 덕분에 폭발적인 인기를 얻으며 유행했다. 이 노래는 항일전쟁 중에도 널리 퍼져 나갔고, 훗날 중화인민공화국의 국가로 채택됐다.

---

2 우노 시게아키, 김정화 역, 앞의 책, p.108~109

모택동(좌)과 강생(우)
연안에서 모택동과 이야기를 나누고 있는 강생

　　"~고향의 우리 집은 동북의 송화강(松花江) 강변에 있고, 거기에는 우리 동포와 늙으신 부모가 살고 계신다네. 9·18, 9·18 그 비참한 때부터 고향을 떠나 유랑하고 유랑하다 …… 언제쯤이나 사랑하는 고향으로 돌아갈까?"[3]

　　모스크바 코민테른 중국대표 강생은 만주당 조직재건의 총 책임을 맡고 있었다. 1903년 산동성(山東省) 유지의 집안에서 태어난 강생은 상해대학을 졸업하고 1926년 주은래가 지휘한 상해 폭동에 가담했다가 1927년 중국공산당에 입당했다. 좌경맹동주의로 알려진 이립삼(李立三)이 실권을 장악했을 때 비서실장을 지냈고, 1933년 7월부터 1937년 11

3　이시카와 요시히로, 손승회 역, 앞의 책, p.175

월까지 4년여 동안 모스크바에서 왕명(王明)의 조수로 왕명 노선의 최선 봉에 섰다.[4]

　1935년 12월, 강생은 만주 복구의 책임자로 한수괴(韓守魁)를 파견했다. 김적민(金赤民)이라는 별명을 가진 한수괴는 흑룡강성 북쪽 연안 애혼(愛琿)에서 소련정보기관 정보수집 업무를 하다 1933년 8월, 블라디보스토크에서 활동했다. 그는 1935년 모스크바 동방노력자대학에서 훈련을 받았다. 그에게 부과된 임무는 다음과 같다.

　　인민전선전략을 이행하고, 만주의 당을 재조직하며 새 전략의 광범한 지침에 따라 공산주의청년단을 해체하고 청년들을 동원하는 일이었다. 만주의 당 조직 재편은 다음과 같이 이루어졌다. 당의 만주성위원회를 해체시키고, 할빈특별위원회, 길동성(吉東省)위원회, 할빈 동부성위원회 산하의 기존 조직들을 재조직한다. 각 위원회는 독립적으로 활동하되 모스크바의 중국공산당 대표단으로부터 직접 명령을 받는다. 대련과 봉천시위원회는 장차 특별위원회로 재편하되 조직 개편의 여건이 조성될 때까지는 새로 개편된 할빈특별위원회 산하에 둔다. …… 한수괴는 1936년 1월 1일 할빈에 도착해 1월 7일 서기 대리인 나모를 만났고, 1월 9일 만주위원회를 해산시켰다. 같은 날 할빈특별위원회를 설립하고 할빈, 대련, 봉천과 할빈 인접지역인 해륜, 호람, 파언, 빈현 등에 있

4　현이섭, 『중국지(상)』, 길, 2014, p.425~426

는 당원들과 접촉하기 시작했다.[5]

만주 항일투쟁사의 신화가 된 양림 · 이추악 부부

김찬과 도개손은 힘든 상해 업무를 마치고 1936년 9월 북경으로 돌아와 잠시 쉬고 있었다. 아들 연상을 데리고 자금성에서 사진을 찍는 등 꿈결처럼 보통 가정의 행복을 누렸다. 하지만 북경 상황도 점점 어려워졌다. 오히려 상해보다 더욱 힘들었다. 장개석 국민당군에 의해 하루가 멀다 하고 동지들의 체포와 변절이 계속됐다. 이미 도시지역에서 공산당은 괴멸됐으며 섬북지역의 중앙근거지도 군사적으로 봉쇄된 상태였다.

김찬과 도개손은 동북지역을 주목했다. 당시 만주는 무장투쟁이라는 새로운 항일의 기운이 샘솟고 있었기 때문이다. 모스크바는 물론, 중국 공산당도 이곳을 주목하고 조직을 재건하려던 지역이었다. 이는 새로운 항일투쟁에 목말라 하던 두 사람에게는 기회이기도 했다.

게다가 만주지역은 조선인이 많았다. 특히 만주동부는 조선인 빨치산(김일성 부대) 만주 북부지역(할빈)은 조선인과 중국인을 포함한 반일운동 세력이 컸다. 만주의 남부는 중국노동운동, 만주 서부는 중국인 농민운동 세력이 큰 지역이었다.[6]

---

5   이정식, 『만주혁명운동과 통일전선』, 사계절, 1989, p.288~289

6   서대숙, 『한국공산주의 운동사(The Koreans Communist Movement) 1918~1948』, Princeton Univ.Prees, 1967, 화다신서17, 1985, p.218에서 재인용.

독립운동가 양림·이추악 부부

중국공산당에서도 이 지역에서 한인의 역할을 기대했을 것이다. 중국공산당에 막 복권된 한위건이 하북성위 서기, 천진시 서기로 임명된 것도 이즈음이다. 특히 만주성위 군사위원회 책임자가 바로 양림이다. 1901년 평안북도 출신의 양림은 부친이 3·1운동에 참여했다가 살해됐다. 1919년 중국으로 망명한 양림은 신흥무관학교를 거쳐 청산리전투에 참여해 큰 공을 세웠다. 양림은 운남육군강무학교(雲南陸軍講武學校) 포병과에 들어가 군사학을 공부하고, 황포군관학교(黃埔軍官學校) 교관으로 있으면서 정치부 주임 주은래를 만났다. 주은래와 함께 상해 폭동, 광주 폭동 등 많은 전투에 참여했다. 부인 이추악(李秋岳)과 함께 모스크바 중산대학에 유학을 하고 1930년 봄 상해로 돌아왔다.

아마 김찬이 양림을 만났다면 이때였을 것이다. 중국공산당에 입당한 양림은 상해에서 한인반제동맹 등에 가입해 활동하고 있었기 때문이다. 양림은 상해 폭동에 참여하다 국민당군에 구속되기도 했다. 양림 부부는 이후 중국공산당 만주성위원회에 파견됐고, 동만주특위 군사위 원회 서기로 임명됐다. 양림은 이곳에서 농민무장조직을 만들어 반일 유격대를 운영하고 있었다.

특히 양림의 부인 이추악은 동북 만주의 항일투쟁사에서 '항일 여(女) 영웅'으로 추앙받고 있는 인물이다. 1901년 평안남도 태생인 이추악의 본명은 김금주(金錦珠)로 평양 숭실여학교 시절, 보성학교를 다니던 양 림을 만나 평생을 같이 하기로 언약하고 반일 학생운동에 뛰어들었다. 중국으로 망명한 양림의 뒤를 따라 중국에 가서 황포군관학교에 다니 는 양명과 결혼했다. 양림과 함께 항일투쟁을 하면서 중국공산당에 가 입한 그녀는 중국의 근대 여걸인 추근(秋瑾)의 이름에서 '추'자를 따고, 남송의 충신인 장군 악비(岳飛)의 이름에서 '악'자를 따와 '추악(秋岳)'이 라고 이름 지었다.

양림은 1933년 7월 장시소비에트 지구로 갔으나 이추악은 계속 할 빈에 남아 반일회, 반제동맹 등 혁명 조직활동을 계속했다. 이추악은 1936년 2월 통하지구에서 동북항일군 제3군의 물자후원사업을 하는 등 근거지 창설 작업을 추진하다 밀고로 체포됐다. 일본군은 이추악이 갖은 고문과 악형에도 굴복하지 않자 그해 9월 3일 통하현성 서문 밖에 서 총살했다. 그녀의 나이 35세였다.[7]

---

7 『양림열사 장백의 투사들 연변항일렬사 사전』, 연변인민출판사 / 서명훈, 『할빈시 조 선민족 백년사화』, 민족출판사 / 현이섭, 『중국지(상)』, 길, 2014, p.176~177 재인용.

이추악은 고향도 같고 중국공산당의 후배인 김찬을 알았을 가능성이 높다. 상해에서 중국공산당에 가입해 활동한 사람은 그리 많지 않았기 때문이다.

김찬의 여동생 김순경·장문열 항일혁명가 부부

마침 1935년 11월, 할빈에 있던 김찬의 여동생 김순경이 상해에 왔다. 여동생 김순경도 김찬의 노하중학교 동창인 중국인 장문열과 결혼해 항일혁명가의 길을 걷고 있었다. 장문열과 김순경은 1934년 11월 만주성위에서 혁명과업을 수행하고 있었다. 김찬은 여동생 김순경에게 아들 연상을 북경에 있는 김찬의 둘째 형수 이석경에게 데려다 달라고 요청했다. 위험한 지하 항일운동을 하면서 아기를 키우기가 힘들었기 때문이다. 김찬과 도개손 사이에서 태어난 아들 연상은 태어날 때부터 매우 허약했다. 도개손도 본래 약한 체질인 데다, 충분히 영양을 보충할 수도 없는 상황에서 아이를 낳았기 때문이다. 그나마 친인척이 있는 북경에서는 의식주가 해결될 수 있었다. 김찬과 도개손은 장문열에게 이곳 상해의 긴박한 사정을 알리고 만주에서 활동할 수 있을지를 논의했다.

김순경은 2월에 조카 연상을 데리고 북경으로 떠났다. 김찬과 도개손은 김순경을 통해 장문열과 연락이 이루어졌다. 김찬과 도개손이 중국공산당 만주성위와 연결된 것은 이런 배경이다. 김찬과 중학동창이며, 동서지간인 장문열은 김찬 부부를 많이 보살폈다. 장문열은

1933~1934년 상해에서 공산청년단 중앙이 선전공작을 전개할 때 공청단 강소성위 선전부장으로 김찬·도개손 부부를 추천했다. 상해 상황이 좋지 않아 만주로 갔을 때도 마찬가지였다.

하지만 만주도 상황은 녹녹치 않았다. 1934년 4월 대규모 검거사건으로 호빈(胡彬)을 비롯한 많은 사람이 피해를 당했고 핵심 지도자들도 속속 변절했다. 따라서 1934년 4월부터 1935년 중반 사이 만주성위에서 공산주의 활동은 정체상태에 들어갔다.[8]

모스크바에 있던 강생은 만주성위에 일제와 내통자가 있음을 의심했다. 코민테른 중공대표 강생의 주요임무는 변절자를 색출하는 것이었다. 강생은 중공만주성위 서기 임전암(林電岩), 양광화(杨光华)를 모스크바로 소환하여 심사를 받게 했다. 강생은 대신 한수괴를 할빈에 파견해 만주성위 지도부를 개편하는 임무를 맡겼다. 한수괴는 남만주성위 위원이자 공청단 만주성위 서기인 장문열을 양광화를 대신해 만주성위 대표로 남도록 했다. 사실상 중공만주성위가 철폐된 것이다.[9]

공청단 만주성위 서기로 부임한 장문열은 장지환이라는 가명으로 사실상 중공만주성위 대표를 겸하면서 조직재건사업에 나섰다. 물론 부인인 김순경도 같이 활동했다. 장문열은 만주의 각 노동자, 인력거꾼, 인쇄노동자, 재봉 노동자, 버스 매표원, 담배공장 노동자층에 비밀리에

---

8   이정식, 『만주혁명운동과 통일전선』, 사계절, 1989, p.268
9   王樹人, '党史博采', 杂志 2012年 第4期

반일구국회를 조직, 발전시켰다.[10]

　그러나 일제와 국민당군의 집요한 추적과 검거로 공산당원들의 변절은 줄지 않았다. 만주성위는 더욱 어려워졌다. 강생은 만주공산당 내 핵심들에 대한 심사를 더욱 강화했다. 강생은 이번에는 장문열과 김순경을 심사하기 위해 모스크바로 소환할 계획을 세웠다.

아쉽게 막을 내린 만주 항일투쟁 임무

　장문열 후임으로 만주성위를 맡은 이들이 김찬과 도개손이다. 할빈 공청단의 복구 적임자로 상해에 있던 김찬과 도개손을 추천한 사람은 장문열이었다. 하지만 김연상은 "1935년 봄에서 여름 사이 공청단 중앙은 어머니를 만주로 보낼 계획을 준비하고 있었으나 연락 두절로 인해 만주에 갈 수가 없었다"고 말했다. 이것은 장문열 추천 이전에 이미 당 중앙이 도개손을 적임자로 꼽고 있었다는 것을 의미한다.

　북경에 있던 김찬과 도개손에게 만주공산당 재건 임무가 부여됐다. 김찬과 도개손은 조직이 궤멸되어 손을 뗄 수밖에 없던 상해 상황을 만회할 기회라고 생각했다. 두 사람은 새롭게 시작하는 만주 할빈의 임무에 가슴이 벅차올랐다. 할빈 언론은 이 장면을 이렇게 기록하고 있다.

10　王樹人, 앞의 자료

1936년 5월 25일 새벽, 할빈 기차역에 도착한 렬차에서 지식분자 기질이 다분한 젊은 부부가 내렸다. 이들은 중국공산당조직이 할빈에 파견한 김문철(조선족), 도개손 부부이다. 이때부터 김문철은 중국공산당 할빈시위 서기를, 도개손은 시위 선전부장을 맡았다. 김문철 부부는 중공 할빈 특별위원회의 지도 밑에서 공장, 학교에 들어가 당의 사업을 전개했다. 이와 함께 이들은 반일회원을 동원하여 항일투쟁도 전개했다.[11]

여기서 김찬이 중국공산당 할빈시 서기, 도개손이 할빈시위 선전부장을 맡은 것인지, 아니면 공청단 할빈시위 서기를 맡은 것인지는 분명하지 않다. 처음에는 공청단 서기를 맡는 것이 합당했지만, 인명사전 등에는 분명 중국공산당 할빈시위 서기로 명시되어 있다.[12]

이 기사는 할빈 중공당사연구실에서 썼기 때문에 오류라고 보기에는 무리가 있다. 따라서 공산당 할빈시위가 맞다고 본다. 그 이유는 한수괴도 중국공산당 할빈시위를 해체할 계획이었으며 공식적으로 만주성위는 1936년 1월 9일 정식으로 철소(철폐)됐고, 동시에 중공할빈특별위원회(哈特委)로 바뀌었다. 이 중공할빈특별위원회 책임자(서기)는 한수괴가 직접 맡았다.[13]

김찬과 도개손은 1936년 5월 25일에 할빈으로 와서 장문열을 만났고

---

11 〈흑룡강신문〉, 2011. 6. 2, 할빈
12 百度百科, baike.baidu.com
13 王昭全, '特委重任', http://www.motie.com

6월 상순에는 김순경과 함께 한수괴를 만났다. 한수괴는 조선인 공산주의자가 많은 만주성위를 개편하면서 조선인을 요직에 많이 기용했다. 이것이 조선인과 중국인의 갈등 원인이 되기도 했다.

> 한인의 만주성위원회에의 참가는 한(수괴)의 재조직 과정 동안 증가했던 것 같다. 그러나 지도적인 위치로의 한국인의 진출을 둘러싸고, 만주성위원회 내에서는 한인과 중국인간의 끝임 없는 투쟁이 있었다. 예를 들면, 유총성(劉總成)은 체포된 후의 증언에서 그는 음동(吟東) 지부 위원회의장이었는데, 한인이 만주성위원회에 오자 한국 공산주의자들이 위원회 의석을 차지하여 그를 의장에서 축출하고 박원빈이라는 한인을 의장으로 내세웠다고 주장했다.[14]

당시 중국인과 조선인의 갈등은 심각한 문제였다. 이는 일본이 치밀하게 조장한 결과였다. 9·18 사변 발발 직전인 1931년 7월 일제가 날조한 만보산(萬寶山) 사건[15] 후 중국인의 조선인에 대한 감정은 극도로 악화됐다. 때문에 동북지역 뿐만 아니라 재중 한인들이 중국인에 의해 쫓겨나거나 피해를 입는 일이 속출했다. 중국인들은 한편으로 조선인

---

14 서대숙, 앞의 책, p.225~226
15 중국인과 조선인을 분리하기 위해 일제가 1931년 7월 2일, 길림성(吉林省) 창춘현(長春縣) 만보산 지역에서 조작한 술책으로 중국인 지주와 조선인 농민이 벌인 유혈사태이다. 이 사태로 중국인과 조선인의 감정이 격화됐다.

을 일본인과 비슷한 눈으로 보기까지 했다. 이런 상황에서 그들이 좋지 않은 인식을 갖고 있는 조선인과 결혼한 중국 여인 도개손을 좋게 평가할 리 없었다. 중국공산당 내에서도 마찬가지였다. 당시 만주성위의 조선인과 중국인은 끊임없이 갈등했다. 무능력한 중국공산당의 지도를 받고 있던 조선인 공산주의자들의 불만이 고조된 측면도 있었다.

> 만주국이 건국된 이후, 한인 공산주의자들은 중국인의 지도 아래 별 진전이 없음을 지적하고 만주성위는 중국공산당과 분리시켜, 코민테른의 직접 지도하에 두어야 한다고 주장했다. 다른 이유들, 즉 중국공산당과 의사소통의 어려움, 본부가 러시아의 연해주 근처인 할빈에 있다는 지리적 위치 등이 거론됐다. 그러나 기본적인 이유는 중국인 지도자들에 대한 커다란 실망과 중국공산당 아래인 그들의 종속적인 위치였던 것 같다. 이 계획은 코민테른에 의해 거부됐으며 중국공산당은 이 분리 정책을 옹호하는 사람들을 대량으로 숙청했다고 전해진다.[16]

김찬의 할빈에서 역할은 조선 진남포에서 했던 것처럼 공장에 잠입, 혁명적 노동조합을 결성하고 유사시 대규모 파업을 감행, 일제에 타격을 주는 것이었다. 그리고 교사와 기자 등의 할빈시위 당원을 관리 · 조직하는 업무도 중요했다. 또 김찬은 할빈에서 개인의 위험을 무릅쓰고

---

16 서대숙, 앞의 책, p.221

철도와 조선소 등에 잠입해 공작을 수행했다.

하지만 만주 상황도 급격히 어려워지고 있었다. 일제는 공산당 조직을 일망타진하기 위해 경찰, 헌병들을 총동원하여 공산당원에 대한 체포 작전을 계속했다. 여기에 장개석의 국민당군 특무도 가세하고 있었다. 당원과 단원들이 계속 검거되고 변절자가 속출했다. 대표적인 사건이 1936년 6월 13일 반역자의 밀고로 시작된 일본 관동군의 대규모 공산주의자 체포 작전이다. '6·13 사건'으로 불리는 진상은 다음과 같다.

> 1936년 2월 일본헌병대는 만주소학교 교원 배문화(裵文华)를 체포했다. 배는 공청단원으로 지하정보 사업에 종사했다. 그가 체포되어 자백하면서 연이어 조직이 폭로됐다. 이어서 체포된 임소는 고문을 견디지 못하고 마구 헛된 사실을 자백했다. 이에 일본 관동군사령부는 '북만공산당 전면 체포명령'을 내려 1936년 6월 13일 오후 3시 할빈, 치치하르, 해랄, 목단강 등에서 동시 대대적인 체포 작전을 감행했다. 4개 도시에서 240명이 체포, 투옥됐다.[17]

이때 할빈시위에서만 조직부 책임자 장경문 등 52명이 체포됐으며 삼과수 기관차 작업장 당지부가 완전히 파괴되는 등 할빈시당 조직은 심각한 타격을 입었다. 김찬·도개손 부부는 가까스로 6·13 검거를 피

---

17   王昭荃, 앞의 자료

했지만 더 이상 할빈에서 공작을 수행할 수가 없었다. 당원들이 하루에도 몇 명씩 검거되거나, 심지어 일제 만주관동군 헌병은 무차별 사살까지 자행했다. 뚜렷한 증거도 없이 조금이라도 혐의만 있으면 총살해 공포심을 주는 작전이었다. 김찬·도개손 부부도 신변에 위험이 닥쳤음을 느꼈다. 김찬과 도개손은 만주성위 대표에게 할빈을 포기하겠다고 요청했다.

김순경·장문열 부부의 비극적인 최후

한수괴는 김찬·도개손 부부가 6월 28일 북경으로 떠났다고 말했다. 김찬 부부에게는 참으로 짧고 아쉬웠던 만주에서의 활동이었다. 김순경·장문열 부부는 1936년 7월 1일, 이제 막 두 살이 된 딸 해라(海拉)를 데리고 모스크바로 떠났다. 비극적인 운명의 부름을 받은 것이다. 일제 특무라는 음해에 대해 해명 혹은 심사를 받기 위해서였다. 모스크바로 떠나기 전날, 김순경 부부는 한수괴의 집에서 고별 식사를 했다. 이때 한수괴는 장문열에게 "특무문제는 허위이니 사실이 곧 해명될 것"이라고 위로했다고 한다. 하지만 장문열·김순경 부부는 특무밀고를 해명하지 못하고 결국 강생에 의해 처형되었다.

김순경 역시 조선의 독립을 위해 활동했고, 중국인 남편 장문열은 중국의 혁명을 위해 헌신하다 비운의 생을 마감한 것이다. 조선인 남자와 중국인 여자의 김찬과 도개손, 조선인 여자와 중국인 남자인 김순경과 장문렬, 특히 김찬과 김순경 남매의 억울한 죽음은 참 기구한 가족사이자 비극적인 한국사의 한 장면으로 기록될 것이다.

1937년 4월 15일, 만주에서 2차 검거선풍이 불었다. 이때 많은 조선인 및 중국인 공산주의자들이 체포됐다. 이때만 무려 85명의 공산주의자가 사살됐고 만주성위원회 주요간부만 17명이 체포됐다. 책임비서 한수괴도 이때 체포되어 변절하게 된다. 한수괴가 체포된 후 4월부터 6월 사이에 206명이 검거됐다.[18]

이로써 중국공산당 만주성위원회 활동은 사실상 종지부를 찍었다. 이후 1937년 7월 7일 중일전쟁까지 만주에서 중국공산당은 거의 존재하지 않았다. 당 간부들은 대부분 모택동이 있는 연안으로 가거나 소규모 무장 세력의 정치위원으로 흩어졌다. 하지만 일제는 만주에서 소규모 무장 세력까지 마지막 소탕작전을 늦추지 않았다.

---

18 이정식, 앞의 책, p.292

12

—

1936년 다시 북경,

—

나란히 항일투쟁에 나서다

1936년 12월 12일, 장학량의 경호대장인 26세의 손명구 대위는 한밤 중에 임동으로 출발했다. 도중에 200명의 동북군을 인솔하고 새벽 3시에 트럭 편으로 임동 외곽에 도착했다. 그곳에서 새벽 5시까지 기다렸다가 15명이 탑승한 첫 번째 트럭이 장개석이 유숙한 호텔로 돌진했다. 보초들의 수하에 뒤이어 총격전이 벌어졌다.

선발대에 뒤이어 대기하고 있던 증원군이 곧바로 도착하여 손 대위가 총통의 숙소 공격을 지휘했다. 기습 공격을 받은 장개석의 경호대는 짤막한 총격전 끝에 손을 들었지만 기겁을 한 총통이 도피할 시간 여유를 얻을 수 있었다. 손 대위가 총통의 침실로 뛰어들었을 때 그는 이미 도주하고 없었다. 손 대위는 수색대를 이끌고 휴양지 뒤편에 있는 눈 덮인 암석투성이의 산비탈을 훑으면서 지나갔다. 이들은 이내 총통의 몸종을 찾아냈고 얼마 안 되어 총통을 발견했다. 그는 잠옷 위에 헐렁한 긴 겉옷만 걸치고 신발도 찾아 신지 못한 맨발에다, 두 손에는 황급하게 산 위로 도주하다 긁힌 상처를 입은 채, 혹한에 덜덜 떨며 틀니조차 빠뜨린 모습으로 큰 바위 옆 움푹 들어간 곳에 웅크리고 앉아 있었다.[1]

조선인 남편 김찬, 중국인 아내 도개손

1936년 7월 김찬과 도개손은 북경으로 돌아왔다. 두 부부에게는 아쉬움이 큰 만주행이었다. 하지만 이후 일제 경찰이 만주성위에서 무려 85명의 공산당원을 사살했다는 소식을 들으며 가슴을 쓸어 내렸다. 부부는 항일투쟁의 일선에서 다시 일하고 싶었지만 상해는 물론, 공청단 중앙도 괴멸된 상태에서 할 수 있는 일은 많지 않았다.

당시 대부분의 중국공산당원은 체포되거나 변절했다. 대도시 공산당 조직은 거의 와해됐다. 그나마 남아 있는 동지들은 연안에 들어가거나 동북지역 무장항일 단체에 흡수됐다. 하지만 장개석 국민당 특무의 끈질긴 추적, 그리고 일제 헌병의 집요한 검거작전으로 그마저 활동이 거의 정지된 상태였다.

도개손이 북평(북경)대학교에 재학 중이던 시절 북경은 장학량의 관

---

1   에드거 스노, 신홍범 역, 앞의 책, p.390

할 아래 있었다. 하지만 1933년 장학량이 물러난 북경 상황은 크게 달라졌다. 북경은 일제의 공세에 풍전등화 형국이었다. 일제는 화북지역 침략을 본격화하고 있었지만 국민당 정부는 '선안내, 후양외' 전략을 고집했다. 장개석은 1933년 5월 30일 일제와 당고협정(塘沽協定)을 맺어 일본군의 진주를 인정하는 사실상 화북지역을 일본에 내줬다. 장개석은 하응흠과 장효선(蔣孝先)의 헌병 제3단을 파견해 공산당 진압을 계속했다. 일제는 이 화북지역에서 한인과 중국인 분리공작에 들어갔다.

일제는 당고협정 등을 통해 확보한 비무장지역을 안전 · 태평의 이상향으로 한인들에게 기만하고 선전하였다. 일제는 새로 점령한 지역을 확보하는 데 한인의 인력이 필요했기 때문이다. 일제는 한인들을 침략전선에 세워 일본인과 현지 중국인과의 모순과 갈등을 해소하려는 의도도 숨기고 있었다. 일제의 기만선전에 속아 많은 한인이 상황도 모른채 일본 침략군을 따라 각지로 몰려들었다. 일제는 침략의 방도로 군사시설을 구축하는 동시에 많은 일본 · 한인 낭인 및 친일 중국인을 산해관 · 란현 · 창려 등지의 마을과 소도시에 파견하여 현지 치안을 어지럽혔다.[2]

---

2 손염홍, 앞의 책, p.225~226

일제는 여기서 그치지 않고 이 지역을 국민당 정부 관할에서 분리시키기 위해 친일 중국인을 사주해 무장폭동을 일으켰다. 그리고 1935년 11월 25일, 은여경(殷汝耕)으로 하여금 북경 외각 통주에 기동방공자치정부(冀東防共自治政府)를 세웠다. 바로 김찬이 다니던 노하중학교가 있는 곳이다. 장개석의 국민정부는 다시 1935년 하매협정(何梅協定)을 통해 일제의 침략을 인정했다. 국민당군 헌병 제3단을 북평에서 철수시키고 12월 15일, 반자치성격의 기찰정무위원회를 설립했다. 장개석은 이곳에 서북군 제29군 군장 송철원(宋哲元)을 위원장으로 임명했다. 일제는 송철원을 통해 화북자치를 주장, 화북지역을 국민정부에서 분리시키려 했다. 하지만 송철원은 경제 · 무역 부문에서는 일제에 협조했지만 주권포기를 거부했다. 송철원을 통해 화북지역을 지배하려던 일제는 전략을 수정, 1936년 4월부터 주둔군을 증파하고 9월 풍대(豊臺)를 점령하고 북경을 포위했다.[3]

일제의 침략이 북경 인근까지 미치자 중국의 반일감정은 극에 달했다. 특히 청년 학생들은 국민당 정부의 탄압에서도 연일 항일시위를 벌였다. 이런 어수선한 상황에서 김찬 · 도개손 부부는 북경으로 돌아왔다. 김찬 · 도개손 부부가 북경으로 온 것은 그나마 둘째 형 김우경이 자리를 잡고 있었기 때문이다. 또 형수에게 맡긴 아들 연상도 찾아야 했다. 다행히 형수 이석경은 몸이 약한 조카 연상을 정성들여 돌보아 아이

---

3   손염홍, 앞의 책, p.220~221

의 건강이 크게 좋아진 상태였다.

당시 둘째 형 김우경은 남지자 큰길 남구로에 병원을 열어 아버지를 비롯한 가족 모두의 생계를 책임지고 있었다. 가족들은 병원 뒤에 있는 사합원에서 생활했다. 둘째 형 김우경은 동생 김찬이 항일혁명에 참가해 집안에 문제를 일으키는 것을 못마땅하게 생각하고 있었다. 김우경은 동생 김찬에게 항일운동을 그만두고 새로운 생활을 시작할 것을 권유했다. 김우경은 금오골목길에 아세아약방을 열어 김찬 부부가 경영하도록 했다.

만주에서도 그랬지만 일제의 조선인·중국인 이간책은 성과를 거두고 있었다. 북경에서 조선인과 중국인의 서로에 대한 감정은 매우 험악해졌다. 두 민족 간 갈등은 만주보다 오히려 북경이 더 심할 정도였다. 여기에는 일제의 집요한 이간책이 작용했다. 일제는 북경 서남쪽 풍대(현 북경시 풍대구)에 조선인을 집단이주시켰다. 이로 인해 중국의 항일감정과 함께 조선인에 대한 배척운동도 같이 일었다. 심지어 화북지역에서 거주하던 조선인들은 일제 침략의 앞잡이로 취급되고, 피살되는 사건까지 발생했다.

1936년 봄부터 중국의 배일운동이 고조되면서 화북 각지의 현청과 공안국은 한인을 일본 침략의 앞잡이로 취급하여 이들의 퇴거를 명령하였다. …… 1936년 봄 이래 하북성 각 현에서 각 지방 관헌에 의해 쫓겨난 한인은 300여 명에 달했다. 그리고 한인에 대한 강도나 살인사건은

20건에 달했으며, 그 중 살해된 한인은 6명이었다. [4]

이런 상황을 피해 화북지역의 많은 조선인들이 일제의 보호를 받을 수 있는 북경으로 이주했다. 이런 분위기에서 조선인 남자와 중국인 여자인 김찬 · 도개손 부부의 행동거지는 매우 불편할 수밖에 없었다. 두 사람은 이런 부정적 시각을 불식시키기 위해서 더욱 열심히 항일운동에 나섰다. 김찬 부부는 생계를 위해 운영하라고 마련해 준 약방을 오히려 항일투쟁의 근거지로 만들었다.

마침 김찬의 조카인 김영애가 중국공산당 외곽조직인 중화민족해방선봉대(민선)에 가담해 항일구망(抗日求亡, 일본에 대항해 망해가는 중국을 구하자) 공작에 종사하고 있었다. 김찬은 민선의 북경 서역책임자 이평(李泙)을 통해 '자신은 중국공산당원으로 조선에서 혁명공작을 하다 폐초된 신분'이라고 밝히면서 '중국공산당과 관계가 끊어져 관계회복을 바란다'고 요청했다. 김찬은 그리고 자신의 서면자료를 이평에게 주며 당 조직에 제출해 줄 것을 요청했다.

이평은 이를 하북성위 진백달에게 보고했다. 하지만 진백달로부터 '항일운동에 참가할 수는 있지만 조직의 문제는 해결할 수 없다'는 답변이 왔다. 이평은 얼마 뒤 김문철(김찬)에게 그를 대신해서 민선서남구대

4 〈동아일보〉, 1936. 5. 8

의 회의에 참가하도록 했다. 이때부터 김문철은 항일운동에 뛰어들었
다.[5]

김찬과 도개손은 민선에서 활동했다. 마침 도개손의 여섯 번째 언니
유손(愉孫)이 북경대 도서관에서 일하고 있었다. 김찬은 북경대 도서관
에서 〈구국시보〉와 『통일전선에 관하여』 등의 소책자를 얻어 항일벽보
를 만들었다. 당시 김찬을 이평에게 소개했던 역력주(力易周)는 훗날 이
렇게 회고했다.

> 그들은 1936년 가을부터 1937년까지 항일운동을 본격적으로 전개했
> 는데 1년도 채 되지 않았지만 많은 일을 했다. 북경학생연합 이름으로
> 이른바 독서회, 시사보고회, 청년학생들에게 맞는 교외활동 및 유격전
> 술훈련 등을 했고 그들은 적극적으로 참가했다. 그리고 청년간부를 양
> 성하는 일에도 적지 않은 일을 해냈다.
> 이평의 배려와 지도 속에 김찬과 도개손은 선무문 바깥에 역력주 이
> 름으로 방 두 개를 빌렸다. 하나는 여자청년간부 훈련반으로 그곳에서
> 는 학이순(郝詒純), 황감영(黃甘英), 장길순(張潔珣), 역백량(力伯良), 소신
> (蘇辛) 등이 공부했다. 또 동성(東城)간부 훈련반을 조직해 김문철의 주
> 관하에 서수인(徐樹人), 황원진(黃元鎭) 등이 훈련에 참여했다. 뿐만 아니

---

5 김연상, 「김찬(金燦)」, 미발표 자료.

라 북평(북경) 학생시위 행렬에 참여해 진보세력에게 경험을 전수하며 어떻게 조직을 결성하는가를 홍보하고 29군의 사병 업무를 진행할지에 대해 설명했다.

북경의 학생들은 당 중앙이 단결해 항전할 것을 호소했고 거리시위를 주도했다. 이때 도개손과 김문철은 적극 동참했을 뿐만 아니라 청년에게 전투경험을 전달하고 어떻게 군사공작을 하는지, 어떻게 거리시위를 조직하는지, 어떻게 군중대상의 선전활동을 하는지에 대해 강의했다.[6]

이때 도개손에게 교육을 받은 학이순은 나중에 "도개손은 우리에게 대중철학과 사회발전사 및 정치경제학을 가르쳤다. 특히 그녀가 강의한 '소련혁명 및 현황'과 '2만5천 리 대장정'이 가장 인상 깊었다. 당시 나를 비롯한 중학생들에게 도개손은 존경을 넘어 숭배의 대상이었다"고 회고했다. 도개손은 또 학생운동을 주제로 프랑스 파리에 〈구국시보〉 본사에 편지를 보내 중국 사정을 알리는 작업도 수행했다.

이평은 후에 이렇게 회상했다.

"1936년 하반기부터 1937년 7월까지 장문철, 당극인 두 사람이 나의 지도 하에 서역구 중학교민선대에서 활동했는데 그들은 도개손이 북경

6   김연상, 「김찬」, 앞의 자료.

의 항일활동에 참가하는 것에 동의했다. 그는 대단히 적극적으로 투쟁에 참가했다. 그는 민선대 항일활동을 존중했다. 나는 민선대를 지도하는 역력주, 서수인 측으로부터 그의 활동상황이 뛰어나다는 평가를 들었다. 당시 민선은 여러 차례 항일시위를 주도했고 선전활동을 통해 항일의식을 고취시켰다. 당시에는 여성훈련반도 있었다. 그는 시위에서 부상을 입은 사람들을 병원에서 적극적으로 치료했고, 동지들은 그에 대해 대단히 좋은 평가를 내렸다. 나도 그에 대해 깊은 인상을 받았고 좋은 동지로 생각했다. 1936년 말, 김찬은 서수인과 역력주와 함께 민선대 활동을 위한 회의를 하고 집으로 돌아가다 경찰에 잡혔다. 그는 잡혀 있을 동안 민선의 공작을 자백하지 않았고 그로 인해 우리들은 물론 주위의 동지들 역시 잡혀가거나 구금되지 않았다."[7]

김찬, 체포되다

1936년 12월 9일, 12 · 9의거 1주년을 맞아 북경을 비롯해 전국적으로 대대적인 학생 시위가 벌어졌다. 학생들의 항일 시위는 며칠간 계속됐다. 12월 하순, 김찬은 군경에 체포됐다. 죄목은 가두시위 때문으로 몇 명의 학련 간부도 함께 국민당 육군감옥에 수감됐다. 도개손은 민선 간부들과 함께 남편 김찬의 면회를 가기로 했다. 민선 간부들은 호랑이

---

7   김연상, 「김찬」, 앞의 자료.

굴에 들어가듯 잔뜩 겁을 먹고 있었다. 그러나 도개손은 민선 간부들에게 '겁먹지 말라'고 격려하고 어떻게 군경과 간수를 상대해야 하는지에 대해서 자세히 설명하는 침착성을 보였다.

당시 도개손은 김찬의 두 번째 아이를 가진 상태였다. 당시 함께 활동했던 인사들은 "당시 그들 부부의 생활은 대단히 고통스럽고 또 그녀의 몸은 좋지 않은 데다, 또 아이까지 가진 상태였지만 그녀의 얼굴에서 피로감이나 슬프고 고통스런 표정을 본 적이 없다"고 회고하고 있다. 1936년 12월 21일에 도개손은 북경에서 딸, 소나(蘇娜)를 낳았다.

1935년 10월, 모택동이 인솔하는 홍군이 산시성 북쪽 바오안(保安)에 도착했을 때 홍군의 상황은 최악이었다. 홍군은 고사직전이었다. 2만 5,000리의 장정으로 기력을 상실한 데다 산베이(陝北)의 빈곤은 상상을 초월했다. 지주의 집안에 가봐도 변변한 살림살이나 양식이 없었다. 남쪽이 고향인 홑옷 차림의 홍군 전사들은 첫해 겨울을 나기조차 힘들었다. 무기와 실탄은 거의 고갈 상태였다. 소련에 원조를 구하기 위해 리셴넨과 쉬샹첸(徐向前)을 파견했지만 중도에 국민당 기병대의 공격을 받아 빈손으로 돌아왔다. 장개석의 중앙군은 포위망을 점점 좁혀 들어오고 있었다.[8]

8   김명호, 『김명호 중국인 이야기1』, 한길사, 2012, p.427~428

이때 김찬·도개손이 있던 북경 상황도 매우 급박하게 전개됐다. 중국인의 항일투쟁 열기가 고조되면서 일제는 아예 중국과 전면전을 계획하고 있었던 것이다. 마침 일본은 내부 군부 쿠데타가 일어나 강경세력이 정권을 잡았다. 1937년 7월 7일에 북경에서 26km 떨어진 노구교(盧溝橋)에서 일본군은 군사훈련 중 사병이 실종됐다는 이유로 완평현(宛平縣) 성에 들어가 수색하겠다고 주장했다. 중국군이 반대하자 일본군은 완평성에 포격하고, 중국군이 맞서는 이른바 '노구교 사변'이 일어났다. 제2차 중일전쟁의 시작이다.

현대적 무기와 잘 훈련된 일본 관동군은 손쉽게 국민당군을 제압하면서 천진을 점령하고 곧장 북경을 압박해 들어왔다. 장학량은 서북군 공산당포위소탕전 부사령관 겸 동북군사령관이었다. 장개석은 자신이 직접 공산당소탕포위전 사령관을 맡았다. 장개석은 6차 공산당 소탕전을 독려하기 위해 12월 4일, 서안(西安)에 왔다. 하지만 장학량과 양후정(楊虎城) 산서성(山西省) 제17로군 사령관은 장개석의 공산당 포위소탕전에 불만이 많았다. 두 사람은 공산당과 내전을 중지하고 일본 제국주의를 물리쳐야 한다는 생각에 일치했다.

마침 12월 9일 '12·9운동' 1주년 기념으로 대대적인 학생 항일시위가 일어났다. 서안에서도 마찬가지였다. 학생들은 장학량에게 동북으로 돌아가 일본과 싸우라고 요구했다. 장개석은 학생시위를 진압하도록 지시했지만, 12월 12일에 장학량은 양후정과 함께 쿠데타를 감행, 장개석을 구금했다. 그리고 남경정부를 구국정부로 개편하고 모든 내전의 중지, 애국적 지도자의 석방, 일본 침략에 대항해 거국적으로 항전할 것을 요구했다. 이른 바 서안사변이다. 서안사변은 막바지까지 쫓기며 힘겨운 장정을 하던 모택동에게 숨통을 여는 낭보였다.

일본 관동군의 북경 점령이 임박했다는 소식이 알려지면서 북경 주민들은 크게 술렁였다. 그래도 일국의 수도였던 북경이 외국군대에 점령된다는 것은 중국인에게 커다란 수치였다. 또 일본군은 중국에서 조선청년들을 징병으로 차출해 중국과 전쟁에 앞세우는 전략을 폈다.

이러한 북경 분위기 속에서 조선인 김찬과 중국인 도개손의 처신도 매우 제한될 수밖에 없었다. 무엇보다 항일운동에 앞장서던 김찬은 일본의 징병에 차출된다는 것을 용납할 수 없었다. 결국 김찬 가족은 일본군이 북경에 입성하기 전에 도개손의 친정인 무석으로 피란가기로 했다. 늙고 병든 김찬의 부친 김병순도 피란길에 올랐다. 김병순은 일제 치하가 싫어 중국으로 이주했는데, 또다시 일제 치하에 살 수는 없다며 따라 나섰다. 김찬·도개손 부부는 늙은 부모와 7개월밖에 안 된 딸 소나를 데리고 무석 행 열차에 몸을 실었다.

7월 29일, 일본군은 손쉽게 북경을 점령했다. 일제는 친일 중국인을 동원해 북평(북경)시정부를 수립해 북경을 장개석의 국민당 정부에서 분리시키는 작업을 시작했다.

13

—

1937년 연안,

—

혁명의 성지가 공포의 땅으로 바뀌다

1937년 8월 9일, 북경에 진주한 일본 관동군은 한편으로 8월 13일 상해에 상륙했다. 서안사변 결과 장개석은 홍군에 독자적인 지휘부를 설치하는 데 동의했다. 중국 공산당 홍군은 8월 22일 국민혁명군 제8로군으로 이름을 바꿔 국민정부군에 합류했다. 제2차 국공합작이다. 주덕(朱德)이 총사령관, 팽덕회(彭德懷)가 부사령관에 임명됐다.

국공합작이 이루어지자 중국과 소련은 8월 21일, 불가침 조약을 체결했다. 그리고 소련은 200대가 넘는 항공기와 화포, T-26전차 등의 군사물자와 군사고문단을 중국에 원조하기로 했다. 일본은 '2~3개월 정도면 중국대륙 전역을 점령해 전쟁을 끝낼 수 있을 것'이라고 호언장담했지만 전열을 정비한 중국군의 저항도 만만치 않았다.

상해에서 홍군과 연합한 중국군의 저항은 매우 격렬했다. 특히 '오송

상륙 전투'에서 일본군은 매우 큰 피해를 입었다. 이는 1930년대 초 중국에 독일 군사고문으로 파견된 팔켄하우젠 장군과 젝트 장군이 강력한 벙커를 조성했고, 장개석의 직속군대 역시 독일식 장비를 갖추고 독일 군사고문에게 훈련을 받았기 때문이다. 일본군은 벙커를 뚫는 과정에서 극심한 피해를 입었다. 또한 독일식으로 훈련받은 장개석의 정예 제88사단은 일본군 상륙부대를 상해에 묶어 놓고, 매우 격렬하게 저항했다. 이 상해 전투에서 중국공산당측에 가담한 조선인의 역할이 컸다. 일본군은 3개월 동안의 전투 끝에 지원부대가 증강된 11월 5일에 겨우 상해를 점령했다. 상해 전투에서 극심한 피해를 입고 전쟁이 장기화되자 일본군은 무고한 양민을 잔인하게 죽이기 시작했다. 이때부터 일본군은 가는 곳마다 태우고, 빼앗고, 죽이는 이른바 '삼광작전'이라는 살육전을 벌였다.

상해를 점령한 일본군은 1937년 12월 국민당 정부 수도, 남경(南京)으로 향했다. 국민당 정부는 중경(重慶)으로 수도를 옮겼다. 중국군 사령관 당생지(唐生智)는 "어떠한 일이 있어도 수도를 지키겠다"고 선언했다. 남경성을 포위한 일본군은 투항을 권고했지만 당생지는 이를 거부했다. 하지만 12월 13일, 일본군이 공격을 개시하자 15만 명의 국민당 군인은 변변히 대응하지 못하고 무너졌다. 하루 전날인 12일 사령관 당생지와 주요 간부들이 부하와 시민을 버리고 도망친 것이다. 손쉽게 남경성에 입성한 일본군은 약 6주 동안 중국인에 대한 무차별 살인과 방화, 강간을 일삼았다. 이것이 바로 유명한 '남경대학살'이다.

도개손의 친정, 무석에서의 생활

북경과 상해가 일본군에 점령된 상태에서 김찬과 도개손, 그리고 가족들은 도개손의 고향 무석에서 생활했다. 하지만 조선인 김찬 가족들의 무석에서 생활은 편치 않았을 것이다. 조선인에 대한 중국인의 감정도 문제였고, 김찬은 부친 김병순까지 사돈집에서 신세를 진다는 것에 매우 불편했을 것이다. 김찬과 도개손은 이곳에서 연안으로 갈 방법을 모색하기로 했다. 당시 혁명을 꿈꾸던 대부분의 젊은이들은 연안으로 가길 원했다.

1936년 6월 말, 관광객으로 위장해 서안을 거쳐 연안에 도착한 미국 기자, 에드거 스노는 7월 11일에 모택동을 만났다. 그리고 홍군의 주력부대를 직접 방문해 그간 장정에 얽힌 이야기를 들었다. 에드거 스노는 토굴에서 모택동을 비롯한 여러 사람들을 인터뷰했다.

1936년 10월 중순, 북경으로 돌아온 에드거 스노가 영사관 강당에서 〈서북기행(西北紀行)〉을 발표했다. 북경대·엔칭대·칭화대 학생들이 몰려오는 바람에 인산인해를 이뤘다. 스노는 일본과의 전쟁을 주장하던 12·9 학생시위의 절대적 지지자였다. 참석자들은 스노가 16미리 필름에 담아 온 모택동과 주덕, 펑덕화, 청년 장군 린뱌오, 테러리스트 주은래 등 현상수배자들과 홍군의 면모를 보고 열광했다. [1]

---

1 김명호, 앞의 책, p.433

고향에 돌아온 도개손은 무석항적후원회를 조직해 전선에서 항일투쟁하는 장병들의 보급품을 만들었다. 도개손의 집은 항일장병들에게 옷을 공급하는 공장이었다. 아들 김연상은 "집 거실은 재봉틀로 가득했고 부모님을 비롯한 모든 가족들은 군복 제작에 매달렸다"고 말했다.

이런 가운데 1937년 8월, 드디어 연안으로 갈 수 있는 길이 트였다. 도개손은 무석에서 항일구망후원단에서 활동하던 진운하(陳云霞)를 찾았다. 그는 연안으로 가는 길을 알 만한 사람이었다. 진운하는 남경 팔로군사무처에 있는 이극농(李克農)에게 연락했다.

이곳 팔로군 사무처를 통하면 연안에 갈 수 있는 길이 있다는 것이다. 연안에서도 젊은 기술자를 필요했기 때문에 약간의 전기기술이 있는 김찬은 적격이었다.

김찬·도개손 부부는 딸 소나만 데리고 남경을 거쳐 연안으로 가는 길에 올랐다. 그들의 연안 행에는 역력주와 양성이 동행했고, 중간에 몇몇 사람이 합류했다. 하지만 김찬의 부친 김병순은 평소 고혈압으로 몸이 불편했다. 불편한 몸으로 국민당군에 첩첩이 포위되고 병원 시설도 거의 없는 연안에 가는 것은 여러모로 무리라고 판단했다. 결국 부친 김병순은 장사(長沙)에서 북경으로 되돌아가기로 결정했다. 그래도 둘째 아들이 있고, 조선인이 생활하기에는 여기보다 북경이 낫다고 판단했기 때문이다. 이것이 부자지간의 영원한 이별이었다.

중국 혁명의 성지, 연안에 도착하다

1937년 8월 드디어 김찬과 도개손 부부는 꿈에 그리던 연안에 도착했다. 다행히 두 사람의 도착에 즈음해 국민당군과 내전이 중단되고 봉쇄도 풀려 연안에 들어가기는 수월했다. 거리에는 공산당 적성기와 국민당 청천백일기가 나란히 펄럭였다. 두 사람은 멀리 보이는 보탑산과 높이 44m의 9층 팔각보탑을 보며 가슴이 뛰었을 것이다. 연안의 팔각보탑은 중국혁명의 성지, 중국혁명의 중심이라는 상징이었다.

수백 명의 청년 공산당원들이 대도시에서 공산당의 새로운 수도인 섬서성 북부인 연안으로 이주했다. 5월까지는 2,000명 이상의 학생들이 홍군대학(항일대학으로 개명)에 입학했고 약 500명은 공산당학교에 들어갔다. 이 학생들 중에는 몽고인, 회교도, 티베트인, 대만인, 묘족, 로로족 출신들도 섞여 있었다. 학생들은 각종 기술훈련학교에 들어갔다.

열의에 넘치는 젊은 급진주의자들이나 노련한 당 공작원들도 중국 전역에서 밀려 들어왔는데 그 중 어떤 사람은 굉장히 먼 거리를 도보로 찾아왔다. 홍구내(洪區內)의 수학생활이 매우 엄격함에도 불구하고 7월까지는 입학신청자들이 너무 많아 더 이상 받아들일 수 없는 지경에 이르렀다. 많은 학생들이 공산당이 5,000명을 교육시킬 준비를 갖출 다음 학기까지 대기하지 않으면 안 되었다.[2]

---

2   에드거 스노, 신홍범 역, 앞의 책, p.409

중앙당교에 입학한 도개손

연안에 도착한 도개손은 중앙당교 12반에 입학했다. 중앙당교는 1933년 세워진 마르크스레닌주의 학교가 기원이다. 1935년 11월 중국공산당중앙당교(中國共産黨中央黨校)로 명칭을 변경해 보통 중앙당교라고 부른다. 중국공산당 간부를 양성하는 학교로 이유한(李維漢)이 초대 교장, 모택동도 교장을 지냈다.

도개손이 이곳에 입학했다는 것은 중국공산당으로부터 당성을 인정받았음을 입증하는 것이다. 특히 도개손은 중앙당교의 현·단급 간부 등기표에 기입됐다. 중앙당교는 장관급, 청장급, 현·단급의 3단계 당 간부 과정으로 나뉘어 있다. 장관급은 최고급 당 간부 출신 과정이고, 청장급은 그 다음 단계, 현·단급은 현과 단의 당 간부 출신이 공부하는 과정이다. 도개손은 중앙당교 현·단급에서 소조장 직책을 맡았다. 이곳에서 도개손은 낯익은 항일투쟁 동지들, 유설위, 황약면, 임리부를 만났다.

김찬 역시 연안에서 공산당 중앙조직부 심사와 비준을 거쳐 중국공산당 당적을 회복했다. 노하중학 시절 중국공산청년단에 입단하고 조선혁명에 나서다 투옥된 후 당적을 상실한 상태에서 근 5년 만에 중국공산당적을 찾은 것이다.

중국공산당 당적을 회복하는 것은 매우 중요했다. 『아리랑』의 주인공인 김산도 복당을 위해 무척 고생하는 대목이 나온다. 김산의 아들 고영광의 증언을 보면 그 어려움을 알 수 있다.

1935년 아버지는 석가장에서 당에 복귀하려고 했으나, 주변에 복당을 보증해 줄 만한 사람이나 조직이 없었으므로 상해로 가게 되었습니다. 그곳에서도 복당에 실패하자 당 중앙본부를 방문키로 하고 그 도중에 남경과 천진을 들렀던 것입니다. 물론 그곳에서도 성공하지 못했으며, 다만 연안에나 가보도록 권유를 받았다고 합니다. 이러한 이야기는 어머니와 두군혜, 그리고 나청(羅靑) 씨에게 들어서 알고 있습니다.[3]

탁림과 강청이 다닌 섬북공학에 입학한 김찬

김찬은 중국공산당 간부양성학교인 섬북공학 제1기에 입학했다. 섬북공학 역시 중국공산당이 만든 고급간부학교였다. 이 학교에는 나중에 등소평(鄧小平)의 부인이 된 탁림(卓琳, 본명 포경영, 浦瓊英)이 다녔다. 탁림은 1936년 북경대학 물리과에 입학한 여성으로 도개손의 대학 후배였다. 게다가 도개손은 북평대 재학시절 서사(西四)기독교청년회 초대소에 거주하는 여일(女一)중학교 학생 포경영과 기숙사에서 같이 머물 정도로 서로 친했다.

도개손이 연안에 도착해 중앙당교에 입학할 거의 같은 시기인 1937년 8월 말, 남평(藍萍)이라는 여성이 연안의 제3초대소(第三招待所)에 도착해 숙박부에 자신의 이름을 '남평'이 아닌 '강청'이라고 적었다. 그리고

---

3 김찬정(백선기), 『미완의 해방노래』, 정음사, 1993, p.49

2개월간 심의 끝에 당적을 회복하고, 11월 중앙당교에 입학해 도개손과 함께 학교를 다녔다. 그녀가 바로 모택동의 부인 강청이다.[4]

당시 연안에서 생활하는 여성은 300명 정도에 불과했다. 이들 여성 대부분은 중국의 명문대를 다닌 엘리트로 나중에 중국공산당 지도자들과 결혼했다. 그리고 모두 후에 큰 영화를 누렸다. 오직 조선인 남자와 결혼했던 도개손만이 비극적이고 참혹한 운명에서 벗어나지 못한 것이다.

연안의 조선인들

당시 연안에는 세 부류의 조선인이 있었다. 한 부류는 1930년대 중반부터 장정을 거쳐 연안에 온 중앙홍군 지휘원과 전투원들이다. 대표적인 인물은 양림, 무정, 최정무 등이다. 양림은 홍군 제15군단 75사 참모장, 무정은 홍군총부 작전과장으로 임명됐다. 양림은 황하 도하작전을 성공시키고 장렬히 전사했다. 1937년 전후로 장명(김산)이 연안에 왔고, 적통치구 공작회의 대표로 리철부가 왔다.

두 번째 부류는 1939년 모스크바를 떠나 하바롭스크를 거쳐 연안으로 온 러시아 출신이다. 그리고 세 번째 부류는 전국 각지에서 연안에

---

4 강청은 1938년 7월 7일 '7·7 항전 1주년 기념행사' 후 열린 문화행사에서 경극 〈타어살가(打漁殺家)〉의 주연을 맡아 큰 호평을 받았다. 모택동은 공연이 끝나고 배우를 격려하기 위해 분장실로 찾아갔고 강청을 만나 두 사람의 운명적 만남이 시작됐다. 현이섭, 앞의 책, p.369~370

모여든 청년 혁명가들이다. 대표적 인물이 1937년 10월 국민당 점령구에서 온 19세 정률성이다. 정률성은 섬북공학 제1기 7대에 들어가 공부하다가 1938년 5월 로신 예술학원이 생기자 그리로 옮겼다. 북경에서 온 문정일도 그런 경우이다. 조선의용대 창설 이후 최창익을 위수로 많은 조선혁명가들도 연안으로 왔다. 이들은 연안의 항일군정대학에 입학했는데 1938년 하반기에서 1939년 상반기 항일군정대학에 다니던 조선 학생은 30여 명에 달했다.[5]

여기서 도개손, 김찬이 중앙당교와 섬북학교에 배정받은 것은 그동안 항일투쟁 경력을 인정받은 것이라고 할 수 있다. 더구나 조선인 남성과 중국인 여성 부부가 중앙당교와 섬북공학에 입학했다는 것은 당성과 능력을 매우 높게 평가받았다는 것을 의미한다. 왜냐하면 당시 연안에서 중국인 혁명가 여성, 조선인 남성의 부부관계는 환영을 받지 못했기 때문이다. 그런데도 부부가 고위 당간부 학교에 진학한 것은 당성은 물론, 그동안 항일공산당 혁명에서의 성과를 인정받았기 때문이다.

정률성은 연안에 와서 1939년 1월, 항일군정대학에서 음악을 지도할 무렵 공산당에 가입했다. 그때 정률성은 중국인 처녀 정설송(丁雪松)과 사귀었다. 그때 정설송이 다니던 중국여자대학 부교장 가경시(柯慶施)는 "네가 정률성과 가깝게 지낸다고 들었다. 잘 생각해야 한다. 너는 우수한 젊은 여성이다. 앞날의 전도가 밝다. 당이 너를 키워주었다. 조선

---

5 중앙인민방송국 권립 교수 증언.

사람의 상황이 지금 상당히 복잡하다. 너와 정률성의 관계가 대단히 안타깝다"고 말했다. 정설송은 건국 후 첫 여성대사를 역임했다.[6] 이는 당시 연안에서 조선인들이 그리 호감을 가지는 분위기가 아니었음을 알 수 있는 대목이다. 물론 이런 기류는 앞서 언급했던 일제의 조선인과 중국인 분리 정책 탓이다.

이즈음 연안에 있던 문정일은 생존 당시 "『아리랑』에 나오는 장지락(김산)은 당시 잘 알려져 있지도, 아예 존재하는지도 몰랐다"고 증언했다. 실제 김산은 님 웨일스의 『아리랑』이 발간되고, 한국에서 재평가될 때까지 조선공산당이나 중국공산당 어디에도 언급되지 않았다. 문정일은 "중국 혁명, 나아가 중국에서의 조선 혁명에 공헌한 조선인은 많이 있다. 그런 사람들에 비춰 보면 김산은 거의 혁명에 공헌하지 않았다고 말해도 좋을 정도다. 우연히 웨일스 부인과 알게 되고, 그 이야기가 책으로 출간되어 유명해졌을 뿐인데, 그런 인물을 중국 내 조선인 혁명가들을 대표하는 것처럼 추켜세우는 것은 문제가 있다"고 주장했다.[7]

도개손과 김찬의 연안 생활은 힘들었지만 보람찼을 것이다. 김찬과 도개손이 온 시기는 제2차 국공합작이 이루어져 비교적 평온한 시기였다. 게다가 연안에서 생활이 2년차에 접어들었고, 국민당군의 경제봉쇄도 해제되어 경제상태도 많이 좋아졌다.

특히 연안에서는 탁구에 대한 열의가 대단했다. 당시 연안에서 홍군

---

6 정래송 등 저, 『작곡가 정률성』, 료녕인민출판사 / 현이섭, 앞의 책, p.428에서 재인용.
7 문정일, 2005년 3월 증언 / 이회성 · 미즈노 나오키, 앞의 책, 1993

과 같이 생활하며 모택동을 인터뷰했던 에드거 스노는 "클럽마다 중앙에는 식사 시간이면 식탁으로 바뀌는 대형 탁구대가 있었다. 식사 시간이면 언제나 베트, 공, 네트로 무장한 너댓 명의 '비적'들이 동료들의 식사 시간을 재촉했다. 그들은 게임을 계속하고 싶어 안달이었다. 병사들은 자기 부대의 챔피언이 최강자임을 자랑했다"고 연안 분위기를 전하고 있다.[8]

도개손이 공덕학교 시절 대표선수를 지낼 정도로 탁구를 잘했다는 점에서 연안에서 도개손의 인기는 매우 좋았을 것으로 추측된다. 김찬·도개손 부부는 연안에서 전문 혁명가가 되기 위한 학습을 하면서 농사를 짓는 일반인과 다를 바 없는 생활을 했다.

반혁명분자 숙청의 광풍

이 무렵 소련의 스탈린은 트로츠키 잔당에 대한 잔혹한 대숙청을 진행하고 있었다. 레닌과 함께 러시아 혁명의 일원이던 트로츠키는 스탈린과 노선투쟁에서 패배, 당에서 제명되고 해외로 추방된 상태였다. 트로츠키는 해외에서 반(反)스탈린 활동을 계속하고 있었다. 따라서 '트로츠키파'는 종파주의자 혹은 반동분자를 의미했고, 이는 곧 죽음으로 이어졌다.

---

8   에드거 스노, 신홍범 역, 앞의 책, p.287

모스크바에 있던 김단야도 반혁명분자 숙청의 광풍을 피하지 못했다. 위기는 한 조선인이 코민테른에 제출한 투서에 의해 비롯됐다. 투서는 김단야가 일본 제국주의의 밀정이라고 주장했다. 이에 최성우 등은 다시 김단야를 조선의 혁명운동 일선에 투입하자고 제안함으로써 그를 구하려 했다. 그러나 소련 당국은 최성우 등의 요구를 거절했다. 이제 김단야의 운명은 바람 앞의 촛불이었다. 결국 소련 당국은 1937년 11월 김단야를 체포했다. 그리고 1938년의 어느 날, 김단야는 일본 제국주의 첩보기관의 밀정으로 반혁명활동을 벌인 1급 범죄자라는 혐의를 쓰고 형장의 이슬로 사라졌다.[9]

아마 김찬과 도개손은 모스크바에서 벌어지는 김단야의 처형 소식을 알지 못했을 것이다. 설사 알았다 해도 김찬이 그를 구명할 수 있는 위치에 있지도 않았다. 모스크바에서 벌어진 트로츠키파 숙청 바람은 중국공산당으로 이어졌다. 그 숙청의 칼을 휘두른 인물이 강생이다. 그는 중국공산당에서 최대의 간신이자, 대(大)음모가로 낙인찍힌 인물이다.[10]

강생은 1936년 중공 상해중앙국 조직부장 하창지(賀昌之)를 시베리아로 소환해 살해했다. 이에 모 주석은 '왕명 노선이 백색지구의 당 조직에 손실을 끼친 100%의 진짜 원인'[11]이라는 평가를 했다. 강생은 귀국

---

9 이준식, 「2005년에 다시 기억하는 혁명가 김단야의 삶」, 〈내일을 여는 역사〉, 서해문집, 2005 겨울, p.159

10 현이섭, 앞의 책, p.425

11 『林里集夫 회고문』, 중국사회과학출판사, 2007 / 〈도개손기념문집〉, 1987

하자마자 모택동이 실세임을 판단하고, 정치적 입장을 180도 바꿔 왕명의 노선을 공격하는 선봉장으로 모택동의 신임을 얻었다. 모택동은 그를 중국공산당의 정보와 보안을 책임진 사회부장으로 임명했다. 강생은 본격적으로 연안 숙청의 칼을 쥔 것이다. 1938년 1월, 강생은 공산당 기관지 〈해방〉에 트로츠키 비적을 제거하자는 글을 기고, 대숙청을 예고했다.[12]

사회부장 강생은 연안의 공산당 간부 중 수백 명은 국민당이 공산당에 침투시킨 특수요원이라며 광분했다. 설상가상 연안에서 고위 지도자의 변절 사건이 발생했다. 1938년 4월 당 최고지도자의 한 사람인 장국도(張國燾)가 연안을 빠져나와 국민당에 투항한 것이다. 장국도는 대장정 기간 모택동의 북상항일 지시를 어기고 독단적으로 남하한 인물이다. 장국도의 변절은 중국공산당과 연안의 대중에게 큰 충격을 주었다. 결국 1938년 9월 소집된 중국공산당 중앙위원회 전원회의에서 당내 반당분자, 트로츠키파, 일제 및 반공특무를 적발해야 한다는 요구가 일었다.

강생은 연안에 있는 전 공산당원에 대한 인사기록을 다시 만들기 시작됐다. 여기에는 자기소개, 정치문화 경력, 가족성분과 사회관계, 개인이력을 기록하게 했다. 또 모든 당원들은 출생 이후 지금껏 모든 사실을 기록하는 자술서를 쓰게 했다. 자술서는 한 번으로 끝나지 않고 계속

---

12 최용수, 「김산 장지락 연보」, 〈황해문화〉, 2005 겨울, p.347

반복됐다. 진술서에 빠진 것이 있으면 요주의 인물로 분류됐다. 자술서를 바탕으로 입당과정과 사상의 변화, 마지막 당성검토가 이루어졌다.

자술서는 매우 비인간적이었다. 사상의식 대목을 예로 들면, 입당과정을 검증하고 홍군에 입대한 후 개인이익을 따졌는지, 당의 이름을 빌어 사욕을 취했는지를 검증한다. 전투를 앞두고 죽음을 두려워했는지, 고향집이나 배우자를 생각했는지까지 적어야 했다. 물론 객관적인 기준도 과거 투쟁경력도 소용이 없었다. 심지어 한 사람씩 무대 위에 올라서게 해 놓고 얼굴색이 변하면 간첩혐의가 있는 자로 분류할 정도로 엉터리였다. 연안은 이제 희망과 기회의 땅이 아니라, 침묵과 긴장의 땅으로 변했다. 연안은 혁명동지들의 성지가 아니라 투서와 죽음이 난무하는 공포의 땅이 됐다.

강생은 도개손이 다니는 중앙당교 교장직도 겸했던 것으로 보인다. 1938년 1월, 근 6개월간 교육을 마친 김찬과 도개손에게 업무배치 명령이 떨어졌다. 전선으로 가서 항일투쟁에 합류하라는 것이었다. 김찬과 도개손은 기쁘게 이 명령을 받아들였다. 주변 인사들과 아쉽지만 즐거운 작별인사까지 했다. 딸 소나는 연안 탁아소에 그대로 둔 채였다.

하지만 부부가 도착한 곳은 일제와 싸우는 전선이 아니었다. 두 사람은 체포되어 보안처로 끌려갔다. 같이 연안에 있던 도개손의 친척들도 이 사실을 까맣게 몰랐다. 모두가 김찬·도개손 부부가 지금쯤 전방에서 맹렬히 항일투쟁에 나서고 있을 것이라고 생각했다. 하지만 얼마 후 중앙당교장 강생은 당교 대강당(천주교 성당)에서 열린 제11~15반 학원대회에서 "김문철(김찬) 부부는 트로츠키파이며 이미 체포됐다"고 말했다.

이즈음 연안은 더 이상 희망과 혁명의 땅이 성지가 아니었다. 침묵과 공포의 땅으로 변한 연안에는 갖가지 후문만 흘러 다녔다. 김찬이 국제, 상해 및 동북지하당 조직을 파괴했다는 출처도 불분명한 소문이 돌았다. 이런 예는 비단 김찬과 도개손만의 문제가 아니었다. 연안 전체가 그런 공포에 휩싸였다. 이에 누구도 이의를 제기하거나 거부할 수 없었다. 나중에 드러났지만 비슷한 시기 이런 분위기에서 『아리랑』의 주인공 장지락(김산)도 체포됐다. 그 역시 일제와 국민당에 체포됐다가 쉽게 풀려난 경력이 문제가 됐다. 장지락의 처형과정이 문건 등을 통해 정확하게 밝혀진 것은 없다. 당시 같이 연안에 있던 문정일은 장지락의 〈처형지시서〉 서명자는 보안처장 고강이라고 말했지만, 아들 고영광은 강생이라 말하고 있다.[13]

김찬 · 도개손 부부는 심사를 거쳐 복당이 허용되고, 또 주요당 간부학교까지 진학한 상태였다. 그러나 김찬도 조선공작 도중 체포됐다가 풀려난 경력, 도개손은 북경과 상해 공청단 활동과정에서 조직이 파괴됐던 문제를 집중적으로 조사 받았다.

---

13 이회성 · 미즈노 나오키, 앞의 책, p.163

에필로그

1982년, 43년만의 복권

전방으로 간다며 연안에서 사라진 도개손과 김찬의 행방에 대해 많은 사람들이 궁금해 했다. 간첩으로 몰려 처형됐다는 소문만 있었지 이를 확인할 방법이 없었기 때문이다. 특히 도개손 가족들은 사라진 막내 동생에 대해 이곳저곳 수소문했다. 한 번은 왕관란(王觀瀾)의 부인 서명청(徐明淸)이 강생의 아내 조일구(曹軼歐)를 찾아가 도개손의 행방에 대해 물었다고 한다. 그러자 조일구는 "쓸데없는 일에는 관심을 갖지 않는 것이 이로울 것"이라고 대답했다고 한다. 그 뒤로는 아무도 도개손의 소식을 듣지 못했다.

가족이 두 사람의 처형소식을 들은 것은 1940년 7월이다. 팔로군 중경(重慶) 사무처 장효매(張曉梅, 등소평의 첫 번째 부인 장석원〈張錫瑗〉의 여동생이자 서빙〈徐冰〉의 아내)는 "김문철(김찬)은 국제간첩이라 이미 처형됐다

고 들었다"고 증언했다. 장효매는 또 "전극민(도개손)은 괜찮았다. 증명
해 줄 사람도 있고 공산당 내에서 부부는 연대책임을 지지 않는다. 원래
전극민을 남겨두고 싶어 했는데 왜 그녀까지 처형했는지 잘 모르겠다.
이 사안은 기밀 사항이라서 몇몇 사람들만 알고 다른 사람들은 모른다.
진상을 알려면 강생 동지에게 물어봐야 할 것"이라고 증언했다.

두 사람의 처형이 확실시되자 가족들은 도개손과 김찬을 찾는 작업
을 중단했다. 당시 누구든 트로츠키파로 몰리면 벗어나기 힘들었다. 해
명할 시간도 없이 처형되기 일쑤였다. 김단야는 코민테른에서 인정한
조선공산당 재건 책임자였다. 그런 김단야조차 체포 후 2개월 만에 처
형됐다. 『아리랑』의 장지락도 보안처에 연행되어 1938년 8월 18일 '고
향으로 보낸다'(사형) 판정을 받고, 역시 2개월 만인 10월 8일 처형됐다.[1]

김찬·도개손 부부의 구금기간은 1년이 넘었다. 그것은 바로 부인 도
개손 때문이었다. 중국공산당 중앙은 도개손의 집안 및 투쟁경력 등을
고려해 관용을 베풀 것을 고민하고 실제로 설득까지 했으나 도개손의
완강한 거부로 결국 처형됐다.[2]

---

1 장지락의 처형에 대한 구체적인 기록이나 문서는 없다. 단지 아들 고영광의 기억과
1983년 중국공산당 중앙위원회의 결정, 즉 '트로츠키파에 가담한 문제와 일본 간첩이라
는 증거가 없음으로 부정되어야 한다. 장명(김산의 별명) 동지의 죽음은 특정한 역사 시기
에 일어난 하나의 억울한 안건이므로 반드시 시정하여야 한다. 장명 동지는 당에 충성하
였고 우리나라 인민과 혁명 사업에 기여하였다. 그는 오랫동안 억울한 누명을 쓰고 있었
는바, 이제는 마땅히 그의 누명을 벗겨주어 명예를 회복하고 당적도 회복해야 한다'는 결
론에 비추어 이즈음 처형된 것으로 유추할 뿐이다.
2 최용수 교수 증언, 2005년 3월.

중국에서 광기어린 바람이 잦아들자 1978년 12월 제11차 3중 전회에서 역사적으로 억울한 사건과 허위 및 조작 사건을 재검사하기로 결정했다. 1979년 중기위(中纪委)에는 세 개의 전문 안건조(专案组)가 설치됐다. 1조는 임표, 2조는 4인방, 3조는 강생이었다. 3조에는 강생에 의해 처리된 안건 수백 건이 접수됐다. 강생이 처리한 사건의 재조사는 신속하게 이루어지고 즉시 정정됐다. 워낙 강생의 무리한 사건 조작이 많았기 때문이다.

그러나 불행히 김찬·도개손 사건에 대해서는 강생이 서명하지 않았다. 이 사건에서 강생이 관여한 분명한 흔적이 발견됐다면 도개손, 김찬의 복권도 쉬웠을 것이다. 하지만 강생이 서명한 서류를 발견할 수 없었다. 1969년 주흥의 증언에 의하면 "강생 동지의 지시는 다른 문서에 씌어 있었다. 그 문서는 안건이 처리되고 난 후, 중앙사회부로 보내져 보관됐다"고 증언했다. 하지만 강생이 지시했다는 그 문서를 역시 발견할 수 없었다.

아들 김연상은 "이 사건을 담당하던 감영에게 조사하도록 했지만 감영은 강생의 회신문서와 국제전보조차 찾지 못했다. 이 안건은 사람들이 접근할 수도 없고, 조사할 방법도 없었다"고 말했다.

결국 김찬과 도개손 죽음의 진실을 가리는 이 사안은 개별안건으로 분류되면서 처리가 늦어졌다. 이 일에는 도개손의 여덟째 언니 도영손이 앞장섰다. 도영손과 김연상은 당시 도개손, 김찬과 같이 일했던 사람들을 일일이 찾아 증언을 듣고 제소를 부탁했다.

도개손의 친척들, 북경과 상해에서 같이 활동했던 사람들은 모두 쟁쟁한 인물이 됐다. 공덕학교 동문 전삼강은 전현동(錢玄同)의 아들로 후에 '중국 원자폭탄의 아버지'로 불릴 정도로 중국의 중요한 과학자가 됐다. 북경대 지질학과의 동문 손전경(孫殿卿)은 지질학연구소 소장이 됐고 악희신(岳希新)은 지질부 수석기사가 됐다. 북경대 남하시위를 같이 했던 라죽풍(羅竹風)은 상해출판국장, 천가구(千家駒)는 경제학자가 됐다.

도개손에게 공청단 입단을 소개한 이조서는 이대교의 조카이며, 은대균은 미국 유학 후 교통대학 교수직을 역임했다. 도개손이 상해에 머문 동안 만난 몇몇 동지들은 성부급 간부가 되기도 했다. 도개손은 등소평의 부인 탁림과 절친한 사이이고, 모택동의 아내 강청과는 중앙당교 12반 동문이다.

도개손의 큰 오빠 도정손은 동생과 함께 일했던 복건성위원회 서기 서아를 통해 재심을 추진했다. 서아는 "내가 1936년 4월 체포되기 전 상해 공청단 기층조직은 아무런 피해가 없었으며 이는 곧 도개손에게 아무런 문제가 없음을 증명한다. 내가 체포된 것은 도개손과 아무런 관련이 없다"고 증언했다. 하지만 서아가 갑자기 세상을 떠나면서 본격적인 재심작업이 중단됐다.

이후 길림대학 총장 유정과 장춘시위원회 서기 이일평 등은 도개손의 당시 상황 자료를 제출하면서 적극적으로 재심을 요청했다. 이밖에 지질부부장 손대광, 위생부 생물약품검험소 소장 이지중, 신강대학의 역이주(力易周), 심양 농학원 교수 장신달 등도 재심 요청에 동참했다.

1979년 초, 도개손의 언니 도영손은 왕학수에게 "김문철의 경우 동북에서 체포되면서 상황이 더 복잡했다. 도개손은 아마도 격동의 시대에 하지 말아야 할 말을 한 것뿐 그게 그렇게 큰 잘못은 아니다"라는 증언을 들었다. 도개손이 공청단 조직부장 당시 서기였던 왕학수는 도개손 처형 당시 중국공산당 중앙기율검사위원회 부서기직에 있었다. 두 사람은 부부로 위장해 혁명사업을 함께 한 사이이기도 하다.

왕학수의 말은 김문철이 조선에서 체포된 후 변절한 것 때문에 처형된 것이라는 것을 의미했다. 하지만 왕학수는 더 이상 도개손·김찬의 복권작업에 관여하기를 꺼렸다. 도영손의 간곡히 설득한 끝에야 왕학

김찬의 아들 김연상 2005년 김연상이 자신의 가족사에 대해 설명하고 있다. (출처: 원희복)

수는 공안부 재심 제소 건을 수락했다. 1980년 11월 중공당공안부 부부장 릉운(凌雲)이 왕학수의 제소를 수리하면서 도개손과 김찬의 죽음에 대한 재심사에 들어갔다.

1981년 5월 상해시위원회 서기를 지낸 진국동은 "만일 도개손에게 문제가 있다면 우리 모두 무사하지 못했을 것이며 당시 특별지부에는 우편전신지부, 세관지부, 철도지부 등등이 구성되어 있었고 도개손은 이에 대해 모두 숙지하고 있었다"라고 증언했다. 진국동은 또 공안부의 요구에 따라 더 상세한 자료를 제출했다.

그러나 또다른 문제는 섬감영변구 범인처리기록 등기부에 김문철(김찬)과 전극민(도개손)의 이름이 없다는 것이었다. 당시 연안에서 강생이 처리한 명부 어디에도 김찬과 도개손의 이름이 없었다. 아니 김찬과 도개손이 처형된 서류 자체가 어디에도 존재하지 않았다. 가족들은 이 사건을 거슬러 올라가면서 하나하나 재조사했다. 가족들은 1969년 문화대혁명 때 아들 김연상의 간첩행위를 조작하기 위해 사건기록을 열람했을 가능성에 주목했다. 이후 과정은 아들 김연상이 비교적 자세히 기록했다. 그 과정을 정리하면 다음과 같다.

문화대혁명 당시 운남성위원회 서기를 역임했던 주흥으로부터 "강생동지의 지시는 다른 문서에 기록되어 있다. 사건 처리 종결 후 중앙사회부에 반환하여 보관해야 한다"는 증언을 얻어냈다. 하지만 중앙사회부 어디에도 사건기록은 없었다. 사건기록을 봤다는 증언을 수집했다. 철도부 부부장 이힐백(李頡伯)의 아내 장육순(張毓珣)은 1981년 "중앙직공위원회 간부심사 소조(팀)의 육배기(陸培基)가 구두자백 자료를 열람했는데 대답은 모두 정상적이었고 아무런 문제도 인정하지 않았다. 의심할 부분 또한 없으며 어떠한 증거자료도 없었다"고 증언했다.

또 진용문(陳用文)은 1981년 6월 "1943년 창구운동(搶救運動) 당시 로영(蘆英)을 심사하면서 보안처 자료를 열람한 적이 있는데 (김찬 · 도개손 사건이) 억울한 사건인 것 같은 인상을 받았다"고 증언했다.

이것은 처형 직후 사건자료는 존재했는데 이후 누군가에 의해 폐기됐다는 것을 의미했다. 오랜 추적 끝에 드디어 의심이 가는 대목이 발견됐다. 섬감영변구 보안처 범인처리 등기부에 실린 수백 명의 처형자 명단에서 먹물로 지운 두 개의 이름을 발견한 것이다.

■■■■, 8획007호, 무결론, 사형
■■■■, 5획004호, 무결론, 사형

위에 지워진 이름은 바로 김문철(김찬)과 아래는 전극민(도개손)이었던 것이다. 언제 두 사람의 이름을 먹물로 지웠는지는 알 수 없었다. 그리고 오랜 추적 끝에 16절지 크기의 '처형지시서' 한 장이 발견됐다. 1945년 12월 엽운고(葉運高)의 뒤를 이어 심문과장을 맡은 양강(楊崗)은 "1969년 엽운고가 처형지시서를 나에게 주면서 극비문서이니 과장 본인이 직접 보관해야 한다고 말한 바 있다, 엽운고는 이 극비자료가 그의 전임 과장이었던 조광청(曺光淸)으로부터 직접 건네받은 자료라며 사건 기록자료는 이미 폐기됐다"고 증언했다. 양강은 또 "당시 보안유지를 위해 처형지시서만 남겨두었는데 별도로 분류해 보관하지 않았다. 관련 사건기록 폐기 문제는 당시 심문과장 조광청이 알고 있을 것"이라고 증언했다.

발견된 문건에서 김찬은 '일본 간첩'이며, 죄목은 '일본에 체포된 후 일본에 투항하고, 조선에서 조선당을 파괴하는 일을 전문적으로 맡았다'고 적혀 있다. 그 증거로 북경에서 일본특무 기무라 사부로(木村三郎)의 지휘 하에 학생운동을 파괴했고, 왕강(王康)의 지휘 하에 중국공청단과 반제국주의 조직 및 군중단체를 전문적으로 파괴했다고 되어 있다. 또 변방(만주)에서도 일본특무의 명령을 받아 파괴를 기도했다고 기술하고 있다.

이 문건에는 첨부자료로 '증거: 진술서 1부, 자료 5부, 자백서 3부'라고 되어 있고, 지시표의 처리 의견란에는 '사형에 처하는 것이 마땅하다'로 기록되어 있다. 또 9월 19일 담정문이 '동의'라고 서명했고, 다음 칸에는 10월 11일 주흥이 '양로원에 보내는 것에 동의'라고 서명했다. 5개월 후인 이듬해 3월 6일, 섬감영변구정부 부주석 고자이 마지막 칸에 '고향으로 회송 동의'라고 서명했고, 담정문의 서명란 옆에 섬감녕변구 보안사령부령원 고강이 '동의'라고 서명했지만, 날짜는 적지 않았다. 문건 어디에도 중앙사회부장 강생의 서명은 없었다.

재조사 과정에서 연안에서 도개손의 수감 상황도 일부 드러났다. 속기사 조벽군(曹碧君)은 1981년 2월 "1938년 겨울 안새현에서 전극민이

한 차례 자살을 시도한 적이 있다. 가위로 자신의 목을 자르고 눈을 찔러 피가 흘렀다. 이 일이 있은 후, 전극민을 찾아 그의 행위를 나무란 적이 있었다"고 증언했다.

하지만 더 이상 관계서류는 발견되지 않았다. 결국 먹으로 이름을 지운 처결명부와 처형지시서 외에 어떠한 문건도 찾지 못한 것이다. 진상을 정리하면 보안처에 있던 김찬·도개손 사건의 기록은 처형 후 일정 기간 보관되다가 처형지시서만 남기고 모두 폐기된 것이다. 보안처 처결명부에도 김찬과 도개손의 이름을 먹으로 지우고 유일한 문서인 처형지시서도 공식적으로 보관하지 않고, 취조과장 개인이 보관했다. 게다가 다른 사건에서 분명히 명시되어 있는 보안처 사회부장 강생의 서명은 어디에도 없었다.

이것을 어떻게 해석해야 할까. 이렇게 서류를 폐기하고 명부에서 이름을 지워 사건을 은폐할 수 있는 사람은 매우 지위가 높은 사람일 수밖에 없다. 당시 연안에서 중앙당교와 섬북공학에 다닐 정도의 당성을 인정받는 간부를 처형하려면 당연히 강생 사회부장이 결정했을 것이다. 그런데 강생의 서명도, 관련 문건도 사라졌다는 것은 강생이 무리한 사건을 조작했고, 나중에 문제될 것이 두려워 관련서류를 폐기했다고밖에 해석할 수 없다. 강생은 연안에서 정풍운동을 주도했으며, 일시적으로 좌천을 당하기도 했지만 죽을 때까지 중공당 중앙에서 권력의 핵심에 있었다. 한창 때는 중국공산당 서열 4위에 들 정도로 막강했다. 그러면 충분히 사건의 문서를 폐기할 수 있는 위치였다.

강생이 이 사건의 문건을 폐기한 것은 당 고위층에 인맥이 많은 도개 손의 처형사실을 숨기기 위해서였을 것이다. 물론 사건을 조작했기 때문이다. 당시 강생의 악명과 김찬과 도개손을 심문한 담정문의 고문사실은 공공연한 일이었다. 가족들은 당시 보안처에 근무하는 사철(師哲)에게 사건을 숨기기 위해 서류를 폐기했을 가능성도 있다고 말했다. 사철은 소련 국가안전국에서 파견된 모택동의 러시아어 통역관이었다. 그는 당 보안처 담정문이 피의자를 몽둥이로 고문하는 등의 가혹행위 사실을 모택동에게 보고하기도 했다. 사건을 조작한 강생과 고문의 당사자 담정문은 나중에 고문사실이 모택동에게 알려질 것을 우려해 관련기록을 폐기했을 가능성이 있다는 것이다.

사건관계 기록이 모두 폐기된 상태에서 가족들은 일일이 시대상황에 맞춰 증인을 찾아 김찬과 도개손 부부의 억울함을 밝혀야 했다. 어려운 작업이었지만 도개손의 결백을 밝히기는 상대적으로 쉬웠다. 많은 사람이 증언해 주었기 때문이다.

김찬도 1934년 10월에 상해에 도착한 뒤, 1937년까지의 일에 대해서 위생부 생물약품 검사소 소장 이지중, 신강대학 역역주(力易周), 외교부 외사복무국장 이평이 증언했다. 김찬이 할빈에 갔을 때의 일은 위만경 찰국 문서와 김적민(한수괴)의 체포 후 진술을 통해 무고함이 입증됐다.

김찬의 무고함을 하나하나 밝히는 과정에서 또 하나의 문제가 가로 막고 있었다. 정말 의외의, 얄궂은 운명이었다. 바로 김찬과 동명이인 김락준에 의한 문제였다. 중국공산당에서 김낙준은 1931년 5월 일본경찰에 체포된 후 변절한 것으로 되어 있다. 그런데 중국공산당은 김락준과 김찬을 혼동하고 있던 것이다. 김락준은 앞서 언급한 대로 출감 후 공산당 활동을 접고, 해방 후 조봉암과 함께 〈농민신문〉을 만들었던 완전히 다른 사람인데도 말이다.

하지만 이런 사실은 중국에서는 확인이 불가능했다. 아들 김연상은 "무엇보다 김찬의 1934년 이전 정황, 특히 조선에서의 상황을 증명해줄 사람이 없었다. 당시 중국과 북한의 관계가 악화됐고 북한이 초기 조선공산당 조직(연안파)을 숙청함에 따라 북한에 조사를 의뢰할 수도 없었다"고 말했다.

김찬은 끝까지 참으로 기구한 운명이었다. 가족들은 뒤늦게 한국에서 발행된 사료[3]를 통해 조선공산당 중앙집행위원을 역임한 김찬의 본명은 김락준이며, 중국에서 활동하다 연안에서 사망한 김찬과는 전혀 다른 인물이라는 것을 입증했다. 두 사람이 동명이인임을 입증하는 자료가 중공중앙정법 책임자 팽진(彭真)과 팽충(彭冲)에게 제출됐다. 비로소 1982년 5월 중화인민공화국 공안부는 도개손·김문철에 대한 과거 판결이 잘못됐다는 복권결정을 내렸다.

이것은 원한을 풀어주어야 할 안건이다. 도개손, 김문철 두 동지는 당의 비밀공작에 종사하는 기간 동안 당과 혁명을 위해 유익한 일을 했

---

3 이때 제출된 자료가 김준엽·김창순의 『한국공산주의운동사』이다.

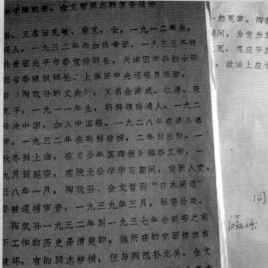

1982년 중국공안부가 발행한 김찬 · 도개손 복권증명서 말미에 아들과 딸이 동의했다는 서명이 있다.

다. 그들은 장기간 풀리지 않을 억울함을 당했지만 지금은 응당 복권되
어 그 명예를 회복했다. 함께 엮여 연좌됐던 동지와 친족들에 대해서도
정치상 영향을 제거한다.[4]

43년 만에 이루어진 실로 값진 복권이었다. 이 결정에 대해 도개손의
언니 도영손과 아들 김연상 그리고 딸 소나가 서명했다. 그리고 김찬 ·

---

4 〈중국공산당 복권증명서〉

도개손 두 자녀에게 총 5,000위안의 보상금을 지급할 것을 결정했다. 아들 김연상은 "처결표에 쓰인 기무라 사부로, 김명산, 이신, 도쿠가와 가키요, 왕강, 와타나베 등의 인물은 몇십 년 후인 지금까지 누구인지 밝혀지지 않았다. 이들 인사와 사라진 진술서, 자료, 자백서는 모두 날조된 것"이라고 말했다.

그렇다면 김찬·도개손 부부는 왜, 무슨 이유로 죽어야 했을까. 뛰어난 항일투쟁 경력과 비록 조국은 달랐지만 혁명가로 부족함이 없던 그들에게 트로츠키파, 혹은 일제간첩이라는 누명을 씌운 배경은 무엇일까. 1939년 강생에 의해 보안처에 구금됐던 림리부는 "도개손 부부가 강생에게 살해된 유일한 원인은 바로 강생이 중국 상해중앙국을 해체하고 국민당 특무가 공청단 상해 중앙국을 파괴한 이후에도 계속 독립적으로 투쟁을 견지했고, 정치적 야심가(강생)가 당의 권리를 찬탈하려는 음모활동을 반대하고 계속 당의 노선대로 투쟁을 견지한 데 있다"고 말했다.

이것은 강생이 의도적으로 상해에 있는 공산당중앙을 파괴했음에도 도개손과 김찬이 〈소년진리보〉를 제작하는 등 당 사업을 계속한 것에 대한 보복이라는 것이다. 그러나 강생도 나중에 일제 간첩이라는 혐의를 받았지만, 이것은 너무 과도한 해석이다.

김찬·도개손 부부는 트로츠키파나 일제 간첩이라는 투서로 억울한 누명을 썼을 것이다. 조선공산당 재건의 최고책임을 맡고 있던 김단야도 어설픈 투서 한 장으로 죽었다. 김찬·도개손도 마찬가지였을 것이다. 그렇다면, 누가 김찬과 도개손을 일제 간첩이라고 투서했을까? 가족들은 도개손과 함께 대학을 다닌 북경대 법과 출신의 호문장을 의심하고 있다. 호문장은 대학재학 시절 집요하게 도개손에게 구애했으나 실연당했다. 이후 호문장은 1935년 트로츠키파의 일원으로 국민당에 체포됐다가 1937년 8월 출소 후 동북지역에서 항일운동에 참여했다는 소문만 있을 뿐 자취를 감췄다. 가족들은 그가 실연에 앙심을 품고 허위 투서를 했을 가능성이 높다고 보고 있다.

당시 연안에서 중국공산당 중앙기율검사 위원회 부서기를 맡았던 왕학수는 1982년 초여름, 중국공산당 중앙기율 검사위원회 판공실에서 도개손의 아들(김연상)을 보고 도영손에게 "도개손과 김문철의 결합이 불행한 결과를 가져왔다"는 알 듯 모를 듯한 말을 했다고 한다. 두 사람의 죽음은 중국인 여성과 조선인 남성의 결합 때문이라는 것을 은연 중 내비친 것이다.

김연상은 "왕학수는 1964년에는 강등되어 안산(鞍山)에서 심사를 받은 적이 있었는데 이는 아마도 어머니와 관련된 일 때문이었을 것으로 추측된다. 왕학수는 죽기 전 이모 도영손에게 자신의 자서전에 적은 첫 번째 부인은 도개손이라고 말했다"고 증언했다. 왕학수 역시 김찬·도개손의 결합에 탐탁지 않게 생각한 인물이라는 것이다.

여기서 주목할 점이 있다. 도개손의 비극적인 죽음에는 조선인 남자와의 결혼이 중요한 요인으로 작용하고 있다는 점이다. 그것은 중국인 남성들의 질투일 수도 있을 것이다. 그렇다면 뛰어난 중국인 여성혁명가가 무명의 조선인 남자를 사랑한 죄이고, 한 무명의 조선인 청년이 명문가 출신의 엘리트 중국 여성을 사랑한 죄였을 것이다.

아들 김연상은 "아버지는 나라 잃은 조선인으로 비범한 여인을 데리고 의심으로 가득한 중국에서 어떤 일을 만나게 될지 몰랐다. 날조된 죄명으로 처형될 줄은 더더욱 몰랐을 것"이라고 말했다.

격동의 한 시대, 운명 같은 항일투쟁의 길에서 만나 두 손을 꽉 맞잡은 남녀 두 혁명가는 숨 가쁜 인생에서 서로 뜨겁게 사랑했고, 뜨겁게 삶을 불태웠으며, 상상하지도 못했을 끔찍한 죽음을 맞이했다. 마지막 순간까지 둘은 함께였다. 자신의 확고한 소신과 두 혁명가의 국경을 넘은 사랑은 운명의 장난처럼 어설픈 주변의 질투를 낳았고 그로 인해 죽음으로 변했다. 더구나 김찬을 부인하면 살 수 있다는 주변의 여러 번에 걸친 간곡한 요청을 거부하고 스스로 당당한 죽음을 선택한 도개손의 사랑은 너무도 간절하다. 비운의 시대, 두 혁명가의 슬프고도 뜨거운 사랑의 이야기는 이렇게 끝을 맺는다.

그들이 남긴 두 자녀의 삶

김찬과 도개손은 1935년 12월 상해에서 아들 로밀(김연상)을 낳았다. 그리고 1936년 12월 21일 북경에서 딸 소나를 낳았다. 김찬은 연안으로 떠나면서 아들을 북경에 있던 둘째 형수인 이석경에게 부탁했다. 조선 여자인 둘째 형수에게는 아이가 없었다. 할아버지 김병순은 로밀을 김연상으로 부르면서 김연상이 진짜 이름이 됐다.

1946년 둘째형 김우경이 병으로 죽자 이석경은 북경의 동성구 남하연무 25호로 옮겨 셋집을 운영하며 홀로 김연상을 키웠다. 하지만 중국말을 잘하지 못했던 이석경은 방세를 받지 못하는 경우가 많아 생활은 늘 궁핍했다. 태어날 때부터 약했던 김연상은 다행히 큰어머니의 지극한 정성으로 건강하게 자랐다. 김연상은 큰어머니를 어머니로 알고 자랐고, 나중에는 양어머니로 불렀다.

해방 후인 1947년 초, 함께 활동하던 김명시가 북경에 돌아와 김찬을 찾았다고 한다. 당시 김명시는 김찬의 형수와 조카인 이석경과 김영애를 만나고 돌아갔다. 여성혁명가 김명시는 이후 만주에서 항일투쟁으로 이름을 날리다 조선 해방 후, 부녀동맹 간부, 북한에서 북노당 정치국위원을 지냈다. 김명시는 1949년 10월 국가보안법 위반으로 경기 부평경찰서에 검거됐다. 경찰은 김명시가 경찰서 유치장에서 자살했다고 발표했다.[5] 하지만 일제의 혹독한 고문을 견딘 여장부 김명시가 해방된 조국의 경찰서에서 자살했을 것으로는 생각되지 않는다.

김찬의 부친 김병순은 해방 직전인 1943년 1월에 세상을 떠났다. 김병순은 아들 김찬이 연안에서 죽은 줄도 몰랐다. 그는 마지막까지 헤어진 막내아들을 간절히 기다리다 숨졌다.

일제의 북경 침공 전, 재산을 정리하고 고향인 북한으로 간 김찬의

---

5 〈경향신문〉, 1949. 10. 11

김연상 가족 김찬의 아들 김연상(오른쪽에서 두번째)은 큰어머니 이석경(사진 오른쪽)이 키웠고, 김찬의 딸 소나(왼쪽에서 두 번째)는 큰이모 도위손(사진 왼쪽)에 의해 자랐다. 김찬 · 도개손 부부의 자녀들도 조선인과 중국인으로 헤어져 자란 것이다. (출처: 김연상)

큰형 환은 1942년 2월, 둘째 형 우경 역시 1946년 12월에 지병으로 사망했다. 북한에 그의 자식들이 살아 있는지의 여부는 잘 모른다. 김찬의 큰누나 일경은 서울에 있는 김종회와 결혼했으며 그 아들은 종일(鐘日)이라 기억하고 있다. 하지만 1949년 중국공산당 수립 후 소식이 끊겼다.

김연상은 해방이 된 1945년, 15살이 되어서야 자신을 낳아준 부모가 누구인지 알게 됐다. 그 비밀을 알려준 사람은 사촌누나(김환의 딸) 김영애였다. 사촌누나도 북경대에 다녔고, 중국공산당에 가입해 활동하는 등 어머니 도개손과도 친구 사이였다. 다행히 김연상은 중국에서 잘 사는 이모들의 보살핌을 이따금씩 받았다.

김찬·도개손 부부와 함께 연안에 간 딸, 소나는 연안탁아소에서 자라다 큰이모인 도위손이 데리고 가서 키웠다. 김연상은 "큰이모는 에스페란토어를 했기 때문에 이름을 그렇게 지었다고 한다. 여동생 소나는 심양에 살고 있어 가끔 만난다"고 말했다.[6]

김연상은 1948년 회문중학을 거쳐 1954년 북경항공학원에서 공부했다. 그런데 1957년 정풍운동의 회오리에 휩싸이게 됐다. 김연상은 "당시 당위원회의 학생에 대한 처분이 잘못됐음을 지적하다 우파세력으로 분류되어 학적이 박탈되고 노동고찰 처분을 받았다"고 말했다.

김연상은 문화대혁명 시기에 또 고난을 겪었다. 인민대표대회 대표였던 이모(도위손)가 친척을 통해 쌀을 보내면서 편지에 "무거운 물건을 북경으로 보냈다"고 적었다. 그런데 도위손의 심사 과정에서 편지의 '무거운 물건'이 무선통신기라는 혐의를 받은 것이다. 이로 인해 화살은 물건을 받은 김연상에게 향했다. 군사관제위원회는 김연상의 부모가 국제 간첩으로 강생에 의해 처형됐음을 공개하면서 아들 역시 부모의 뒤를 이어 간첩 행위를 한 것이라고 주장했다.

김연상은 6년간 감옥 생활을 마치고 다시 노동개조 농장에 배치됐다. 결국 그는 9년간의 노력 끝에 1976년 12월, 겨우 누명을 벗고 복권됐다. 그가 감옥에 있는 동안, 양어머니는 가난과 병환의 고통 속에서 1972년 자살했다. 김연상은 "그동안 집에서 한국말을 썼기 때문에 한국말을 잘

---

6   김연상 면담, 2005년 3~4월.

했었다. 그런데 감옥에 있으면서 한국말 쓸 기회가 전혀 없어 모두 잊어 버렸다"고 안타까워했다.

북경 기중기창 설계과에 돌아와 근무하던 김연상은 1980년, 소화라 는 한족 여의사와 결혼했다. 1988년에는 고급 공정사가 됐고 1992년, 병으로 조기 은퇴했다. 그리고 부모의 삶과 자신의 삶을 정리하는 작업 을 시작했다. 그는 2005년 3월부터 4월 사이에 북경에서 나와 만나 이 같은 자신의 가족사를 고백했다. 그리고 그의 슬픈 가족사는 처음으로 우리나라 언론에 공개됐다.[7]

그는 한국 정부에서 아버지 김찬에 대한 서훈을 해줄 것을 원한다고 말했다. 하지만 김찬의 서훈은 이루어지지 않았다. 당시 김찬의 서훈이 이루어지지 않은 이유는, 북한에 사촌이 살고 있기 때문이라는 후문을 들었다. 하지만 이미 김찬은 1939년에 사망했고, 그의 형제들도 해방 직전과 직후 모두 사망했다.

이후 김연상은 부모와 자신의 가족사를 A4 용지 몇 장에 정리했다. 주로 아버지 김찬과 어머니 도개손의 중국에서 활동이었다. 특히 어머 니 도개손의 내용이 많았다. 당시 그가 참고한 자료는 다음과 같다.

《陶凯孙纪念文集》

《上海三十年代共青团回忆资料汇编》

---

7 「다시 쓰는 독립운동열전2 – 중국편 2. 비운의 좌파지식인 김찬」, 〈경향신문〉, 2005. 5. 31

《上海党史资料通讯》

《中共北京大学组织史》

《中国共产党组织史资料》

《中共党史人物传》第73卷;《郑超麟回忆录》

《被康生杀害的两位共产党员》,《人物》杂志, 1987年 第3期(5月号),

《上海三十年代共青团回忆资料汇编》第二辑, 1984年

《李志中信函》

《东北地区革命历史文件汇集》(1936年9月~1938年4月)中央档案馆,
辽宁省档案馆, 吉林省档案馆, 黑龙江省档案馆 1936年7月14日,
ＸＸ与叶深的谈话记录(摘录)──"满洲党的组织及工作情况"之
第5部分:"上海来人"

김연상은 2014년까지 나와 가끔 이메일을 주고받았다. 나는 이 책을 쓰기 위해 보다 자세한 원문자료를 김연상에게 요청했다. 하지만 김연상에게서 몸이 불편하고 이사까지 해서 상자에 담긴 자료를 찾기 어렵다는 회신이 왔다. 그리고 올해 들어 그와의 연락은 완전히 끊겼다. 이메일도, 전화연락도 되지 않는다. 아마 김찬의 아들 김연상 역시 힘겨운 생을 마감했을 것으로 추측된다.

그들의 역사는 이렇게 흐른다. 비록 조국과 역사는 그들을 방임하고, 지켜주지 못했고, 허무하게 잊어버렸을지라도. 그들의 역사, 우리의 역사는 장엄했다.

김찬·도개손 연보

1911.	_	김찬, 평안남도 진남포 출생(5남매 중 넷째).
1912. 3. 15	_	도개손, 일본 도쿄에서 출생(9남매 중 아홉째).
1915	_	도개손, 3세에 중국 강소성(江蘇省) 무석(无錫)으로 이주.
1921	_	김찬, 진남포 득신학교 6학년 중퇴, 가족 중국 북경 통현(通縣)으로 이주.
1922. 1	_	김찬, 통주 노하중학교 입학(통주학생회 참여).
1923	_	김찬, 통주공산청년단 가입.
1925	_	도개손, 북경 공덕학교 입학.
1928	_	김찬, 경성 경신중학 수학.
1928	_	김찬, 북경 노하중학교 고등과 졸업.
1929	_	도개손, 북평대학교(북경대) 예과(지질학과) 입학.
1929	_	김찬, 상해로 이주, 조선공산당 가입.
1929. 1	_	세계 대공황.
1930. 9	_	김단야, 〈코뮤니스트〉 발간 책임 임무 띠고 상해로 옴.
1931. 1	_	김찬, 혁명적 노동조합 건설위해 진남포 귀향.
4	_	김찬, 진남포 억양기리에서 독서모임 시작.
6	_	김찬, 평양 선교리 미국 제분공장 콘스타치사에 취업, 노동조합 조직운동.
1931. 9	_	김찬, 경성에서 김형선과 만나 조직확대 논의.
1931. 9. 18	_	만주사변(일본의 만주 침략).
1931. 11	_	도개손, 북경대 학생 남하시위 참가(유일한 여성).
1931. 말	_	도개손, 북경대 〈북대신문〉 발행 가담.
1931. 12	_	김찬, 숭실학교 학생지도선전.

1932. 1	_	도개손, 북경공산청년단 가입, 북경부녀항일 연합회 소식지 발간.
1932. 4	_	김찬, 경성에서 김형선으로부터 〈코뮤니스트〉 및 삐라 수령(5월 1일, '메이데이'를 기해 진남포, 평양, 신의주 노동자 학생에게 살포).
5. 3	_	김찬, 김형선 등과 함께 북경으로 도피(김단야의 처 고명자, 김명시 체포).
7	_	도개손, 공청단(북경시위) 선전부장 임명.
9. 11	_	김찬, 조선에서 재공작을 위해 상해 출발.
9. 20	_	김찬, 평북 선천에서 일제 경찰에 체포(김형선은 도주).
10. 25	_	김찬, 진술 거부(45일 동안) 끝에 비로소 자백.
1932. 말	_	도개손 강소성위원회 선전부장, 조직부장(상해 공산당 궤멸).
1933. 1. 30	_	김찬, 치안유지법 위반으로 신의주 검사국 송치.
2. 23	_	김찬 사건, 조선공산당 재건 및 재승인 사건으로 명명.
5. 30	_	김찬, 예심종결.
9. 25	_	김찬, 신의주 지방법원 첫 공판(1호 법정) 개시.
11. 18	_	김찬 징역 2년 구형(조봉암 7년, 홍남표 5년, 김명시 5년).
12. 27	_	김찬, 징역 1년 6개월 선고(조봉암 7년, 홍남표 6년, 김명시 6년). 항소 포기, 신의주형무소 투옥.
1934. 9	_	도개손, 상해단 중앙회 조직부장.
1934. 10	_	김찬, 신의주형무소 출옥, 북경으로 귀가.
10. 15	_	국공합작 결렬, 장정 시작.
12	_	김찬, 상해에 도착 도개손과 재회(〈소년진리보〉 제작).
1935. 2~3	_	도개손, 파괴된 공청단 중앙당과 관계 복원.
1935. 12	_	김찬 · 도개손 상해에서 아들 김연상 출생.
6	_	김찬, 할빈시 서기, 도개손 조직부장 임명.
6. 17	_	김찬 · 도개손 할빈에서 떠남.
1936. 9	_	김찬 · 도개손 북경으로 돌아옴(중화민족해방선봉대 참여).
10	_	모택동 홍군 연안에 도착.
12	_	김찬, 민선 항일투쟁 중 체포(육군감옥 수감).

1936. 12. 12 _ 서안사변(국공 정전).

12. 21 _ 김찬 · 도개손 부부의 딸, 소나 태어남.

1937. 7. 7 _ 노구교 사건, 중일전쟁 발발.

1937. 7 _ 김찬 · 도개손 무석으로 피난.

1937 _ 도개손, 무석 항적후원회 조직, 항일투쟁.

1937. 8 _ 김찬 · 도개손 연안에 도착. 김찬 중국공산당 재입당.
(도개손 중앙당교 12반, 김찬 섬북공학 제1기)

8. 8 _ 일본군 북경 진주.

9. 23 _ 제2차 국공합작.

12. 13 _ 일본군 남경 점령, 수십만 학살(남경대학살).

1938. 1 _ 김찬 · 도개손 '일제특무'라는 이유로 당 보안처에 체포.

9. 19 _ 당 보안처 담정문 취조 완료.

10. 11 _ 당 보안처장 주흥 서명.

1939. 3. 6 _ 섬감영변구 부주석 고자력 서명.

1939. 3 _ 김찬 · 도개손 연안 안새현 진무동 마가구에서 총살형 집행.

1982. 5. 11 _ 중국공산당 공안부, 김찬 · 도개손 복권 결정.

참고문헌

1차 자료

김찬 〈예심결정서〉(단일공산당사건 〈예심결정서〉 전문) 〈동아일보〉, 1933. 6. 3~6. 25

박춘극, 김화옥 〈예심결정서〉

김명시, 단일공산당 사건 〈예심결정서〉

단행본

강만길 · 성대경 엮음, 『한국사회주의운동 인명사전』, 창작과비평사, 1996

김경일, 『이재유 연구』, 창작과비평사, 1993

김경일, 『일제하 노동운동사』, 창작과비평사, 1992

김구, 『백범일지』, 백범김구선생기념사업회, 1968

김남식, 『남로당 연구1』, 돌베개, 1984

김명호, 『김명호 중국인 이야기1』, 한길사, 2012

김삼웅, 『죽산 조봉암 평전』, 시대의창, 2010

김상구, 『김구 청문회1』, 매직하우스, 2014

김성수, 『함석헌 평전』, 삼인, 2011

김인걸 · 강현욱, 『일제하 조선노동운동사』, 조선노동당출판사간, 일송정, 1964

김찬정(백선기), 『미완의 해방노래』, 정음사, 1993

국가보훈처, 『독립유공자공훈록』, 제15권, 2003

국가보훈처, 『이자해 자전』, 2007

님 웨일스, 송영인 역, 『아리랑』, 동녘, 2005

박원순, 『야만시대의 기록－고문의 한국현대사』, 역사비평사, 2006

서대숙, 『한국공산주의 운동사(The Koreans Communist Movement) 1918~1948』,
　　　　Princeton Univ.Prees, 1967, 화다신서17, 1985

손염홍, 『근대 북경의 한인사회와 민족운동』, 역사공간, 2010

스칼라피노 · 이정식, 한홍구 역, 『한국공산주의 운동사1』, 돌베개, 1986

에드거 스노, 신홍범 역, 『중국의 붉은 별』, 두레, 2004

우노 시게아키(宇野重昭), 김정화 역, 『중국공산당사』, 일월서각, 1973

윤경로, 『105인 사건과 신민회 연구』, 한성대학교출판부, 2012

이정박헌영기념사업회, 『이정 박헌영 전집 제9권』, 역사비평사, 2004

이정식, 허원 역, 『만주혁명운동과 통일전선』, 사계절, 1989

이회성 · 미즈노 나오키, 『아리랑, 그후』, 동녘, 1993

이시카와 요시히로(石川禎浩), 손승회 역, 『중국근현대사3』, 삼천리, 2013

임경석, 『잊을 수 없는 혁명가들에 대한 기록』, 역사비평사, 2008

임경석, 『이정 박헌영 일대기』, 역사비평사, 2004

조봉암, 「내가 걸어온 길」, 정태영, 『조봉암과 진보당』, 후마니타스, 2006

지중세 편역, 『조선 사상범 검거 실화집』, 돌베개, 1984

편집부 엮음, 『1930년대 민족해방운동』, 거름, 1984

최규진, 『한국독립운동의 역사 제44권, -조선공산당 재건운동』, 한국독립운동사
　　　편찬위원회, 2009

한국기독교역사연구소, 『조선예수교장로회사기(상권)』, 1926

〈한국민족문화대백과사전〉, 한국학중앙연구원, 1991

현이섭, 『중국지(상)』, 길, 2014

일본측 자료

朝鮮總督府警務局, '在朝鮮基督敎各派分布圖', 大正 10年 1月

關東廳警務局, 臨時報 第14号, '北京地方 定住, 往來 不穩鮮人調' 大正 13年
　　　8月

警察情報綴 控(昭和 9年) '치안유지법 위반 피의자 오기만의 취조에 관한 건' 京高
　　　特秘 제2306호, 경기도경찰부장, 1934. 8. 22

日本地理大系, 朝鮮篇, 改造社, 昭和 5年

중국측 자료

金燕祥, 「陶凱孙」, 미발표 자료

金燕祥, 「金灿」, 미발표 자료

陶凱孙纪念文集, 1986

上海三十年代 共青团回忆资料汇编

上海三十年代 共青团回忆资料汇编, 第二辑, 1984年

上海党史 资料通讯

中共北京大学 组织史

中国共产党组织史资料

中共党史人物传, 第73卷 ; '郑超麟回忆录'

被康生杀害的 两位共产党员, '人物' 杂志, 1987年 第3期(5月号)

李志中信函

东北地区革命历史文件汇集, (1936年9月~1938年4月)

      中央档案馆, 辽宁省档案馆, 吉林省档案馆, 黑龙江省档案馆1936年 7月14日, Ｘ Ｘ与叶深的谈话记录(摘录)——"满洲党的组织及工作情况"之第5部分: "上海来人"

中國婦女運動史(新民主主義時期), 中華全國婦女聯合會 編, 北京, 春秋出版社, 1989.

      한국여성개발원이 1991년 '중국여성운동사'라는 제목으로 완역

无錫名人辭典, 弟184項, 百度百科 baike.baidu.com

〈少年眞理報〉, 上海, 1933. 9. 5

中國共産黨 復權命令書

〈黑龙江新聞〉, 2011. 6. 2, 할빈시위 당사연구실, http://hljxinwen.dbw.cn

潞河中學大事記, www.luhebbs.com

百度百科 baike.baidu.com

王樹人, 「党史博采」, 〈杂志 2012年 第4期〉

최룡수, '혁명가의 보금자리', 민족단결 2000, 北京

王元周, 「北京大學與韓國獨立運動」, 북경 우당학술회의 발표 논문, 2012

林里集夫 회고문, 중국사회과학출판사, 2007

증언
최용수 교수 증언, 2005년 3월
리광인 교수 증언, 2014~2015년

논문 · 기사
권 립, 「불멸의 발자취」, 중앙인민방송국, 2011. 7. 13
김희곤, 「1930년대 초 상해지역 한인공산주의자의 동향」, 〈국사관 논총 제47집〉, 국
    사편찬위원회, 2003
박한용 「한국의 사회주의운동4—1930년대 혁명적 노동조합운동」, 〈진보평론 제5
    호, 2000 가을〉
안상근, 「중국조선족 백 년 백 인6—주문빈」, 〈길림신문〉, 2013. 4. 8
이성우, 「사회주의 여성운동가 高明子의 생애와 활동」, 〈인문학연구 통권 84호〉, 충
    남대학교인문과학연구소, 2011년 9월
이상묵, 「박용만과 그의 시대」, 〈오마이뉴스〉, 2009
원희복, 「다시쓰는 독립운동열전2—중국편 2. 비운의 좌파지식인 김찬」, 〈경향신문〉,
    2005. 5. 31.
원희복, 「조상이 지켜낸 조국서 불법체류 신세」, 〈경향신문〉, 2005. 6. 14
이준식, 「2005년에 다시 기억하는 혁명가 김단야의 삶」, 〈내일을 여는 역사, 서해
    문집, 2005 겨울〉
최기영, 「북경에서의 이회영의 독립운동과 생활」, 우당학술회의 발표논문, 2012
최용수, 「혁명가의 보금자리」, 〈민족단결, 2000.1 겨울〉, 북경
최용수, 「발굴 장지락 연보」, 〈황해문화, 2005 겨울〉

정기간행물
〈광주일보〉 / 〈경향신문〉 / 〈독립신문(獨立新聞)〉 / 〈동아일보〉 / 〈동광(東光)〉,
    1931, 7월호 / 〈조선중앙일보〉